Johann Jakob Hemmer

Jakob Hemmers Verteidigung seiner Abhandlung über die deutsche Sprache

(1771)

Johann Jakob Hemmer

Jakob Hemmers Verteidigung seiner Abhandlung über die deutsche Sprache
(1771)

ISBN/EAN: 9783742851291

Hergestellt in Europa, USA, Kanada, Australien, Japan

Cover: Foto ©Thomas Meinert / pixelio.de

Manufactured and distributed by brebook publishing software
(www.brebook.com)

Johann Jakob Hemmer

Jakob Hemmers Verteidigung seiner Abhandlung über die deutsche Sprache

Jakob Hemmers
Vertheidigung
seiner Abhandlung
über die
deutsche Sprache,
wider die
Anmerkungen
eines sogenannten
Liebhabers der Wahrheit.

Mannheim
gedruckt in der akademischen Buchdruckerey.
1771.

Sumite Materiem vestris, qui scribitis, æquam
Viribus, & versate diu, quid ferre recusent
Quid valeant Humeri.

Horat. de Art. poet.

Vorrede.

Niemals hätte ich mir schmäucheln dörfen, daß meine Abhandlung über die deutsche Sprache, die das vorige Jahr mit akademischen Schriften hier an das Licht trat, so viel Beyfall finden würde. Die günstigen Urtheile, welche die Gelehrten aus verschiedenen Provinzen Deutschlandes darüber fälleten, überstiegen meine Hoffnung, und gaben mir Ursache zu glauben: daß, wenn ich aus Ruhmsucht geschrieben hätte, meine Mühe sattsam bezahlet wäre. Allein da ich mir einen weit höhern Zweck ausgestecket, und meine ganze Arbeit zum Nutzen der Pfalz, als meines geliebten en Vatterlandes, unternommen hatte: so kam es hauptsächlich darauf an, welchen Eindruck sie da machen würde.

Hier hatte ich nun mehr als einen Grund zu fürchten, daß es ohne die grösten Schwierigkeiten nicht abgehen würde. Ich wußte, welche Hindernisse die Sprachkunst des Herrn Gottscheds zu übersteigen gehabt hat, ehe sie einen geneigten Eingang gefunden. Ich wußte, wie stark man sich noch vor nicht gar langen Jahren einem geschickten Sprachlehrer an der Donau a), und andern mehr widersetzet hat; als sie die Verbässerung der Muttersprache öffentlich unter=

---

a) Herr P... bestieg einen öffentlichen Lehrstuhl der deutschen Sprache. Dieses zog ihm häufige Feinde über den Hals. Man that ihm grosen Widerstand. Man schickte ihm zum Schimpfe Kutscher und Lackeyen in den Hörsaal. Man quälte ihn so lang, bis er sein Lehramt niederlegte.

unternahmen. Ich wußte überhaupt, wie schwer und gefährlich es sey, eine alte eingewurzelte Gewohnheit zu bestreiten; einen verborbenen Geschmack zu schärfen; langjährige Vorurtheile zu überwinden, und Neuerungen in einem Lande einzuführen, von deren Nutzen man in demselben niemals überzeuget gewesen. Diese Betrachtung setzte mich in ziemliche Unruhe; alles dieses schien meiner Abhandlung ein starkes Ungewitter zu drohen.

Allein ich wurde bald gewahr, daß ich mich in meiner Meynung überaus stark betrogen hatte. Gleich in den ersten sechs Monathen nach Bekanntmachung meiner Schrift eräugeten sich, zum Vortheile unserer Sprache, Begebenheiten und Veränderungen: die mir eben so erstaunlich als vergnügend vorkamen. Es liefen von verschiedenen Orten der Pfalz häufige Briefe bey mir ein;

A 2   man

man wünschete sich und dem Vatterlande Glück, daß nur endlich der erste Grund zu der so nützlichen als nothwendigen Verbässerung der Muttersprache geleget wäre; man schlug sogleich Hand an das Werk; man befragte sich um gute Sprachlehren; man machete Zweifel und Einwürfe; man begehrte Erläuterungen. Man hat sogar in zwoen vornehmen Städten unserer Pfalz Vorschläge zur Errichtung einer gelehrten deutschen Gesellschaft gemachet, die vielleicht schon zu Stande gekommen wäre; wenn sich nicht Hindernisse in den Weg geleget hätten, die sich erst nach einiger Zeit werden heben lassen.

Dieser löbliche Eifer hat auch schon die Zungen einer grosen Menge unserer Landesleute, geistliches und weltliches Standes, in ihren Gesprächen beseelet. Ja er hat sich sogar mit in die Gotteshäuser eingedrung=

brungen; und besteigt mit unsern Predigern die Kanzel. Mit Vergnügen hörete ich bisher vielen dieser Herren zu. Ich wurde die schönsten Veränderungen in ihren Reden gewahr. Diese Veränderungen hörete ich oft; ich hörete sie in verschiedenen Kirchen und Orten: und dennoch hätte ich kaum meinen eigenen Ohren geglaubet, wenn nicht viele andere dieselbige Sache bemerket und bezeuget hätten: so gros war meine Verwunderung!

Unsere liebe Jugend ist dabey nicht vergessen worden. Etliche einsichtsvolle Hofmeister haben sich meine Beweise von der Nothwendigkeit der Muttersprache in Erlernung des Lateines so wohl gefallen lassen: daß sie wirklich Gottscheds Kern der deutschen Sprachkunst bey ihren Lehrlingen eingeführet haben. Andere erleuchtete Männer haben einen geneigten Blick auf die Kinderschulen geworfen. Sie hatten bemerket, daß selbst die Lesebücher, worin der zarten Jugend die ersten Züge der Muttersprache beygebracht werden, voll Unrichtigkeit wären. Sie haben mich deßwegen ersuchet, eine Aenderung in diesem Stücke vorzunehmen; und besonders die neue Art zu buchstabiren mit einfliesen zu lassen, wovon ich in meiner Abhandlung an der 124ten Seite Meldung gethan habe, und die schon eine grose Menge Nachfolger gefunden hat. Zu einem so heilsamen Werke both ich zwar beyde Hände ganz willig an: es hat aber anderer Geschäffte halber noch nicht ausgeführet werden können.

Einige Schriften, welche nach meiner Abhandlung zum Vorscheine gekommen, geben einen neuen Beweis der Vortheile ab, die unserer Muttersprache seitdem zugeflossen sind. Die erste darunter, welche mir zu Gesichte gekommen, und vorzüg-

lich

Vorrede. VII

lich genennet zu werden verdienet, ist die Uebersetzung der lateinischen Rede des Herrn geheimen Rathes und kuhrfürstlichen Leibarztes Harrer. Obschon dieses Werk noch sehr viel mangelhaftes an sich hat, wie wir unten (98 S.) zeigen werden: so tritt doch das Deutsche in einer weit schönern Gestalt darin auf, als es bisher in tausend andern Schriften dieser Gattung zu geschehen pflag. Der Herr Uebersetzer zeiget durchaus, daß er sich die Regeln der Rechtschreibung und der übrigen Sprachtheile recht hat angelegen seyn lassen. Eine Menge Fehler, die ich in meiner Abhandlung verworfen habe, hat er glücklich vermieden. Er ist sogar zu einer Neuerung mit mir geschritten, und hat dem doppelten l im Worte also b) den gebührenden Platz überall eingeräumet. Eines ganz besondern Lobes hat er
A 4 sich

---

b) S. meine Abhandl. a. d. 106 S.

sich aber dadurch würdig gemachet: daß er die ausländischen Wörter, wider die ich von der 58 bis an die 77 Seite geeifert habe, mit groser Sorgfalt verbannet hat. Dennoch hat er noch einige zurückgelassen, die sich recht gut hätten verdeutschen lassen; in andern aber ist er theils zu gewissenhaft, theils etwas unglücklich gewesen. Zu jenen gehöret das Wort Rang, welches man durch Vorzug, Würde, Stelle u.d.gl. gar füglich ersetzen kann; zu diesen gehören die Wörter Logik, Metaphysik, Mathematik, welche er ohne Sünde so hätte können stehen lassen, oder in bässere Ausdrücke hätte übersetzē sollen. Das erste, welches Vernunftlehre heisen sollte, verwandelt er in Schlußredekunst, welches aber zu wenig saget; indem die Logik nicht allein von Schlußreden, wie bekannt ist, sondern auch von Begriffen, Sätzen und der Lehrart handelt. Das zweyte, welches die Deutschen durch

Grund-

Grundlehre ausdrücken, umschreibt er sogar; und nennet es bald eine Wissenschaft, die ein jedes Wesen weit über die Natur erhaben durchgründet, bald eine über die Natur steigende Wissenschaft. Das dritte endlich, welches die Gelehrten bisher unverändert beybehalten haben, übersetzet er in Meßkunst. Dieses Wort erschöpfet aber den weitläufigen Begriff der Mathematik noch lange nicht. Man pflegt unter demselben nichts anders, als die blose Geometrie, zu verstehen.

Ein paar Monathe nach dieser Uebersetzung bekamen wir ein Werkchen zu sehen, welches ich unmöglich mit Stillschweigen übergehen kann. Es ist die Ordnung der geistlichen Uebungen in dem Jubeljahre, welches seine päpstliche Heiligkeit Clemens der XIV der katholischen Kirche ertheilet hat. Wahr ist es, daß die Schreibart dieses Büchleins noch ungemein

gemein wankelbar und fehlerhaft ist. Wahr ist es, daß man die deutlichsten Spuren unserer ungeputzten Mundart noch an manchen Orten darin antrifft. Allein man darf dabey doch nicht läugnen: daß sehr viele Schönheiten darin vorkommen, die hellleuchtenden Stralen gleichen, welche aus einem finstern Gewölke hervorbrechen. 1) Hat man die unnöthige Verdoppelung der Buchstaben in den Wörtern Strafe, Werk, Schmerz, Kreuz u. d. gl. mehrentheils vermieden. 2) Behauptet das k in Karl, Kuhrfürst, Kreuz, katholisch, Kapitel u.a.m. seine gehörige Stelle. 3) Findt man in Papst ein p, in März, nämlich, ägyptisch, Aeltern u. a. d. gl. ein ä, in Dienerinn ein doppeltes n. 4) Ist der Unterschied des Geschlechtes verschiedener zusammenstosender Hauptwörter beobachtet worden. Proben davon trifft man a.d. 11ten, 27ten, 30ten und 32ten Seite an.

Sie

Sie lauten allso: meine Undankbarkeit und mein Ungehorſam; das Jubiläum oder den Ablaß; ſein Gemüth und ſeinen Sinn; nach jenen Abſichten und nach jenem Ziel u.ſ.f. 5) Deßgleichen hat der Unterſchied zwiſchen den Zahlwörtern zween, zwo, zwey Statt. 6) Sind die unrichtigen Zeitwörter gröſtentheils regelmäſig angebracht. Sieh, verleih, verzeih, komm, vergilt, vergiß, er vernahm, verhält, läßt, war, gab, nähme, hälfe, können zum Beweiſe dienen. 7) Hat das fehlerhafte ihro in den Titeln der Fürſten überall weichen, und dem rechtmäſigen ſein den Platz einräumen müſſen. Seine päpſtliche Heiligkeit, ſeine Eminenz, ſeine kuhrfürſtliche Durchleucht, heiſt es durchgehends. 8) Wie ſieht es aber mit dem unſchuldigen e aus, welches man bisher in unſerm Vatterlande ſo gewaltig verfolget hat? Dieſer Buchſtab hat das Glück gehabt, in dieſem

Werk-

Werkchen einen starken Schutz zu finden. Nicht allein die weiblichen Hauptwörter, sondern auch die männlichen und ungewissen, in der einfachen und mehrern Zahl, begleitet er nach den Regeln der Sprachkunst sehr fleisig. Die Liebe, die Kirche, die Würde, die Seite, die Gnade, des Standes, des Amtes, des Fuses, des Kreuzes, des Lobes, dem Unterrichte, dem Zusatze, dem Streite, dem Schlusse, dem Geschäffte, die Könige, die Verdienste, die Päpste, die Jahre u. v. a. d. gl. beweisen es zur Genüge. Liest man alles Gutes zusammen, was in dieser Schrift vorkömmt: so getraue ich mir zu behaupten, daß man den katholischen Pfälzern noch nie ein einheimisches Andachtsbuch in die Hände gegeben habe, welches so viele Richtigkeiten der deutschen Sprache miteinander vereiniget.

Endlich erschienen gegen das Ende des

Vorrede. XIII

des letztverfloßnē Frühjahres die Anmerkungen, wovon wir gegenwärtig handeln: eine Schrift, die in der That nicht vortheilhafter für die Aufnahme der deutschen Sprache in der Pfalz hätte ausfallen können. Es soll zwar eine Widerlegung meiner Abhandlung seyn: allein sie verfehlet diesen Zweck so weit, daß sie vielmehr zur Bestärkung derselben dienet. Im ersten Theile meiner Abhandlung habe ich bewiesen, daß die Ausarbeitung der Muttersprache im Reiche der Wissenschaften unumgänglich nothwendig sey; und hierin giebt mir der Herr Verfasser a. d. 21 S. vollkommen Recht. Im zweyten Theile habe ich den schlechten Zustand der deutschen Sprache in der Pfalz vorgestellet. Ich habe eine Menge Sprachfehler gezeiget, die in unserer Mundart und in unsern Schriften herrschen. Ich habe die Folge daraus gezogen, daß eine deutsche Sprachkunst in unsern Schul-

Schulen unentbährlich wäre; daß auch die Dicht=und Redekunst in der Muttersprache vorgetragen werden müßten. Die angeführten Fehler gestehet er gröstentheils öffentlich oder heimlich ein. Die Richtigkeit meiner Folge hat er mit andern eingesehen. Er verkündiget mir und meinen Landesleuten an der 57 und 61 Seite, daß dieses alles geschehen solle; daß man das mangelhafte Deutsche in den Schulbüchern verbäffern werde; daß die Sprachkunst, die Versekunst und Wohlredenheit (vermuthlich hat man Dicht=und Redekunst sagen wollen) ehestens förmlich in allen lateinischen Schulen in der deutschen Sprache werden vorgetragen werden. Herrliches Geständniß! vergnügliche Nachricht! glückselige Aenderung! Nein, so viel hätte ich in so kurzer Zeit nicht erwartet. Ist aber alles dieses wahr? Kann man sich auf das Wort des Herrn Verfassers verlaffen? Ich zweifele

zweifele nicht daran; er wird wohl bey denen, die den Schulen vorstehen, sichere Nachricht hievon eingezogen haben. Ja, es scheint völlig Ernst zu seyn. Man hat wirklich einen kleinen Anfang mit der Sprachlehre gemachet: ein paar Probstücke, die man dieses Jahr gedruckt herausgegeben, können uns dessen überzeugen.

Da allso mein Herr Gegner in den Hauptpunkten meiner Abhandlung fast gänzlich mit mir übereinstimmet: so sieht man schon zum voraus, daß seine Anmerkungen von keinem grosen Gewichte seyn können. Und in der That laufen sie mehrentheils auf lauter Nebendinge, und bisweilen auf solche Kleinigkeiten hinaus: daß ich nicht begreifen kann, wie man sie bedachtsam und in Ernste habe niederschreiben können. Ein Ausdruck, der ihm zu hart vorkömmt, ist schon hinlänglich, ein fürchterliches oder

viel-

vielmehr ein klägliches Feldgeschrey zu machen. Ein Wort, das er entweder nicht verstanden, oder übel angebracht zu seyn glaubet, verfolget er oft viele Meilen weit. Ja einen leeren Schatten sieht er bisweilen gar für eine Chimäre an, die er voll Muth und Feuer anfällt, und zu besiegen suchet.

Diese Freude hätte man ihm nun wohl vergönnen können; alles dieses hätte man ihm können hingehen lassen: wenn er sich nur nicht einer Art Waffen in seinen Angriffen bedienet hätte, die von wahren Gelehrten immer auf das äuserste verabscheuet werden. Er zieht mit den offenbarsten Falschheiten zu Markte, die er uns mit einer unbegreiflichen Dreistigkeit als Wahrheiten aufdringen will. Er dichtet mir Sachen an, wovon kein Buchstab in meiner Abhandlung steht; und an die ich mein Leben nicht einmal gedacht habe. Er verstümm=

Vorrede.

ſtümmelt meine Worte; er verdreht ſie; er bemühet ſich alsdann, die lächerlichſten und häßlichſten Folgen daraus zu ziehen. Iſt er aber zu allen dieſen Ausſchweifungen mit Fleiſe und Vorbedachte geſchritten? Das will ich eben nicht ſagen. Er iſt ja, ſeiner Ausſage nach (104 S.) ein Biedermann, das iſt, ein aufrichtiger und redlicher Mann. Ich werde ihm dieſen ſchönen Namen laſſen, ja ſelbſt als ein Eigenthum in dieſer Vertheidigung mehrmals beylegen. Ich werde ihn entſchuldigen, ſo viel es möglich iſt. Vieles mag ihm aus Abgange der Einſicht, vieles aus Uebereilung, das mehrſte aber aus ſeinen ungeſtümmen Gemüthsregungen entwiſchet ſeyn, von welchen er ſelber ein offenherziges Geſtändniß thut. Die vermeynten Irrthümer, die er mir vorwirft, hat er nur mit einem flüchtigen Auge, und gleich bey erſter Ueberleſung meines Werkchens, erblicket und angemerket (4 S.). Er hat ſich die

die Zeit nicht genommen, alles genau zu prüfen, und den Zusammenhang der Sachen einzusehen. Nein, hiezu hat es ihm an Geduld (4 S.) gefehlet. Die schmerzliche Empfindung, mit welcher er meine verhaßte Abhandlung durchlesen (3 S.), hat ihn daran gehindert. Sein Gemüth wurde ihm mehrmals so rege (4 S.), manche Stiche drangen ihm so tief in das Herz (104 S.): daß er sich eine rechte Gewalt hat anthun müssen, um sich einzuhalten (5 S.), und nicht mit den nachdrücklichsten Worten (103 S.), mit Donner und Blitze auf mich loszubrechen.

Und bey allem dem nennet er sich einen Liebhaber der Wahrheit. Fürwahr eine seltsame Liebe! Heiliger Namen, wie geschwind bist du ausgesprochen; aber wie wenige giebt es, die sich deiner würdig machen! Wer die Wahrheit von Herzen liebet, der muß sie mit großer Geduld, und mit

ganz

ganz gelassenem Gemüthe aufsuchen. Er hat dabey einen sehr mühsamen und engen Weg einzugehen, über welchen es sich mit keinen flüchtigen und verwägenen Schritten daher eilen läßt. Er muß den Stralen ihres Lichtes genau folgen, und bey Leibe keinen Tritt in einen dunkeln Ort thun, den er nicht kennet. Er muß sie endlich mit erhabenen Händen und mit bereitwilligem Herzen anbethen, sobald er sie nur erblicket, auch wenn sie in den Armen seiner Feinde ruhen sollte. Wer allem diesem nicht sorgfältig nachkömmt, den sieht diese eifersüchtige Göttinn für ihren Feind an; sie verschließt ihm den Zugang zu ihrem Throne; sie führet ihn durch einen falschen Schimmer auf Irrwege, in welchen er sich oft ganz verlieret, oder gar in Abgründe hinabstürzet, wo ihm weiter nichts als anderer Mitleiden und Erbarmung zum Troste übrig bleibt.

B 2 Wer

Wer mag aber dieser seltene Biedermann, dieser sonderbare Liebhaber der Wahrheit seyn? Danach läßt er uns rathen. Er verbirgt uns seinen wahren Namen; und zweifelsohne hat er erhebliche Ursachen dazu gehabt. Es ist eben eine schöne Sache um die Finsternisse, in die man sich einhüllet. Man handelt darin frey und ungescheut; man waget Schritte, die man bey hellem Lichte nimmermehr thun würde; man darf unter die, welche man treffen will, nur links und rechts hineinwerfen; man brauchet nicht einmal darauf zu sehen, mit was man wirft; alles ist gut, was man zuerst in die Hand krieget; kein Mensch kann uns zur Verantwortung ziehen: denn man sieht und kennet uns nicht; man weiß ja nicht, wer es gethan hat. Nun sind zwar einige verständige Männer gewesen, die mich überreden wollten, unser Herr Liebhaber könnte wohl Niemand anders als ein Student seyn,

der

der noch wirklich auf den stäubigen Schulbänken herumrütschete; andere hingegen sind auf gewisse gelehrte Leute verfallen, und hielten dafür, es hätten mehrere an diesem Werkchen geschmiedet: allein weder das eine noch das andere kam mir glaublich vor. Für einen Studenten ist es zu gut; für gelehrte und scharfsichtige Männer viel zu seicht und ausschweifend. Wir wollen daher das Mittel treffen, und nicht ohne Grund der Wahrscheinlichkeit setzen: es sey ein junger Mann, von Geburt ein Schwab, und folglich des berühmten P. Dornblüths Landsmann, der die untern Schulen mit Ruhme durchgangen ist, in die höhern aber noch keinen Fuß gesetzet hat; der sich hierauf auf Reisen begeben, und sich unter andern auch in Sachsen oder wenigstens auf dessen Gränzen eine Zeit lang aufgehalten hat, wo er seine rauhe Mundart ein wenig verbässert und in Ordnung gebracht hat; der sich von dannen nach der Pfalz gewendet, wo er das Glück gehabt hat, irgend einen Schuldienst zu erlangen: währ-end welchem er sich fleisig auf das Lesen, besonders der Schulbücher, der Prediger, und der ehrwürdigen Vätter Lineck, Widenhofer und Weitenauer, geleget hat; der end=lich, als er einige aus diesen Werken gesammelte Kräfte in sich zu spüren glaubte, eine heftige Begierde emp=fand, in die gelehrte Welt hinein zu gucken; und sich durch Widerlegung meiner Abhandlung einen Namen bey seinen Bekannten zu machen, es möchte kosten, was es immer wollte.

Doch was bekümmert uns der Namen des Verfassers; da es Zeit ist, sein Werk selber vor uns zu nehm=en, und zu zergliedern? Ich muß zwar gestehen, daß ich mich zu dieser Arbeit sehr schwer entschlossen habe. Je mehr ich die Anmerkungen las und prüfte: desto mehr vergieng mir die

Lust,

Vorrede.

Lust, die Feder dawider zu ergreifen. Ich habe sogar einige wackere Männer, sowohl Inländer als Ausländer, die sich zu einer triftigen Widerlegung unseres Liebhabers anbothen, von ihrem Vorhaben abgehalten. Ich dachte immer: wir leben ja in jenen barbarischen Zeiten nicht mehr, wo man sich durch manches Geschwirr so leicht täuschen ließ; unser Jahrhundert ist, Gott Lob! aufgekläret; die Wahrheiten, welche ich vorgetragen habe, sind theils offenbar, theils ruhen sie auf so guten und starken Gründen, daß sie sich gewiß durch ein bloses Anschreyen nicht erschüttern lassen; die Sprachverständigen in der Pfalz, und alle diejenigen, welche meine Abhandlung und die Anmerkungen unparteyisch gegeneinander gehalten haben, so viele ich derer kenne, haben ja das Urtheil schon gefället. Wozu sollte also nach allem dem eine ernsthafte Widerlegung dienen? Als ich aber überlegte, daß es es nicht jedermanns Thun sey, eine gründliche Vergleichung zwischen beyden Schriften anzustellen; daß die Anzahl der Sprachkenner bey uns noch nicht gar hoch gestiegen sey; daß manchem Anfänger noch einige Erläuterungen dienlich seyn könnten; daß es allso zur fernern Aufnahme der Muttersprache in der Pfalz nicht wenig beytragen würde, wenn ich die alten Wahrheiten in ein neues Licht setzete: so habe ich aus eben der Liebe zum Vatterlande, die mir zur Verfertigung meiner Abhandlung die Feder in die Hand gegeben hat, das Werk endlich unternommen. Ich hoffe darin meinen geehrtesten Landesleuten eine völlige Genüge zu leisten. Ich werde ihnen die Schwäche der Gründe, wodurch man sie hat irre machen wollen, klar vor Augen stellen. Ich werde ihnen zeigen, wie wenig man sich bisweilen sogar auf das Wort derer verlassen könne, welche sich Biedermänner

und

· Vorrede·

und Liebhaber der Wahrheit nennen. Für mich werde ich wenigstens so viel dabey gewinnen: daß ich künftig bey Erscheinung dergleichen Schriften der Mühe überhoben bin, auch nur mit dem geringsten Buchstaben darauf zu antworten.

Obschon das Werk des Herrn Liebhabers sehr unordentlich verfasset ist, wie es sich unten zeigen wird: so wollen wir ihm doch, zur Bequemlichkeit des Lesers, Schritt für Schritt folgen; ausgenommen, daß wir ein paar Stücke, die an verschiedenen Orten vorkommen, zusammenziehen werden. Jeden Artikel, den er unter einem Schriftabsatze (§) vorträgt, werden wir in eine Frage einkleiden, worauf sogleich die Antwort und Erläuterung folgen wird. Nur einige wenige Punkte, die er untereinander mischet und gemeinschaftlich abhandelt, werden wir trennen, und unter besondern Fragen vorstellen und erörtern. Bey Anführung der Stellen haben wir uns, zur Vermeidung aller Verwirrung, der Zeichen * und † bedienet. Das erste bedeutet meine Abhandlung, das andere die Anmerkungen; wo aber keines dieser Zeichen steht, da ist die Rede von gegenwärtiger Widerlegung.

I Frage.

Habe ich mich in meiner Abhandlung zu harter Ausdrücke wider
die Pfälzer bedienet?

1 §. Ueber nichts hält sich Herr
Biedermann in seinen
Anmerkungen mehr auf,
als über die harten Ausdrücke, deren ich mich
in meiner Abhandlung wider die Pfälzer soll
bedienet haben. Er klaget hierüber sehr oft,
er klaget bitterlich, er klaget entsetzlich: und
in diesen Klagen setzet er seine gröste Stärke;
sie sind die nachdrücklichsten Waffen, mit
welchen er mich und mein Werk bekämpfet.
Seine Wahl ist nicht gar übel getroffen. Er
merkete wohl, daß er seinen Zweck nicht gar

weit

weit verfehlen würde; wenn er die Pfalz, deren Sprache ich angegriffen hatte, wider mich aufbringen könnte. Er stecket sich derowegen hinter die ganze Nation. Er stellet ihr auf das nachdrücklichste vor, ich wäre unfreundlich wider sie verfahren († 105 S.); ich hätte sie unmitleidig hergenommen († 27 S.); ich wäre ihrer Ehre zu nahe getreten; ich hätte sie unglimpflich angetastet († 16 S.); ich hätte sie vom geringsten Pöpel bis auf die höchsten Personen beschimpfet († 20 S.) u. d. gl. Er vergißt dabey nichts; alles suchet er rege zu machen; er bieth alle Stände auf; Geistliche und Weltliche, Akademien, Universitäten († 4 S.), Rechtsgelehrte, Aerzte, Dichter, Redner, Hof-und geheime Räthe († 20 S.), Landesherren, Prinzen, Staatskluge († 17 S.), Hofherren, Hofdamen († 28 S.), Prediger († 38 S.), Gottesgelehrte, das vornehme Frauenzimmer, Kriegsleute, ja selbst den Pöpel († 27 S.), alles, alles bewaffnet er wider mich: um das Unrecht, den Schimpf, die Unbilde, die ich ihnen angethan habe, nach Gebühr zu ahnden. Er giebt ihnen zu bedenken, ob sie dieses alles gebulden († 27 S.), und mir so leichterdings verzeihen († 22 S.) wollen.

2 §.

2 §. Ach! mein allerliebster Herr Biedermann, was haben Sie doch angefangen? In welche mißliche Umstände haben Sie mich gesetzet! Welch ein erschreckliches Heer Feinde haben Sie mir über den Hals geschicket! Sie wußten ja wohl, daß ich es nicht so böse gemeynt habe († 94 S.); daß mir mehr in die Feder geflossen, als mir mein gutes Herz gerathen hat († 63 S.); daß ich nicht aus Leidenschaft geschrieben, sondern daß es mir halt nur so herausgewischet ist († 102 S.): und warum setzen Sie mir dennoch nach allem dem so hart zu? Aber nichts beunruhiget mich mehr, als daß ich Händel mit den Soldaten haben soll. Hätten Sie mir doch nur diese Leute vom Leibe gelassen. Haben Sie sich denn nicht erinnert, daß ich keinen Degen tragen darf? Ich bitte Sie um Gottes willen, helfen Sie mir für dießmal: Sie werden sehen, daß ich Sie bey Gelegenheit auch nicht stecken lassen werde, wenn Sie meiner benöthiget seyn sollten. Ist denn gar kein Mittel zu meiner Rettung mehr übrig? Ja, sagen Sie, noch eins ist übrig; aber sonst vielleicht keines mehr. Und wie heist dieses? Der Herr muß sich verdemüthigen, und einen Wiederruf thun: alsdann wird die edel-

denkede Pfalz zufrieden seyn († 105 S.). Wie gütig sind Sie nicht, Herr Biedermann! Ich danke Ihnen tausendmal für diesen guten Rath, dem ich herzlich gerne folgen wollte; wenn ich nur versichert wäre, daß damit alles ausgemachet wäre. Wollten Sie nicht noch zur grösern Sicherheit selbst ein gutes Wort für mich einlegen? Ihre Fürsprache ist vielleicht von dem grösten Gewichte. Ja, auch hiezu lassen Sie sich bewegen. Sie bitten die grosmüthige Pfalz, mir alles zu vergeben, was ich ihr Leids gethan habe († 101 S.). Allein bey allem dem ist mir es noch nicht gar wohl zu Muthe; ich traue dem Handel nur halb; ich fürchte, die Sache möchte wirklich zu weit gekommen seyn: denn Sie haben sie gar zu arg gemachet. Was ist demnach zu thun? Ich denke, ich schlage mich mit der Feder durch: vielleicht gelingt es mir.

3 §. Worin bestehen denn jene herbe Worte, jene schimpfliche Ausdrücke, womit ich mein geehrtes Vatterland auf eine so unverantwortliche Art soll angetastet haben? Wir wollen unsern Herrn Liebhaber sprechen lassen: der wird sie uns der Reihe nach vorlegen.

legen. „Der Herr wirft mit dummen Köpf-
„ en um sich„, saget er gleich Anfangs in
der Vorrede a. d. 4ten Seite. Ich muß es gestehen: ich bin ziemlich erschrocken, als ich
diese Worte gelesen. Ich konnte mir nicht einbilden, wie es zugegangen wäre, daß mir ein
so abgeschmackter Ausdruck entwischet sey.
Ich konnte mich zwar desselben nicht entsinn-
en: doch zweifelte ich nicht daran, daß es dem
so wäre, wie der Liebhaber der Wahrheit
bezeugete. Ich sah mich nach der Stelle meiner Abhandlung um, wo sich dieser Ausdruck
finden sollte; Herr Biedermann hatte sie
aber nicht bemerket. Ich nahm derowegen
mein Werkchen selbst zur Hand; ich durchlas
es mit der grösten Aufmerksamkeit von Anfange bis zu Ende: und wie gros war nicht
meine Verwunderung, als ich keine Syllbe
von diesen dummen Köpfen fand! Ich
trauete mir aber selber nicht. Ich bath einen
guten Freund, er möchte doch mit eben der
Aufmerksamkeit nachsuchen: allein auch dieser
war nicht glücklicher als ich. Was sollte ich
nun denken? und was soll ich noch jetzt denk-
en? Ein Biedermann! ein Liebhaber der
Wahrheit! Wie soll ihm dieser Vorwurf
eingefallen seyn? Sollte er vielleicht aus
hoch-

hocherleuchteten Köpfen, wovon ich in meiner Abh. a. d. 74 S. geredet habe, gar dumme Köpfe gemachet haben? Das will ich mein Leben nicht hoffen; indem ja zwischen dumm und hocherleuchtet ein himmelhoher Unterschied ist. Ich habe aber das Wort hocherleuchtet spottweise gesetzet? Das will ich zugeben: was folget aber daraus? Wer Jemanden spottweise hocherleuchtet nennet, der thut weiter nichts, als daß er verneine, daß ihm dieser Namen zukomme. Was saget nun die allerstrengste Vernunftlehre hiezu? Sie saget, aus der Verneinung eines Dinges lasse es sich niemals auf das Widerspiel (contrarium) schliesen; indem vom einen bis zum andern noch unendlich viele Stuffen seyn können. Wer verneinet, daß ich sehe, der bejahet noch lange nicht, daß ich blind sey. Wer läugnet, daß Valentin fromm sey, der behauptet ja gewiß darum nicht, daß er ein Dieb oder Mörder sey. Sie selbst, mein Herr Biedermann! wären übel daran; wenn diese Art zu schliesen gälte... Sie sehen allso wohl, wie ungegründet Ihr erster Einwurf ist. Haben Sie nichts erheblichers?

4 §.

4 §. Ja, „der Herr spricht doch mit aus-
„drücklichen Worten von eigensinnigen
„Witzlingen (†4 S.)„. Das ist wahr.
Geht aber dieser Ausdruck die ganze Pfalz
an? Weit gefehlet! Ich habe es nur von etlichen unsrer Landsleute gesaget (* 17 S.).
Soll das aber eine ganze Nation beschimpf-
en heisen, wenn man saget: daß sich einige
unter ihr befinden, die ihrem besondern
Witze eigensinnig nachgehen; besonders,
wenn man die Personen nicht einmal namhaft machet? Wie wäre es, wenn Jemand
sogar sagte: daß es unter den Pfälzern einige
Trunkenbolde, Geizhälse, Ehrabschneider u.
d. gl. gäbe? Würde er sich wohl eine Verantwortung auf den Hals laden? Ich glaube
nicht, daß sich ein einziger vernünftiger
Mensch darüber aufhalten würde; indem es
ja bekannt ist, daß unter so viel tausend Leut-
en immer einige sind, welche die Schranken
der Vernunft und der Religion in diesem
oder jenem Stücke überschreiten. Ist die un-
bestimmte Aufbürdung so groser Laster untadelhaft: wie soll ich denn ein so erschreckliches Verbrechen begangen haben, da ich
von weit geringern Sachen gesprochen habe?

C   5 §.

5 §. Aber was jetzt folget, siehet ein wenig zu häßlich aus: schwerlich werde ich mich deßwegen rechtfertigen können. Ich soll meinen Landesleuten Eselsohren angesetzet haben. „ Der Verfasser (der Abhandlung),
„ saget Herr Biedermann an der 31 Seite,
„ vergleicht das Urtheil der mehrsten Pfälz=
„ er, die sich für Poeten ausgeben, mit dem
„ Urtheile des Midas, welchem der Apollo
„ soll Eselsohren angesetzet haben; weil er
„ so närrisch und tollsinnig geurtheilet hat.
„ Ihr Herrn Pfälzer! wie gefällt euch dies=
„ er Lorberkranz? Was ist zu machen? Der
„ Herr Verfasser scheint euch selben aufzu=
„ setzen! Ihr müsset euch ihn gefallen lassen„
u. s. f. Ja, ihr Herren Pfälzer! wenn ich euch diesen Lorbeerkranz aufgesetzet habe: so bin ich schuldig; so verdammet mich. Ist das aber nicht wahr; ist es eine muthwillige Andicht= ung; ist es eine blose Hirngeburt unseres Herrn Biedermannes: was werdet ihr alsdann sagen? Das überlasse ich euch, und der ganzen redlichen Welt. Laßt uns die Sache unparteyisch, genau, und vor dem Richterstuhle der strengsten Vernunft unter= suchen. Erstlich ist zu wissen, daß an der 19ten S. meiner Abhandlung, wo des

Midas

Midas Urtheil vorkömmt, die Rede bloß von den mehrsten pfälzischen Dichtern sey. Herr Biedermann aber suchet eine gemeinschaftliche Sache daraus zu machen, und die Pfalz überhaupt mit in das Spiel zu bringen; auch nachdem er kurz vorher gestanden, daß von den Poeten gehandelt werde. Ihr Herren Pfälzer, ruft er aus, wie gefällt euch dieser Lorberkranz? Zum andern führet er meine eigenen Worte nicht an. Nachdem er gesaget hatte, daß ich das Urtheil der mehrsten pfälzischen Poeten mit dem Urtheile des Midas verglichen habe, welches wahr ist: so setzet er noch diese merklichen Worte hinzu: ,, welchem (Midas) der Apollo ,, soll Eselsohren angesetzet haben; weil er ,, so närrisch und tollsinnig geurtheilet hat,,. Sollte der Leser, welcher meine Abhandlung nicht eingesehen, nicht glauben, das eine sowohl als das andere wäre aus meiner Feder geflossen; ich hätte ausdrückliche Meldung von den Eselsohren gethan; ich hätte auch die Ursache beygefüget, warum dieser Schiedsrichter so schimpflich bestrafet worden: nämlich, weil er so närrisch und tollsinnig geurtheilet habe? Nun aber steht von allem dem nicht der geringste Buchstab

in meiner Abhandlung; wie Jedermann an
der oben berührten 191ten Seite sehen kann.
Es bleibt allso nichts mehr übrig, als daß
ich das Urtheil unserer mehrsten Dichter mit
dem Urtheile des Midas verglichen habe.
Wie kömmt nun Herr Biedermann an die
Eselsohren? Er muß sie mit beyden Händen in
der Mitte fassen, und mit Gewalt herbey zieh=
en; sonst sehe ich nicht, wie er es machen könn=
te. Sie sind aber dem Midas doch angesetzet
worden? Das ist wahr. Es kommen aber
auch noch hundert andere Umstände in eben
dieser Fabel vor: wird man wohl auf alle
dieselben aus meiner Vergleichung schliesen
können? Was für Ungereimtheiten würd=
en nicht herauskommen! Ich müßte der Gott
Apollo, und ein Vorsteher der Dichtkunst
seyn; Herr Biedermann zweifelt aber, ob
ich im Stande sey, einen guten Vers zu
machen († 100 S.). Ich müßte Götter=
sprüche geben können, die Niemand unge=
straft verlachen dörfte; und unser Liebhab=
er spottet der meinigen († 19 S.). Unsere
pfälzischen Dichter müßten lauter phrygische
Fürsten seyn; ein jeder müßte einen tiefen
Kopfbund tragen u. d. gl. Alles dieses würde
Herr Biedermann eben so wohl aus mein=
er

er Vergleichung haben ziehen können, als die Eselsohren. Worin besteht denn endlich das Wesen einer Gleichniß? darin, daß man die Aehnlichkeit zweyer oder mehrerer Dinge zeige. Ist es aber möglich, daß zwey Dinge in allen Stücken einander vollkommen ähnlich seyn? Nein, die Weltweisheit zeiget einen offenbaren Widerspruch darin; und daher ist das Sprichwort gekommen: **Jede Gleichniß hinket.** Wer demnach eine Sache mit der andern vergleicht, der spricht nur von einer oder etlichen Aehnlichkeiten, die er bestimmet; auf die übrigen aber lassen sich keine Folgen machen. Und eben so verhält es sich mit meiner Gleichniß zwischen dem Midas und unsern mehrsten Dichtern. Ich habe nur von einer einzigen Aehnlichkeit darin gesprochen; ich habe diese Aehnlichkeit ausdrücklich genennet; ich habe sie genau bestimmet; ich habe gesaget, sie bestehe in der Uebereinkunft der beyderseitigen Urtheile über die Dichtkunst. Und damit Niemand zweifelte, worin diese Urtheile miteinander übereinkämen: so habe ich das ganz mäsige Beywort **unerfahren**, und nicht das biedermännische **närrisch** und **tollsinnig**, hinzugesetzet. Daß aber der gröste Haufen unserer Poeten in der deutschen Dichtkunst unerfahren sey, ist gewiß kein verwägener Außspruch. Ich habe es ja durch die augenscheinlichsten Proben dargethan, die Jedermann lesen kann; und die schon vor meiner Abhandlung von so viel hundert Personen gelesen worden sind. Soll aber diese Unerfahrenheit Jemanden wundern?... Doch, ich breche ab. Herr Biedermann winket mir zu. Er giebt mir zu verstehen, daß er seinen Fehler erkenne. Er verspricht, in Zukunft sein Feuer zu dämpfen, alles bässer zu erwägen, und nicht mehr so frey in Erdichtungen zu seyn.

6 §. Eins liegt ihm aber doch noch sehr schwer am Herzen. Er möchte es gerne mit dem gewöhnlichen Geräusche herauspraffeln lassen: allein er erinnert sich seines kurz vorher gethanen Versprechens. Er mäsiget sich deßwegen; und setzet mit ganz süsen Worten an mich. „Fürwahr, saget er, wenn ich
„ nicht wüßte, daß Sie die liebreicheste Per-
„ son von der Welt wären: so hätte ich mich
„ nicht einhalten können zu glauben, Sie
„ suchen mit aller Gewalt die ehrwürdig-
„ sten Leute bey dem Volke verachtet und
„ ver-

„ verhaßt zu machen. Bedenken Sie doch
„ nur jene jammernden Ausrufungen an
„ der 200 S. Seynd diese Worte liebreich?
„ Seynd sie freundlich „ († 32 S.)? Worin bestehen denn diese jammernden und herzbrechenden Ausrufungen? Ich bitte den Leser, die angeführte Seite meiner Abhandlung aufzuschlagen. Er wird finden, daß ich gesaget habe, die Gelehrtheit sey nicht mit jedem ehrwürdigen Kleide verbunden. Ist das aber nicht eine offenbare Wahrheit? Ist es nicht weltkündig? Würde man denjenigen nicht für einen Thoren halten, der das Gegentheil behaupten wollte? Erhellet es nicht aus dem ganz elenden und erbarmungswürdigen Gedichte, welches ich angeführet habe; und das gewiß in den allerbarbarischsten Zeiten nicht schlechter hätte ausfallen können? Treiben nicht unsre Glaubensgegner, ja selbst einsichtsvolle Katholiken, ihr Gespött mit dergleichen schönem Zeuge? Und welchen Eindruck machet dieses für unsere geheiligte Priesterschaft und Religion? Fürwahr nicht den bäßten. Eine vielfältige und betrübte Erfahrung hat mich dessen, zu meinem innerlichen Schmerzen, überzeuget. Ich habe deßwegen meine geehrtesten

Amtsgenoſſen aus der reineſten Abſicht gewarnet. Ich habe ſagen wollen: Bedenket doch, meine liebſten Mitbrüder! daß man euch als die Weiſen des Landes verehret; bedenket, daß ihr euch beſtreben ſolltet, die Würde eures Standes ſcheinbar und glänzend, und euere eigenen Perſonen vor aller Welt Augen verehrungswürdig zu machen: und ihr ſetzet euch durch euere Schriften einem allgemeinen Gelächter aus. O der Zeiten! Wiſſet ihr denn nicht, daß wir in einem erleuchteten Jahrhunderte leben, wo man mit dem alten Schultande nicht mehr auslanget? Wie lang wird man doch, nach Erfindung des Getraides, bey den Eicheln ſitzen bleiben? Wie lang wird es noch anſtehen, bis ihr den Schlummer aus den Augen reibet, und euch nach jenen Wiſſenſchaften umſehet, die euch ganz unentbährlich ſind; obwohl man euch in euerer Jugend einen dicken Vorhang davor gezogen hat? Glauben Sie nun bald, Herr Biedermann! daß meine jammernden Ausrufungen aus einem wohlmeynenden und liebreichen Herzen hergefloſſen ſeyn? Ja, werden Sie ſagen, das will ich jetzt glauben; aber der Herr hätte doch die Schrift eines es Geistlichen nicht öffentlich tadeln sollen —. Das ist was neues für mich. Ich habe wohl gewußt, daß man die Geistlichen wegen ihres erhabenen und heiligen Standes in Ehren halten müßte; daß aber diese Pflicht sich auch auf ihre öffentlichen Werke erstreckte, das habe ich noch nicht gewußt. Höret es, ihr Kunstrichter! und merket es wohl. Kömmt euch künftig eine Schrift eines Geistlichen unter die Hände, wenn sie auch noch so schlecht und ungereimt wäre: so hütet euch fleißig, daß ihr sie nicht durch die Hechel ziehet. Ihr könntet die Aergerniß nicht verantworten, die ihr bey dem Volke stiften würdet. Aber potz tausend! was fällt mir da ein? Ich gehöre ja auch unter die Zahl dieser ehrwürdigen Leute. Was gilts, Herr Biedermann! daran haben Sie in Ihren Anmerkungen nicht gedacht; sonst hätten Sie ja gewiß meine Abhandlung, wider Ihre eigenen Regeln, mit keiner so salzigen Lauge übergossen. Was mag die Ursache dieser Vergessenheit gewesen seyn? War es nicht die Hitze Ihres Geistes?

7 §. Bald wird die Quelle der Klagen über meine herben Ausdrücke entschöpfet seyn. Es

ist nur noch ein einziger Hauptvorwurf übrig, den ich hier besonders zu beantworten habe. Dieser so wichtige Vorwurf betrifft die Unwissenheit, deren ich die Pfalz soll bestrafet haben. Diesen Punkt hat unser Herr Liebhaber gar schmerzlich empfunden; er kann ihn nicht verdauen; er wiederholet ihn zum öftesten, und suchet ihn nach allen Kräften zu erheben. „Der Herr, saget er, ver„weiset die Fehler des Pöbels öfters der „ganzen Nation mit den herbesten Wort„en († 88 S.); er schildert die Unwissen„heit der Pfälzer mit den schwärzesten Farb„en dergestalt ab: daß die Ausländer glaub„en sollten, der glänzende Strand des Rhein„es sey von Barbarn umgeben, und eine „hottentottische Unwissenheit verfinstere die „beglückten Städte des anmuthvollen Pfälz„erlandes „ († 64 S.) u. d. gl. Gemach, gemach, mein lieber Herr Biedermann! Sie übereilen sich ja schon wieder. Erinnern Sie sich doch, daß es einem Liebhaber der Wahrheit nicht erlaubet sey, über die Schnur zu hauen. Hätten Sie sich doch nur die zwo Durchsichten angeschaffet, die ihnen so wohl gefallen haben († 91 S.), damit Sie in Durchlesung meines Werkchens alles genau

damit

damit hätten betrachten können: ich bin versichert, Sie hätten den Gräuel, den Sie so fürchterlich abmalen, nicht darin gefunden. Nun haben Sie denn die Güte, und zeigen mir die Stellen an, in welchen ich die Fehler des Pöpels der ganzen Nation, und zwar öfters, mit den herbesten Worten verwiesen habe. Treten Sie herbey; da liegt meine Abhandlung vor Ihnen; schlagen Sie sie auf; wir wollen sie gemeinschaftlich von Blatte zu Blatte durchgehen, und alles auf das genaueste bemerken, wo nur immer eine Spur von den Fehlern des Pöpels zu finden ist. Die 71te Seite erwecket zuerst unsere Aufmerksamkeit. Was lesen wir da vom gemeinen Volke? Ein Verzeichniß ausländischer Wörter, die es in das Deutsche einzumischen pflegt. Allein kurz vorher wird auch bewiesen, daß diese Einmischung alle Stände betreffe. Dieß ist allso kein bloser Fehler des Pöpels, sondern der Pfalz überhaupt. An der 84ten Seite wird von der übeln Aussprache des pf gehandelt. Es steht aber ausdrücklich dabey: daß dieser Fehler fast blos dem Pöpel, und wenig vornehmen Personen anklebe. An der 88 und 89ten Seite wird gesaget, daß in der pfälzischen

Mund-

Mundart nichts gewöhnlicher sey, als den Doppellaut ei wie ein gezogenes e auszusprechen. Die Wahrheit dieses Satzes liegt am Tage. Ich habe aber zum Ruhme der Pfälzer hinzugesetzet: „daß die meisten die „Ungereimtheit dieser Aussprache selber „einsehen; und daß jene, die über den Pöpel „ein wenig erhaben sind, sich die löblichste „Mühe geben, diesen angebohrnen Fehler „zu bässern„. Das sieht noch keinen **herben Worten** gleich, mit welchen ich der ganzen **Nation** die Fehler des **Pöpels** soll vorgeworfen haben. Die 98te Seite thut auch Meldung vom Pöpel: vielleicht finden wir da was. Allein die Rede ist weder von seinen besondern Fehlern, noch von der ganzen Nation. Es wird allein gesaget, daß eine grose Menge derer, welche die lateinischen Schulen durchgangen sind, ihre Muttersprache kaum um ein Haar bässer kennen, als der Pöpel. Um nichts zu vergessen, wollen wir bey den Wörtern **Hinkel** und **Dinger** a), die an der 121 und 146ten S. vorkommen, und ziemlich pöpelhaft scheinen,

auch

---

a) Herr Hempel giebt diesem Worte Schutz. Sprachl. 280 S.

auch ein wenig stehen bleiben. Sind diese aber bey dem Pöpel allein im Brauche? Nein!, das Gegentheil beweist die Sprache sowohl studirter als vornehmer Leute. Doch stille! an der 173ten Seite erblicke ich etwas, welches Ihnen vielleicht zu statten kömmt. Habe ich nicht etwann die pöpelhafte Abwandelung, ich iß, ich sprich u. s. w. allen Pfälzern zur Last geleget? Nein, nur etlichen Gelehrten; und zum Unglücke habe ich die Probe gleich unten daran gesetzet. Mein lieber Herr Biedermann! es wird mir bald bang für Sie. Wir sind schon nächst am Ende; und haben noch nichts gefunden, das Ihren Vorwurf nur im mindesten rechtfertigen könnte. Laßt uns doch mit verdoppelter Aufmerksamkeit nachsuchen. Die 188te Seite machet uns noch einige Hoffnung. Da finden wir noch einen Fehler des gemeinen Mannes, nämlich die doppelte Verneinung. Allein er ist demselben schon wieder nicht ganz eigen; vornehme Leute sind ihm auch unterworfen; von der ganzen Pfalz geschieht keine Meldung; nicht der geringste Schein eines herben Ausdruckes ist vorhanden. Endlich stellen sich die gestutzten Wörter **raus, nauf, rauf, nunter, nüber** u. d. gl. an der 189ten

189ten Seite dar. Vielleicht helfen uns diese durch. Ich sehe aber nicht, wie. Sie gehen ja nicht allein bey dem Pöpel, sondern auch bey andern Personen sehr häufig im Schwange; wie Jedermann, der ein wenig aufmerksam seyn will, in einem Tage tausendmal hören kann. Aber gesetzt, daß dieses ein bloser Fehler des Pöpels wäre: so habe ich ihn doch der ganzen Nation nicht vorgeworfen. Ich habe zwar gesaget, wir stutzeten viele Wörter: das Fürwort wir bedeutet aber hier nichts allgemeines. Der Zusammenhang meiner Worte überzeuget uns dessen. Diese lauten so: „Was wir in „ vielen Wörtern zu lang machen, das mach„ en wir in andern zu kurz „. Das Verlängern der Wörter bezieht sich nicht auf die ganze Pfalz, wie die 187te Seite ausdrücklich saget: allso das Verkürzen auch nicht. Doch, wir wollen noch weiter setzen, ich hätte diese pöpelhaften Schnitzer allen Pfälzern ohne Ausnahme aufgebürdet: so ist es doch wenigstens mit keinen herben Worten geschehen. Das einzige, was ich dabey gesaget habe, ist dieses: Daß alle Gattung von Unkraute auch in dem schönsten Garten aufwachse, wenn derselbe nicht fleißig gehandhandhabet wird. Stecket aber hierin ein harter oder schimpflicher Ausdruck? Wir sind nun wirklich bis an das Hauptstück von der Tonmessung gekommen, worin von den Fehlern des Pöpels, wie Sie selbst wissen, keine Meldung geschieht. Wir haben allso alles durchsuchet, was zu durchsuchen war, ohne den geringsten Beweis Ihrer Anklage anzutreffen. Was werden Sie der redlichen Welt darüber antworten? Bedenken Sie sich doch, um Gottes willen: denn ich fürchte, man möchte Sie für keinen Liebhaber der Wahrheit mehr ansehen.

8 §. Das mag wahr seyn, oder nicht, werden Sie sagen: genug, daß der Herr die Unwissenheit der Pfälzer mit so schwarzen Farben abgeschildert hat. Ja, mein geehrtester Herr Biedermann! das vorige wollte ich für meinen Theil gerne vergessen; wenn nur das letztere mit der Wahrheit bestünde. Allein ich muß Sie schon wieder mit einer Frage belästigen: Wo habe ich denn diese abscheuliche Schilderung gemachet? Könnten Sie mir nicht die Seiten benennen; oder wollen wir meine Abhandlung wieder gemeinschaftlich durchblättern?

ern? Sie weigern sich dessen für dießmal, wie ich sehe; weil unsere vorige Arbeit so unglücklich abgelaufen ist. Ich muß allso allein nachsuchen. Ich nehme mein Werkchen zur Hand. Die 8te Seite öffnet sich von ohngefähr. Was steht da? Die Pfalz sey ein edler Staat, welcher an Witze und Fähigkeit manche andere Lande übersehe; der in seinen Jahrbüchern viele grose Geister, die er gezeuget hat, aufweisen könne; der seine Einwohner zu den Künsten und Wissenschaften ämsig und rühmlich anführe. An der 11ten Seite wird gesaget: daß wir von einem sehr weisen Fürsten beherrschet werden, der ein wahrhafter Beförderer der Wissenschaften sey. Die 191te Seite belehret uns, daß es Poeten in der Pfalz gebe, deren Gedichte voll Anmuth, Stärke und gutes Geschmackes seyn: Gedichte, die mit ungezwungenen Ausdrücken, mit einer regelmäsigen Sprache, und mit wohlklingenden Schlußreimen auf das schönste prangen u. s. w. Wie ist es nun, Herr Biedermann? Besteht dieses Gemäld mit den so abscheulich schwarzen Farben, womit ich die Unwissenheit der Pfälzer, Ihrer Aussage nach, abgeschildert habe? Sollten wohl

die

die Ausländer nach dieser Beschreibung noch glauben können, das Pfälzerland sey von Barbarn bewohnet; und eine hottentottische Unwissenheit verfinstere seine Städte? Ist vielleicht vor kurzem ein weiser Karl Theodor auf den Küsten der Kaffern aufgestanden, der die wilden Hottentotten aus ihren Höhlen und Finsternissen herausgezogen hat; und sowohl durch Anlegung einer prächtigen Bibliothek, welche der kuhrpfälzischen zu Mannheim nichts nachgiebt, als durch andere vortreffliche Anstalten, das Licht der Wissenschaften bey ihnen verbreitet? Wie weit mögen es diese Barbarn schon darin gebracht haben? Vermuthlich werden sie schon etliche wackere Poeten aufweisen können, die ihre Truthahnensprache auf das zierlichste verbässert haben, und die anmuthigsten und geschmackhaftesten Gedichte darin abfassen. Wie artig wäre es nicht, wenn schon einige darunter Virgils Aeneis in hottentottische Verse übersetzet hätten u. s. f. Sollten Sie etwann von einem guten Freunde, der sich bey den Hottentotten aufhält, einige Nachricht von allen diesen Dingen erhalten haben: so seyn Sie doch so gütig, und theilen mir

mir dieselbe mit: denn ich bin ungemein begierig darauf.

9 §. Habe ich denn gar nichts von einiger Unwissenheit der Pfälzer gesprochen? Ja, aber blos von jener, welche die deutsche Sprache betrifft. Und hierin habe ich das bäßte Ziel und Ende gehabt. Ich habe es aus Liebe zum Vatterlande gethan. Ich habe es für meine Pflicht angesehen, meinen geehrtesten Landesleuten vor Augen zu stellen, wie nützlich, ja wie nothwendig eine gründliche Kenntniß der Muttersprache im Reiche der Wissenschaften wäre. Diese Vorstellung wäre aber fruchtlos gewesen; wenn ich ihnen nicht zugleich gezeiget hätte, wie weit sie bisher von dieser Kenntniß entfernet gewesen seyn. Ich mußte sie allso überführen, daß sie um die Regeln, um die Stärke und Schönheiten der deutschen Sprache, aus Abgange einer ordentlichen Sprachlehre und des gehörigen Unterrichtes in den Schulen, bisher gar wenig gewußt haben. Ich sehe nun nicht, wie Jemand diese redliche Absicht, dieses patriotische Verfahren übel aufnehmen, oder gar für eine Beschimpfung halten könne. Habe ich aber

be-

behauptet, daß es der ganzen Pfalz an der gehörigen Kenntniß der deutschen Sprache fehle? Weit gefehlet! Ich habe immer etliche wackere Männer ausgenommen, deren Anzahl aber freylich, in Ansehung so vieler tausend studirten Leute, sehr gering ist. Ja, nicht einmal die angeführten Fehler habe ich allen übrigen Pfälzern immer ohne Unterschied aufgebürdet. Klare Proben davon wird man an der 85. 95. 110. 114. 115. 119. 121. 136. 158. 164. 165. 166. 173. 187 Seite meiner Abhandlung finden. Da heist es mit ausdrücklichen Worten: Viele unsrer Landesleute sprechen übel; etliche irren; eine grose Menge ist in dieser Regel schlecht erfahren; vielen Gelehrten klebet dieser Fehler an; diese (fehlerhaften) Stellen habe ich aus etlichen unsrer Schriften ausgezogen u. s. f.

10 §. Es werden aber doch wohl, in Bemerkung dieser Fehler, einige Ausdrücke vorkommen, die mir billig zur Last können geleget werden? Ich will die vornehmsten davon aus dem Klagebuche unseres Herrn Liebhabers noch kürzlich hersetzen, und die gelehrte Welt darüber urtheilen lassen. 1)

Habe ich gesaget, unsere Landesleute hätten ihre Muttersprache bisher vernachläßiget. Dieses Wort ist ein Donnerschlag in den Ohren des Herrn Biedermannes: vielleicht ist er gar tödtlich davon getroffen. Er ruft darum erbärmlich aus: „ Der Herr „ scheuet sich nicht, mit einer unfreundlich‑ „ en Dreistigkeit den Pfälzern eine schimpf‑ „ liche Nachläßigkeit vorzuwerfen († 66 „ S.),,. Zweymal, so viel ich weiß, kömmt dieser Vorwurf in meiner ganzen Abhandlung vor: einmal an der 10ten, das andremal an der 78ten Seite. Ich will meine eigenen Worte anführen: damit der Leser doch sehe, ob die biedermännische Klage Grund habe. Die erste Stelle ist diese: „ Suchet man die Quelle dieser Nachläßig‑ „ keit unserer Landesleute mit Bedachtsam‑ „ keit auf: so findet man „ u. s. w. Die zweyte aber ist der Titel eines besondern Abschnittes, von dem ich an der 55ten S. zu handeln versprochen habe, und lautet so: „ Nachläßigkeit der Pfälzer in Beobacht‑ „ ung der deutschen Sprachregeln,,. Stecket nun in diesen Worten ein unfreundliches Wesen, eine Dreistigkeit und Beschimpfung? Was heist Nachläßigkeit? Nichts
and‑

anders, als einen Mangel der gehörigen
Sorgfalt und Achtsamkeit b). Bin ich nun
darum ein Wagehals, ein unfreundlicher
und dreister Mensch: weil ich den Pfälzern
gesaget habe, sie hätten bisher die gehörige
Sorgfalt auf ihre Muttersprache nicht gewendet? Das habe ich doch, meyne ich,
gründlich gezeiget; und ich mußte es ihnen
wohl sagen und zeigen: sonst hätte ich sie ja
vergebens zur Verbäſſerung derselben ermahnet. 2) Habe ich diejenigen, welche
so viele lateinische, französische und italien-
ische Wörter in das Deutsche einmischen,
Sprachflicker genennet; und die Hofleute
habe ich in die oberste Reihe derselben gesetzet (*61 S.). Sollte das aber eine Sünde
seyn, wenn ich Jemanden sage: daß er ausländische Wörter in seine Muttersprache
flicke? Was die Hofleute insonderheit betrifft: so bin ich versichert, daß sie sich hierüber nicht aufhalten werden. Warum nicht?
Weil sie eine viel zu edle und erhabene Denk-
ungsart haben, als daß ihnen die Galle um
eines grammatikalischen Wortes willen über-
laufen sollte. 3) Habe ich eben diese Ver-
misch-

b) Stoschens Versuch 318 S.

mischung so vielerley Sprachen mit dem
Namen eines erbärmlichen Mischmasch=
es, und einer babylonischen Verwirr=
ung beleget (*58.61 S.). Diese Ausdrücke
haben nun freylich nichts verfängliches an
sich; weil sie blos die Sachen, nicht aber die
Personen angehen. Dieses hat unser Herr
Biedermann zweifelsohne selber eingeseh=
en. Allein die lateinischen Schulbücher war=
en doch dabey angegriffen: und das sollte er
dabey lassen? Nein, das konnte unmöglich
seyn. Was ist aber zu thun? Er schreitet
zu seinem gewöhnlichen Mittel; er zieht die
Pfälzer mit in das Spiel; er dichtet meist=
erlich. „Die Schulbücher, saget er, die
„ Schriften der Rechtsgelehrten und Kanz=
„ eleyen nennet er (der Verfasser der Ab=
„ handlung) einen erbärmlichen Mischmasch.
„ Er vergleichet sie mit einem durcheinand=
„ er gehackten Muse. Sie seynd ihm ein
„ recht buntscheckigtes Muster der elenden
„ deutschen Sprache. Keine babylonische
„ Verwirrung glaubet er ärger zu seyn, als
„ die Verwirrung unserer Sprache († 26
„ S.),,. Wer eine Schrift schlechtweg ein=
en erbärmlichen Mischmasch nennet, der
giebt zu verstehen: daß ihre Verfassung selb=
er

er ein elendes Werk sey, worin man weder eine Ordnung der Gedanken noch einen Zusammenhang der Wahrheiten antreffe. Habe ich aber dieses von den oben genannten Schriften behauptet? Keinesweges; sondern ich habe allein gesaget: daß in unsern Schriften überhaupt ein erbärmlicher Mischmasch aus verschiedenen Sprachen zum Vorscheine komme (* 58 S.). Deßgleichen habe ich auch diese Schriften mit keinem durcheinander gehackten Muse verglichen; wie mir unser Herr Biedermann aufs neue andichtet. Ich habe gesaget: daß die verschiedenen Sprachen, die in vielen unsrer Werke vermischet werden, gleich einem Muse durcheinander gehacket würden (* 58 S.); daß aber diese Werke selbst einem solchen Muse gleichen, davon steht kein Wort in meiner Abhandlung. Eben so wenig ist es wahr, daß ich die oft genannten Schriften als ein buntscheckiges Muster der elenden deutschen Sprache vorgestellet habe. Meine Worte lauten so: „ Ein recht buntscheckiges Muster hievon „ kann man oben nachsehen u. s. f. (* 59 S.),". Worauf bezieht sich dieses hievon? Auf nichts anders als auf die Vermischung verschiedener Sprachen, wovon allein die Rede war. Heist das nun, die Schriften selber ein Muster der elenden deutschen Sprache nennen; wenn man saget, in den Schriften finde man Muster der Sprachvermischung? Diesen Punkt widerlege ich nicht darum, als wenn es mich reuen würde, wofern ich unsere Schulbücher, sammt einigen andern Schriften, als ächte Muster der elenden deutschen Sprache vorgestellet hätte: denn dieses ist, leider! nur zu wahr; sondern ich will allein dadurch zeigen, wie eifrig unser Liebhaber der Wahrheit in seinen Anmerkungen über der Wahrheit gehalten habe. Endlich soll ich vorgegeben haben, keine babylonische Verwirrung sey ärger, als die Verwirrung unserer Sprache. Herr Biedermann hat sich wohl gehütet, daß er meine Worte angeführet hätte: denn diese hätten die Falschheit seines Ausspruches offenbar an den Tag geleget. Ich habe die Verwirrung, wovon ich geredet habe, genau bestimmet; indem ich die ausdrücklichen Worte, in diesem Stücke, hinzugesetzet habe (* 60 S.). Diese zeigen nun wieder blos die Einmischung fremder Wörter an. Ist das aber eine überhaupt verwirrte Sprache, worin

aller-

allerhand Wörter, einheimische und ausländische, verwirrt durcheinander laufen? Das erste giebt einen allgemeinen Begriff der Verwirrung, das andere einen besondern. Dieser findt sich in meiner Abhandlung; jenen hat ihr Herr Biedermann aus Uebereilung angeflicket. 4) Muß ich hier einem wichtigen Vorwurfe begegnen, der sonst gefährliche Folgen für mich haben könnte. Er betrifft die Kriegesleute, die unser Herr Liebhaber hinter mich zu hetzen suchet. Was habe ich denn um Gottes willen verschuldet? Ey! „der Herr hat dieselben besonders „durch die Hechel gezogen„, saget er an der 27ten Seite. Das wäre freylich garstig: aber wo stecket denn diese spitzige Hechel, auf welcher ich die unschuldigen Söhne des Mars so unbarmherzig gefoltert habe? Ich habe sie gesuchet, aber nicht gefunden. Herr Biedermann soll sie uns zeigen. „Die „deutschen Kriegesleute, saget er, scheinen „ihm ihr Kriegeswesen von den Franzos„en erlernet zu haben († 26 S.)„. Da liegt dieses peinliche Werkzeug in seiner völligen Gestalt vor uns! Wer hat wohl so viel Herz, daß er es mit starren Augen ohne Grausen ansehe? Es ist gewiß etwas schreckbares,

wenn ich sage: ein Deutscher habe seine Kunst von den Franzosen gelernet. Doch, so arg habe ich es nicht gemachet. Ich muß meine eigenen Worte nur wieder hersetzen; weil ich doch merke, daß meine Leser schon größtentheils ein Mißtrauen auf den Herrn Liebhaber gesetzet haben. „Wenden wir uns
„ vom Adel zum Soldatenstande: so werd-
„ en wir eine fast eben so grose Sprach-
„ verwirrung antreffen. In der That, hör-
„ et man diese Leute sprechen: so sollte man
„ bald glauben, die tapfern Deutschen hätt-
„ en das ganze Kriegswesen von den Franz-
„ osen gelernet, deren Sprache sie sich schier
„ in allen ihren Kunstwörtern bedienen (*
„ 67 S.) „. Das ist alles, was ich in Betreffe der Kriegsleute gesaget habe. Es erhellet daraus, 1) daß ich ihnen sogar eine geringere Sprachverwirrung zugeschrieben habe, als andern; und dennoch soll ich sie besonders durch die Hechel gezogen haben. 2) Daß Herr Biedermann meinen bedingten Satz in einen unbedingten verwandelt habe. Meine Worte sagen ja nicht, daß es mir wirklich vorkomme, als wenn die Deutschen ihr Kriegswesen von den Franzosen gelernet hätten; sondern daß man es

bald

bald glauben sollte, wenn man ihre Kriegs-
sprache in Betrachtung ziehet. Hier sehet
ihr nun, ihr wackere Kriegsmänner! welch
einen trefflichen Dienst euch unser Liebhaber durch seine Anmerkungen gethan hat.
5.) Habe ich an der 218ten Seite von einem
gewissen Gedichte gesaget, daß hottentottisch deutsche Ausdrücke darin vorkämen.
Dieses verdrießt unsern Liebhaber schon
wieder. Um seinem empfindlichen und be-
klemmten Herzen etwas mehr Luft zu mach-
en, vergrösert er die Sache ein wenig, da
er saget: „Der Herr wirft mit hottentottisch
„Deutschen um sich (†4 S. '„. Diese kleine
Labung wollen wir ihm für dießmal vergönnen. Nur kann ich nicht begreifen, wie
sich ein Liebhaber der Wahrheit über
solchen Ausdruck aufhalten könne. Hätte er
das Gedicht mit unparteyischen Augen betrachtet: so hätte er wenigstens mausstille
davon geschwiegen; wenn er nicht hätte gestehen wollen, daß dasselbe einer weit schärf-
ern Bestrafung würdig wäre, wie es doch
in der That selber ist. Eben deßwegen habe
ich mich mit den hottentottischen Ausdrücken nicht begnüget. Ich habe noch
dazu gesaget, es sey barbarisch verfasset;

ich

ich habe es eine ungeſtaltete Mißgeburt
genennet. Das war aber noch zu wenig. Der
Verfaſſer der poetiſchen Rache hat den
Werth dieſes erbärmlichen Werkes viel bäſſer
beſchrieben. Er hat der Sache aber auch noch
keine völlige Genüge gethan. Herr Popo-
witſch c) würde unfehlbar alles davon geſaget haben, was zu ſagen iſt. Wer ein
Werk an das öffentliche Licht ſtellet, der muß
ſich die Urtheile gefallen laſſen, die von ver-
ſtändigen und billigen Kunſtrichtern darüber gefället werden.

11 §. Damit doch Jedermann ſehe, wie
wenig die paar Ausdrücke zu ſagen haben,
die mir aus der groſen Menge, welche mir
Herr Biedermann angedichtet hat, noch
übrig geblieben, und in den vorhergehend-
en Abſätzen erläutert worden ſind: ſo will ich
durch etliche Beyſpiele kürzlich zeigen, wie
ſich gelehrte und groſe Männer in ihren Urtheilen auszudrücken pflegen. Um von dem
allgemeinern den Anfang zu machen: ſo be-
ſtrafet Klopſtock ſeine Landesleute, ja ſelbſt
die

---

c) Nothwendigſte Anfangsgründe der deutſch.
Sprachk. 275 S.

die Gelehrten darunter, einer Nachläſſigkeit in der deutſchen Sprache d); und Braun wirft der ganzen bayeriſchen Nation, wenige ausgenommen, eine Unwiſſenheit in eben dieſer Sprache vor e). Alſo war ich wenigſtens der erſte nicht, der ſich an ein ganzes Land gewaget hat. Die beſondern Urtheile über Schriften und Gelehrte klingen aber noch ein wenig anders, als die meinigen. Gottſched ſoll zuerſt das Wort führen. Von den Verächtern der deutſchen Sprache überhaupt ſpricht er allſo: „ Da ſieht man aber, wie die großen Held„ en im Latein, die alles, was deutſch iſt, „ mit einem ſtolzen Naſerümpfen verach„ ten, ſelbſt ihre Schwäche verrathen, und „ zu ihrer eigenen Schande die Feder er„ greifen „ f). Die Poeten, welche ſo verkehrte Wortverſetzungen in ihren Gedichten machen, hält er für elende Stümper: und

---

d) Meſſias II B. 6. 7 S.

e) Sprachk. in der Vorr. Deßgleichen Antwort auf die Fragen von der Lehrart in d. lat. Schul. 27 S.

f) Sprachk. 4te Aufl. 576 S.)

und wenn sie noch dazu alle Regeln der Sprachkunst aus den Augen setzen, so sollen sie **Pohlen** und **Wenden** genennet zu werden verdienen g). Wider die Einmischung fremder Wörter läßt er sich so heraus: „Wer
„ lateinische und französische Wörter in seine
„ Verse menget, der zeiget, daß er kein
„ Deutsch kann: denn sonst würde er sich
„ ohne die gestohlenen Lappen behelfen
„ können. Wer in seiner Muttersprache
„ stark ist, brauchet keine fremde Lappen
„ auf seinem deutschen Rocke. Aber itzt
„ kommen wieder Stümper und Neulinge
„ mit ihrem Genie u. d. gl. Gespenstern
„ aufgezogen „ h). Was saget er von den Kanzleyschreibern? „Man muß sich vor einer unbändigen Neuerungssucht hüten,
„ die im Reiche einigen Kanzleyscribenten
„ anklebet. Diese hecken fast ohne Unter-
„ laß solche Wörter, als sonstige, nun-
„ ige... und dergleichen Misgeburten mehr
„ aus, die vernünftigen Deutschen nur ein-
en

---

g) Krit. Dichtk. 4te Aufl. 311 S.

h) Vorüb. der Dichtk. 2te Aufl. 168. 169 S.

„ en Gräuel erwecken,, i). Hievon spricht er a. d. 292 S. seiner Redekunst noch weit nachdrücklicher. Der Verdrehung des deutschen Syllbenmaases (wovon ich in unsern pfälzischen Gedichten so schöne Muster vorgeleget habe) giebt er den Namen einer kauderwälschen Aussprache k). Viele Gedichte, oder gewisse Züge derselben, nennet er Hirngeburten, lächerlich, abgeschmackt, Fratzen, ungesalzenes Wasser, grobe Fehler, Lumpen, einen Mischmasch l), ein wurmsamisches Zeug, ein Ungeziefer, einen Wust m), Brocken der Witzlinge u. s. w. n). Und bey allem dem verschweigt er oft nicht einmal die Namen der Schriftsteller. Jakob Böhme, Pordätsch, König, Neidhard, Tasso, Milton u. a. m. werden ausdrücklich genennet. So ruft er auch dem Poeten

---

i) Sprachk. 253 S.

k) Sprachk. 595 S.

l) Krit. Dichtk. 182. 224. 362. 363. 370. 587. S.

m) Vorüb. der Dichtk. 55 S.

n) Sprachk. 416 S.

en Caspar Barth mit eben den Worten zu, deren ich mich in meiner Abhanblung a. d. 198 S. bedienet habe: Si tacuisses, Poeta mansisses o). Ja von dem berühmten P. Dornblüth saget er, er scheine ein verstockter Babylonier zu seyn; und es gehe demselben in seinen Beurtheilungen nicht anders, als dem Midas p). Endlich nennet er eines gewissen Schriftstellers Schreibart, wovon er einen Auszug darlegt, barbarisch, rothwälsch, hottentottisch q). So klingt die Sprache dieses berühmtē Kunstrichters in tausend andern Stellen! Haben die gelehrten Verfasser der kritischen Beyträge einen andern Ton geführet? Keinesweges. Ein gewisser Herr H., der sich das Kunstrichteramt ohne gehörige Fähigkeit angemaaset, und sich dabey ziemlich mausig gemachet hatte, mußte mit dem Titel eines ganz kleinen und verächtlichen Hand-

lang-

---

o) Sprachl. 576 S.

p) Beobacht. über den Gebr. und Misbr. vieler deutsch. Wörter, in der Vorr.

q) Sprachl. 470 S.

langers der Gelehrsamkeit abziehen r).
In ihren Augen ist Bodmers Uebersetzung
eine elende Uebersetzung; und Breiting-
er machet in der seinigen ein langes Ge-
wäsch u. d. gl. s). Doch diese Herren sind
nicht von unsrer Religion. Sie könnten uns-
erem Liebhaber darum vielleicht verdächt-
ig scheinen. Die 69te Seite seiner Anmerkung-
en führet mich auf diese Muthmaasung. Wir
wollen deßwegen einen katholischen Schriftsteller, und zwar einen Geistlichen, sprechen
lassen. Der gelehrte kuhrbayerische Akadem-
ist Braun, den wir in diesem Absatze schon
einmal angezogen haben, hält diejenigen,
welche von keinen Regeln der deutschen
Sprache wissen wollen, für keine kluge,
sondern für eigensinnige und hartnäck-
igte Leute t). „Viele, saget er anderswo,
„ bilden sich ein, ich weis nicht was für grose
„ Redner zu seyn, welche aber in der That
„ diesen ehrwürdigen Namen nicht verdien-
„ en. Sie setzen das Wesen der Beredsam-
„ keit

---

r) VI Band 623 S.

s) VIII B. 685. 723 S.

t) Deutsche Sprachk. 4 S.

„keit in kindischen Wortspielen, in einer
„Zusammenstopplung verschiedener Texte,
„oder in andern ungereimten Dingen, welche
„zwar einen elenden Wäscher, Salber
„und Windmacher, keineswegs aber ein-
„en wahren Redner ausmachen„ u). Behalten Sie doch wohl, mein lieber Herr
Biedermann! daß diese Worte nicht von
mir sind: denn sonst möchten Sie mir wieder
gewisse Leute auf den Hals schicken. Greift
er aber Niemanden insbesondere an? Ja
freylich. Ein poetisches Stück eines gewissen
Dichters (ich darf nicht einmal seinen Stand
namhaft machen: unser Liebhaber möchte
sich ärgern) nennet er unter andern kind-
ische und lächerliche Possen x). O! wenn
ich eine gleiche Sprache mit allen diesen Kunstrichtern geführet hätte: welchen Lärmen
würde man nicht erst geblasen haben! Welches Brandmaal würde häßlich genug gewes-
en seyn, um meine Abhandlung damit zu
bezeichnen! Es steht dahin, ob nicht unser
Herr

---

u) Deutsche Redekunst, 14 S.

x) Anleit. zur deutsch. Dicht-und Verskunst.
230 S.

Herr Biedermann gar auf einen öffentlichen Scheiterhaufen für dieselbe würde gedrungen haben. Doch, es ist einmal Zeit, diese verdrießliche Materie zu endigen. Ich bitte meine Leser tausendmal um Verzeihung, daß ich dieselbe so weit hinausgeführet habe. Es ist nicht meine, sondern des Liebhabers Schuld, welcher durch seine falschen Aufbürdungen und Vergröserungen alle Schranken eines verständigen und rechtschaffenen Kunstrichters übertreten hat. Wären auch einige meiner Ausdrücke in der That übertrieben und zu hart gewesen: so hätte er es kürzlich berühren sollen. Er hätte dadurch gezeiget: daß er Nebendinge von der Hauptsache wohl zu unterscheiden wüßte; und daß es ihm überhaupt mehr um die Wahrheit als um meine Person zu thun wäre.

II Frage.
Wie steht es um die Widersprüche, die sich in meiner Abhandlung finden sollen?

12 §. Endlich kommen wir zu den sogenannten Irrthümern, die unser Liebhaber

haber in meiner Abhandlung wahrgenomm»
en zu haben glaubet. Ich hatte gesaget (*
56 S.), derjenige würde mir einen Gefallen
erweisen, der mir einige derselben gründlich
zeigen würde. Herr Biedermann hat sich
nun zwar als ein groser Menschenfreund
wirklich angebothen (†4 S.) und bemühet,
mir diesen Gefallen zu thun; allein ich be»
daure dabey nichts mehr, als daß er das
gründlich, um welches ich zugleich gebeth=
en hatte, aus allzugrosem Eifer vergessen
hat. Ich hoffe, er werde sich desselben bässer
erinnern, wann sich die erste Hitze etwas
wird geleget haben. Wie schön werden nicht
alsdann seine neuen Anmerkungen aussch=
en, die er aus billigen Ursachen noch zurück»
behalten hat (†104 S.)! Denn es muß sich
ja Niemand einbilden, daß die paar Irr»
thümer, die er für dießmal aufgezeichnet
hat, alle diejenigen seyn, welche er in mein=
em Werkchen gefunden hat: o nein, er hat
derer noch einen ganzen Ranzen voll, die
er nur ausschütten darf, wann es ihm be=
liebet. Unter denen, welche seine jetzigen
Anmerkungen darlegen sollen, stehen meine
Widersprüche oben an. Diese thun zwar
wieder nichts zur Hauptsache, wie jeder auf=

merk=

der angefochtenen Abhandlung.

merkſame Leſer leicht ſehen kann: allein unſerm Herrn Liebhaber war doch nicht wenig daran gelegen. Die Urſache davon iſt er nicht ſchuldig Jedermann zu ſagen. Er erſuchet mich deßwegen ſehr freundlich, ihm eine Erklärung darüber zu geben († 6 S.). Ich willfahre ihm herzlich gerne : denn ein Gefallen iſt des andern werth ; allein mit dem Bedinge: daß er hinfüro mit dergleichen Zeuge, welches ihm ſo wenig Ehre bringet, nicht mehr komme.

13 §. Nachdem ich an der 2ten Seite meiner Abhandlung des Fleiſes erwähnet hatte, den vormals die Griechen und Römer, und zu neuern Zeiten die Wälſchen, Franzoſen, Aengelländer u. a. m. auf ihre Mutterſprache gewandt haben: ſo ſetzte ich hinzu, unſere edlen Deutſchen hätten den übrigen Völkern in dieſem Stücke bisher nichts nachgeben wollen; ſie arbeiteten ſchon über neunhundert Jahre an der Verbäſſerung und Auszierung ihrer Sprache; unzählbare Werke, die dahin abzielen, wären von ihnen während dieſer Zeit an das Licht geſtellet worden; Herr Reichard liefere uns ein Verzeichniß von mehr als hundert und fünf-

fünfzig deutschen Sprachlehren und dergleichen Anleitungen; und dieses bewiese sattsam, wie irre jene daran gewesen, die über den Abgang solcher Schriften bisher geklaget hätten. Ja viele deutsche Kaiser hätten sich der Aufnahme ihrer Muttersprache sorgfältigst angenommen; besonders hätten einige derselben die Verordnung gemachet, daß alle Reichsgesetze, Verträge u. d. gl. in deutscher Sprache sollten abgefasset werden u. s. w. Allein aller dieser Bemühungen ungeachtet hätten wir es in unsrer Sprache noch lang nicht so weit gebracht, als andere benachbarte Völker; die hauptsächlichste Ursache davon wäre, weil sich wenig Deutsche um die Aufnahme ihrer Muttersprache bekümmerten; aus allen den weitschichtigen Landen, wo die deutsche Sprache in so mannigfaltigen Mundarten herrschet, und denen Herr Gottsched mehr als dreyhundert deutsche Meilen in der Länge und fast eben so viele in der Breite giebt, wären kaum ein paar Winkel anzutreffen, wo man sich derselben bisher mit Ernste angenommen hätte; die Sachsen wären beynahe die einzigen, denen diese Ehre zukomme; wenig andere hätten Theil daran. Nun fiengen zwar allgemach

gemach mehr Provinzen an, die Augen zu eröffnen, und die alte Rauhigkeit und Barbarey ihrer Sprache abzuschaffen, worunter vornehmlich Oesterreich und Bayern zu zählen wären: allein sehr viele lägen noch in einem tiefen Schlummer, aus dem sie nicht aufwachen wollten.

14 §. Aus diesen Worten bemühet sich nun Herr Biedermann vier Widersprüche zu ziehen, die zwar beynahe auf eines hinaus laufen, von ihm aber unter besondern Absätzen vorgestellet werden. Den ersten trägt er allso vor: „Wie schickt sich dann, „mein Herr, das unsre edlen Deutschen „auf wenig; das über neunhundert „Jahre Arbeiten auf das nun allgemach die Augen eröffnen († 6 S.)„? Es schicket sich gar wohl, wenn man nur weiß, was ein Widerspruch ist. Dieser ist nichts anders, als die Verneinung und Bejahung derselbigen Sache. Stecket aber dergleichen was in meinen angezogenen Worten? Es wäre die Pflicht des Herrn Liebhabers gewesen, es deutlich und gründlich zu zeigen, und nicht seinen ganzen Beweis auf eine schwache Frage zu bauen: oder

ist Fragen und Beweisen vielleicht ein Ding (†.58 S.)? Freylich haben sich unsre edlen Deutschen schon viel Mühe um ihre Mutt-ersprache gegeben, aber nicht alle. In Ansehung der Gröse dieser Nation waren es ihrer immer sehr wenige, welche Hand an das Werk legten. Während den neunhundert Jahren, daß man an der Verbässerung der deutschen Sprache arbeitete, blieben ganze Provinzen bey der alten Leyer, welche nun allgemach anfangen die Augen zu eröffnen. Sehen Sie, mein Herr Biedermann! wie leicht es gewesen, den Knoten Ihres ersten Widerspruches aufzulösen.

15 §. Ist der zweyte vielleicht verwickelter? Haben Sie die Güte, und eröffnen uns Ihre Zweifel. „Zuvor heißt es: die „edlen Deutschen gaben allen andern Völk„erschaften nichts nach; itzt schlafen sie schier „alle. Oben sollen unzählbare Werke ans „Licht getreten seyn; und unten spricht er: „wenig Deutsche bekümmern sich um ihre „Muttersprache; nun fangen erst einige „an, die Augen zu eröffnen († 7 S.).„ Sie finden hier einen billigen Anstand, mein

ge-

geehrtester Herr Biedermann! ich muß es
gestehen. Daß die Deutschen allen übrigen
Völkern in Verbässerung und Auszierung
ihrer Sprache nichts nachgegeben haben;
daß sie es demnach in derselben wirklich so
weit gebracht haben, als die Griechen, Römer, Wälschen, Franzosen und Aengelländer;
und dennoch bey diesem grosen Geschäffte
schier alle geschlafen haben: dieß ist wahrhaftig eine unbegreifliche, und fast unmögliche Sache. Ja, daß sie schon über neun
Jahrhunderte an dieser Sprache gearbeitet
haben; und daß jedoch erst jetzt einige anfangen, die Augen zu eröffnen: darin liegt
ein offenbarer Widerspruch. Allein dergleichen Widersprüche zu finden, ist gar keine
Kunst. Wer mit dem Verdrehen, Verstümmeln und Andichten so gut umzugehen
weiß, als Sie, mein Herr! dem wird es nicht
die geringste Mühe kosten, auch in den reinsten und bästen Schriften eine ungeheure
Menge der fürchterlichsten Ebenteuer zu entdecken. Habe ich denn gesaget, daß es die
Deutschen allen andern Völkern in Verbässerung der Muttersprache wirklich gleich gethan haben? Nein, sie haben es thun wollen, das ist, sie haben sich Mühe darum gegeben;

geben; ihren Zweck aber haben sie niemals nach Wunsche erreichen können. Warum nicht? Weil sie niemals mit vereinigten Kräften daran gearbeitet haben. Von den Zeiten Kaiser Karls des grosen an, bis auf das sechszehnte Jahrhundert, saget Megalissus, haben sich unter den Laien immer einige hervorgethan, die sich um die deutsche Sprache und deren Verbässerung bekümmert haben; sie haben aber vor dem mächtigen Schwarme gewisser Lateinischgelehrten nicht durchdringen können. Wissen Sie, Herr Biedermann! wie viele aus dem grossen Haufen dieser Leute alle die Zeit hindurch gewesen, welche sich ihrer Muttersprache ein wenig angenommen haben? Nicht mehr als drey in allem: nämlich Otfried von Weissenburg, Notkerus Labeo, und der Abbt Willeram. Haben sie es zu neuern Zeiten bässer gemachet? Haben sie das Aufmuntern und freundliche Einladen derjenigen was geachtet, welche sich durch Errichtung deutscher Gesellschaften und andere Mittel bemühet haben, unsre Sprache in erwünschte Aufnahme zu bringen? Keinesweges. Man ließ diese Herren die bittersten Klagen führen; man verstopfete die Ohren; man konnte
sich

sich nicht entschliesen, die Hand zu einem Geschäffte zu biethen, zu welchen andere den ersten festen Grund geleget hatten. Was ist daraus erfolget? Die deutsche Sprache, sammt der Dicht-und Redekunst, ist bis auf unsere Tage in einem sehr weitschichtigen Striche Deutschlandes ganz öd liegen geblieben; aber eben darum ist sie noch nicht so hoch gestiegen, als sie so viele Jahrhunderte hindurch hätte steigen können und sollen. Diese Beschreibung kömmt mit den ächten Worten meiner Abhandlung vollkommen überein; von Ihrer oben gemeldeten Andichtung aber, mein Herr Biedermann! ist sie eben so weit entfernet, als von dem, daß die Deutschen bey Verbässerung der Muttersprache schier alle geschlafen haben. Wo steht doch ein Wort von diesem fast allgemeinen Schlafe der Deutschen? Ich habe ja blos gesaget, daß noch sehr viele Provinzen von Deutschland in einem tiefen Schlummer lägen (* 8 S.); heißt denn das eben so viel, als: schier alle Deutsche schlafen? Eben so wenig habe ich gesaget, daß erst jetzt einige Deutsche anfiengen, die Augen zu eröffnen. Sind Sie im Stande, diese Worte, oder andere gleichbedeutende,

in

in meiner Abhandlung anzuzeigen? Nichts weniger, als dieses. Es heißt darin an der 7ten Seite allso: ,, Nun fangen zwar all-
,, gemach mehr Provinzen an, die Augen
,, zu eröffnen ,,. Das zeiget ja ausdrücklich, daß schon vorher ganze Provinzen die Augen eröffnet haben: und ich soll gesaget haben, jetzt fiengen erst einige Deutsche an, dieselben zu eröffnen? Welch ein Unterschied zwischen Ihrer und meiner Sprache! Was Sie der viele Werke wegen, welche über die deutsche Sprache geschrieben worden, eingewendet haben, das wollen wir im folgenden Absatze erörtern, wo eben diese Sache ohnedas aufs neue vorkömmt, und Ihren dritten Widerspruch ausmachet.

16 §. Sie können allso nicht begreifen, mein Freund! wie diese häufigen Werke, diese hundert und fünfzig Sprachleheren, welche Herr Reichard anführet, mit den wenigen Deutschen zu reimen seyn, die sich um ihre Sprache bisher bekümmert haben? Es scheint Ihnen ein Widerspruch zu seyn († 8 S.), daß bey so vielen Schriften doch nur ein paar Winkel in dem ganzen

bey

bey sechshundert *) Meilen grosen Deutschland anzutreffen seyn, wo man sich der Muttersprache mit Ernste angenommen hat? Wollen Sie sich die Mühe geben, einen Augenblick aufzumerken: so wird Ihnen dieses alles sehr begreiflich vorkommen. Wir wollen setzen, daß von so vielmal hunderttausend Deutschen, deren Anzahl jetzt ohngefähr auf 24000000 geschätzet wird, jährlich nur ein einziges Werk über ihre Muttersprache an das Licht gestellet worden sey. Das wäre, wie Sie wohl selbst sehen, für eine so grose Nation eine Kleinigkeit, die gewiß von wenigen Gelehrten, und nicht nur in ein paar Winkeln des deutschen Reiches, sondern sogar

---

*) Erlauben Sie, daß ich eine kleine Anmerkung über Ihre Rechnung mache. Die Länge und Breite eines Landes darf man, bey Bestimmung seiner Gröse, nicht zusammenziehen; sondern beyde müssen entweder besonders benennet, oder durcheinander vervielfältiget werden. Und in diesem leztern Falle hätte das Gebieth der deutschen Sprache (nicht aber Deutschland selber), welchem Herr Gottsched 300 Meilen in der Länge, und beynahe eben so viele in der Breite giebt, nicht 600 sondern 90000 Quadratmeilen.

gar in einem könnte ausgeführet werden. Und wie viel Bücher hätten wir in diesem Falle von Karlen dem grosen an, bey welchem die Zeitrechnung der Aufnahme unsrer Muttersprache anzufangen ist, bis auf unsere Zeiten erhalten? Nicht nur hundert und fünfzig, sondern über neunhundert: denn durch so viel Jahre müssen wir bis zu diesem Kaiser hinaufsteigen. Auf diese Weise ist der dritte Widerspruch auch gehoben.

17 §. Worin besteht nun der vierte? Er betrifft wieder das Wörtchen wenig, welches unserm Herrn Liebhaber schon so viel Unruhe und Verwirrung gemachet hat. Wie? saget er († 8. 9. 10 S.): „Deutschlandes
„ höchste Oberhäupter haben sich durch viele
„ gestiftete Schulen, durch errichtete ge-
„ lehrte Gesellschaften, durch eigene Schrift-
„ en u. d. gl., alle ersinnliche Mühe ge-
„ geben, die deutsche Sprache auf den höch-
„ sten Gipfel zu bringen: und der Herr kann
„ nicht genug beweinen, daß sich wenige
„ zeither um dieselbe angenommen; daß die
„ Sachsen beynahe ganz allein sich um diese
„ Ehre verdient gemacht; daß noch kein and-
„ eres deutsches Volk, niemals noch, aufs
„ ge-

„ gewachet, einige wenige ausgenommen,
„ welche itzt erst anfangen, die Augen auf-
„ zuthun. Seynd dann in den Reichstag-
„ en zu Maynz und zu Frankfurt, wo eine
„ öffentliche Verordnung zur Aufnahme der
„ deutschen Sprache gemachet worden, nur
„ einige wenige Deutsche zugegen gewesen?
„ Seynd alle jene grosen Kaiser, und alle
„ jene Reichsstände, die da versammelt
„ waren, lauter Sachsen gewesen,„ u. s. f.?
Wahr ist es, daß die in meiner Abhandlung
genannten sechs deutschen Kaiser sehr gros-
en Fleis angewandt haben, um unsere Muttersprache empor zu bringen: allein welchen
Beweis kann man daraus ziehen? Bey all-
en den vortrefflichen Anstalten dieser Fürst-
en spürte die kranke Sprache, wie Herr
Megalissus redet, wenig Bässerung; der
grose Schwarm der Lateinischgelehrten, der-
en ich oben (15 §.) erwähnet habe, wider-
setzte sich hartnäckig; er achtete die gegebenen kaiserlichen Vorschriften im geringsten nicht: und allso blieb immer ein sehr kleiner Haufen derer übrig, welche sich um die
deutsche Sprache bekümmerten. „Es war-
„ en doch auf den Reichstagen zu Maynz
„ und Frankfurt nicht wenig Deutsche zu-
„geg-

„ gegen „? Ein wunderbarer Einwurf! Waren denn alle diejenige, die da erschienen, Sprachverständige? Oder hat sie vielleicht ihre blose Gegenwart und Einwilligung in die gemachte Verordnung unter die Zahl der wahren Beförderer unsrer Mutterspache versetzet? Wenn es damit ausgemachet ist: so wird das wichtigste Geschäfft bald zu Ende gebracht seyn. Man darf nur eine Verordnung machen, und sie von ein paar tausend Leuten unterschreiben lassen: so hat die Sache schon ihre Richtigkeit. Man brauchet auf die Einsicht, Fähigkeit, und den Fleis dieser Leute nicht zu sehen. Genug, daß sie unterschrieben haben. Dadurch sind sie zu Befördern des Werkes geworden. Es muß allso voran kommen; es muß den bässten Lauf gewinnen, auch wenn sonst kein Mensch eine Hand daran leget. Sehen Sie, Herr Biedermann! welche widerliche Folgen aus diesem Einwurfe fliesen. Ich bin versichert, daß Sie mit demselben zu Hause geblieben wären; wenn Sie meine Worte nur recht hätten verstehen wollen. Eben so schwach ist Ihr anderer Einwurf: daß nämlich die Kaiser und Reichsstände, welche auf den oben genannten Reichstagen versammelt

elt waren, nicht lauter Sachsen gewesen. Ich habe ja nirgendswo behauptet, wie Sie mir an der 10ten Seite Ihrer Anmerkungen andichten: „daß die Sachsen sich beynahe „ ganz allein um die deutsche Sprache ange= „ nommen haben „. Als ich an der 7ten Seite meiner Abhandlung von den Sachsen redete: sagte ich, daß sie beynahe die einzig= en wären, denen diese Ehre zukäme. Welche Ehre? Der vorhergehende Sinn bestimmet es auf das deutlichste: nämlich, daß sie sich der deutschen Sprache bisher mit Ernste angenommen hätten. Die zwey nachdrück= lichen und vielbedeutenden Wörter mit Ernste, welche ich unten (33 §.) erläutern werde, haben Sie gewiß gelesen, mein Herr Biedermann! ja Sie haben sie († 7 S.) selbst angeführet: und hier lassen Sie sie gänzlich weg. Warum doch das? Sie stund= en eben dem Widerspruche im Wege, den Sie aus dieser Stelle mit Gewalt heraus= pressen wollten. Wie kommen Sie aber dazu: „ daß neben den Sachsen noch niemals „ ein anderes deutsches Volk aufgewachet „ seyn soll, einige wenige ausgenommen, „ die erst jetzt anfangen, die Augen aufzu=

F „ thun

,, thun ,, († 10 S.)? Ich weiß fürwahr fast nicht mehr, was ich von Ihnen denken soll. Ihre Uebereilung, Ihre Verwirrung, oder wie soll ich es doch nennen? ist so gros: daß Sie bey dem hellen Mittagslichte schier nicht mehr sehen. Erhellet das Widerspiel dieses Ihres Vorgebens nicht sonnenklar aus der oft angezogenen 7ten Seite meiner Abhandlung? Zeigen die Worte: **beynahe, wenig andere haben Theil daran**, nicht handgreiflich, daß ich den Sachsen noch andere Völker zugesellet habe? Sind diese Völker aber jene, welche erst itzt anfangen, die Augen aufzuthun? Nein, der unmittelbar folgende Sinn legt das Gegentheil wieder auf das deutlichste vor Augen. Die Völker, welche jetzt erst anfangen die Augen zu eröffnen, und die alte Rauhigkeit und Barbarey ihrer Sprache abzuschaffen, gehören ja gewiß unter die Zahl derjenigen nicht, welche neben den Sachsen **Theil an der Ehre haben**: daß sie sich der deutschen Sprache bisher mit Ernste angenommen haben.

18 §.

18 §. Der fünfte Widerspruch wird vermuthlich bässer ausgefallen seyn. „Es scheint „ mir zwar folgendes nicht völlig widersprechend, doch aber unbegreiflich zu seyn „. Das thut nichts, Herr Biedermann! nur heraus damit, wenn es auch noch so ebenteuerlich scheinen sollte. Vielleicht bin ich im Stande, es Ihnen begreiflich zu machen. „Neunhundert Jahre soll Deutschland „ an der Muttersprache haben arbeiten, „ bässern und auszieren müssen. So gros „ ist dann, so weitschichtig, so unermessen „ und unerschöpflich unsere Muttersprache! „ Und der Herr findet an der 50, (51), 52, „ und 53 S. seiner Abhandlung den Ver- „ stand der Kinder in ihren ersten Jahren „ fähig, in kurzer Zeit sich zu einem so „ erstaunlichen Grade der Kenntnisse zu er- „ schwingen. Er behauptet, daß die Jug- „ end im Stande sey, nebst der lateinischen „ Sprache und allerley Wissenschaften, auch „ die unerschöpfliche deutsche Sprache, an „ welcher Klajus über 20 Jahre, und Gott- „ sched sein halbes Leben zugebracht, und „ an welcher man neun Jahrhunderte zu „ arbeiten gehabt, so glücklich zu erlernen: „ daß sie den völligen Beyfall der Kenner

„ er-

„ erhalten sollte. Ja er hat dergleichen
„ junge Leute gekennt, welche in vier Jahr-
„ en, oder gar schon in dem neunten Jahre
„ ihres Alters dieses alles bewerkstelliget
„ haben„ († 10. 11. 12 S.). Ich habe es
wohl gedacht, es würde wieder auf den alten Schlag gehen. Die ganze Unbegreiflichkeit der Sache hängt von einer sungeheuern Erdichtung ab. Ich bitte alle diejenigen, welche die Wahrheit lieben, die angezogenen Seiten meiner Abhandlung vor sich zu nehmen, um das Betragen unseres Liebhabers zu bewundern. Um dasjenige, was er von den ersten Jahren der Kinder fälschlich anführet, zu übergehen, so wollen wir sehen, ob sich ein Wort von dem finde: „ daß ich junge Leute gekennet habe,
„ welche in vier Jahren, oder gar schon im
„ neunten Jahre ihres Alters, die unerschöpfliche deutsche Sprache so glücklich erlernet haben, daß sie den völligen Beyfall
„ der Kenner erhalten haben„. Nur zweener jungen Herren habe ich, ihrer erhabenen Kenntnisse wegen, besonders gedacht: des einen an der 51ten, des andern an der 53ten Seite. Von jenem habe ich gesaget, „ daß
„ er schon im neunten Jahre seines Alters
„ in

„ in der Historie, in der Rechenkunst, in
„ der Algebra, in der Wappenkunst, in der
„ Fabellehre, in der Erdbeschreibung, wie
„ auch in der Naturgeschichte, einen über-
„ aus grosen Schritt gemachet habe „. Hier
steht, wie wir sehen, nicht ein einziger Buchstab von der deutschen Sprache. Von diesem habe ich so gesprochen: „ Ich kann unt-
„ er andern einen jungen Edelmann nenn-
„ en, der in Zeit von vier Jahren die be-
„ trächtlichsten Theile der Mathematik,
„ nämlich die Rechenkunst, die Algebra, die
„ Flächen- Körper- und Dreyecksmeßkunst,
„ die Seh- und Spiegelkunst, die Welt- und
„ Erdbeschreibung, die Zeitkunde, die Keg-
„ elschnitte, die Gerüstwissenschaft, die Wass-
„ erkunst und Wasserwagekunst, deßgleich-
„ en die Geschichte und Wappenkunst, mit
„ der lateinischen Sprache glücklich, und
„ mit allem Beyfalle der Kenner, verbund-
„ en hat „. Auch hier geschieht nicht die geringste Meldung von der deutschen Sprache.
Alles, was ich davon gesaget habe, besteht
darin: daß dieser Herr ohne Beyhilfe des
Deutschen die genannten Wissenschaften
niemals so hurtig und so rühmlich würde gelernet haben (*53 S.); wie weit ist das aber
nicht

nicht von dem entfernet, was Herr Biedermann dichtet. Es war auch mein Vorhab-
en keinesweges, von der deutschen Sprache
hauptsächlich zu reden; als ich diese beyden
Herrn zu Mustern vorstellete. Ich habe
dadurch nur etlichen Einwürfen begegnen
wollen, welche vielleicht Jemand hätte mach-
en können; die aber das Deutsche nicht angehen. Durch das erste Beyspiel habe ich
gezeiget, daß das zarte Alter der Jugend
schon zu mancherley erhabenen Wissenschaft-
en fähig wäre; durch das andere, daß die
Erlernung dieser Wissenschaften der lateinischen Sprache nicht im Wege stünde: wie
man an der 50ten und 51ten Seite ausdrücklich lesen kann. Einen besondern Kunstgriff unsers Liebhabers dörfen wir mit
Stillschweigen nicht vorbeygehen. Die Wissenschaften, welche beyde junge Herren gelernet haben, habe ich getrennet, und jedem die seinigen besonders zugeschrieben. Er
aber, damit er die Sache recht unbegreiflich
mache, setzet sie zusammen; und eignet sie
dem jüngern von 9 Jahren alle miteinander
zu: „Der Herr, saget er, hat junge Leute
„ gekennt, welche in vier Jahren, oder gar
„ schon im neunten Jahre ihres Alters, dies-
„ es

„ es alles bewerkstelliget haben „. Daß übrigens die gepriesenen jungen Edelleute, die benannten mathematischen und übrigen Wissenschaften wohl verstanden haben, das ist eine Sache, woran Herr Biedermann nicht zweifeln darf; wenn sie ihm schon, gleich zehn aufeinander gesetzten Bergen, vorkommen sollte. Sie haben zu Mannheim und Schwetzingen mehr als einmal öffentliche Probstücke davon abgeleget. Viele gelehrte Kenner waren immer als Zeugen zugegen. Sie haben mit Lust und Verwunderung gesehen, daß zarte Knaben alle diese Berge aufgepacket, und davon getragen haben.

19 §. An der 26ten und 27ten Seite meiner Abhandlung habe ich gesaget: das Innere der Redekunst bestehe in Erfindung der Beweis-und Bewegungsgründe; das Aeusere in einem wohleingerichteten Vortrage, der einzig und allein auf dem guten Gebrauche der Sprache beruhet. Und kurz vorher hatte ich gesaget: daß man den Künsten und Wissenschaften, welche in das Gebieth der Muttersprache gehören, die Seele raubete; wenn man die Redekunst nicht anders,

ers, als in lateinischer Sprache, in den Schulen abhandelte. Und hierin findt Herr Biedermann seinen sechsten Widerspruch. „Entweder, ruft er mir zu, hat sich der „Herr in dem ersten, oder zweyten Satze „verstosen„. Warum nicht in beyden? Es wäre ja eben so geschwind gesaget gewesen. Wir werden doch wohl auch einen tüchtigen Beweis für diesen Widerspruch von unserm Liebhaber zu hoffen haben? Wer wird daran zweifeln? Einem Manne, der des andern Irrthümer gründlich zeigen will († 3.4), darf es ja daran niemals fehlen. Wie heist denn dieser Beweis? „Die Seele „kann gewiß der äusere Theil nicht seyn„ († 12 S.). Da haben wir alles haarklein beysammen. Es mag in sich wohl vortrefflich seyn; aber es überzeuget mich nicht; ich finde keinen Widerspruch. So viel kann ich ohngefähr merken, daß er in den Wörtern Seele, innerer und äuserer Theil, stecken soll. Allein dieselben betreffen ja ganz verschiedene Dinge. Einmal ist die Rede von den Wissenschaften überhaupt, welche insgesammt nach den Regeln der Redekunst abgehandelt werden sollen; das andremal von der Redekunst selber. Von jenen habe ich,

ich, gemäs dem 12 §. a. d. 25 S. gesaget, daß die Redekunst als ihre Seele zu betrachten sey; von dieser, daß ihr äuseres Wesen in dem Vortrage bestehe. Wollte man nun auch gelten lassen, daß die Seele immer zum Innern einer Sache gehöre: so würde der Inhalt meiner ganzen oben angezogenen Stelle dieser seyn: Der Vortrag ist das Aeusere der Redekunst; und die Redekunst selber ist das Innere aller Wissenschaften. Ist das nun ein Widerspruch? Doch, es ist gar nicht nothwendig, daß dasjenige, was man im uneigentlichen Verstande bisweilen Seele nennet; das innere Wesen einer Sache mit ausmache. So saget man zum Beyspiele: Der Selbstlauter ist die Seele des Mitlauters: das Geld ist die Seele des Staates u. d. gl.; ohne daß das Wort Seele das Innere des Mitlauters oder des Staates hier betreffe. Aber vielleicht begreifen Sie bey allem dem noch nicht, mein lieber Herr Biedermann! warum man einigen Künsten und Wissenschaften gerad die Seele raubet; wenn die Redekunst blos auf lateinisch in den Schulen gelehret wird. Auch dieses will ich Ihnen noch kürzlich erklären. Diese Wissenschaften, wovon ich am 9 und 13 §

des

des I Th. meiner Abhandlung Meldung gethan habe, müssen in deutscher Sprache vorgetragen werden; wenn sie dem Lande den gehörigen Nutzen schaffen sollen. Dabey muß die Redekunst die Stelle der Seele vertreten (*12 §). Die lateinische Redekunst ist, des Vortrages als ihres äusern Theiles wegen, hiezu untauglich. Demnach muß es die deutsche seyn. Von dieser weiß man aber nichts; weil sie in den Schulen nicht gelehret wird. Die mangelhafte Lehrart unsrer Schulen bringt es allso mit sich, daß den genannten Künsten und Wissenschaften die Seele geraubet wird.

20 §. Den allerstärksten Widerspruch hat unser Herr Liebhaber bis auf das Ende versparet. Ich werde Noth haben, daß ich ihm ausweiche. An der 52ten Seite meiner Abhandlung stehen diese Worte: „Wie „muß es allso der zarten und unbeständ„igen Jugend zu Muthe seyn; wenn sie so „viel Jahre hintereinander, Tag für Tag, „blos zu einer so trockenen Materie, als „die lateinische Sprache ist, mit der Peitsche „in der Hand, angehalten wird„! An der 27ten Seite habe ich gesaget; jede Sprache

habe

der angefochtenen Abhandlung. 65

habe ihre besondern Schönheiten; und an der 19ten habe ich den Nutzen der lateinischen Sprache im Reiche der Wissenschaften beschrieben. Hieraus soll nun ein Widerspruch folgen; und wenn er sich nicht gutwillig dazu verstehen will, so wird ihn Herr Biedermann bey den Haaren herausziehen. Was ist denn die Ursache seines gerechten Eifers? Ich habe die lateinische Sprache, wie sie in den Schulen gelehret wird, eine trockene Materie gescholten. Sie glauben allso, mein Herr Biedermann! trocken und schön seyn einander entgegengesetzte Dinge († 13. 14 S.). Welche Begriffe sind denn mit diesen Wörtern verbunden? Trocken ist eine Verneinung, und zeiget den Mangel der Annehmlichkeit und Lieblichkeit in einer Sache an. Schön ist dasjenige, was eine Vollkommenheit hat, die in die Sinne fällt. Hieraus folget, 1) daß nicht alles, was einem schön vorkömmt, auch der andere für schön halten müsse; wie die Erfahrung lehret: denn die Vollkommenheiten eines Dinges sind nicht Jedermann empfindlich. 2) Daß eine Sache in unsern Augen schön seyn könne, ohne daß sie uns lieblich scheine. Lieblich scheint sie nicht, wenn

sie

sie nicht eine Annehmlichkeit zeiget; diese Annehmlichkeit offenbaret sich aber nicht in allen Vollkommenheiten, die wir wahrnehmen. Wie leicht wäre es Jhnen nicht gewesen, mein geehrtester Herr! diese paar Begriffe zu entwickeln: denn Sie sind ja ein Mann, der eine gute Einsicht in die Redekunst hat (†39 S.), und folglich auch ein geschickter Weltweiser. Hätten Sie dieselben auf die lateinische Sprache angewandt: so hätten Sie augenblicklich gesehen, daß die zarte Jugend nicht darum gerad eine Schönheit in dieser Sprache finden müsse; weil erwachsene und gestandene Männer solche darin finden. Sie hätten gesehen, daß, wenn ihr auch diese Schönheit vor Augen gestellet und begreiflich gemachet werden sollte, doch noch ein groser Weg von derselben bis zur Annehmlichkeit wäre. Sie hätten endlich gesehen, daß selbst die gröste Annehmlichkeit bey den unbeständigen jungen Leuten von keiner langen Dauer sey, wenn sie nicht durch eine reizende Veränderung sorgfältig unterhalten wird; ja daß sie sich unfehlbar in Gräuel und Abscheulichkeit verwandele, sobald sie gezwungen, und mit der Peitsche in der Hand angestrenget werden. „Mit der
„Peitsche

„ Peitſche in der Hand? rufen Sie; o,
„ das iſt ein ſehr harter Ausdruck„! Ich
geſtehe es Ihnen, mein Freund! der Aus=
druck iſt hart; allein die Streiche, die in
den Schulen damit ausgetheilet werden, ſind
noch viel härter. Aber Sie haben doch noch
keinen Lehrer geſehen, noch von einem ge=
höret, der die Knaben mit der Peitſche an=
gehalten hätte? Das wäre wunderlich. Hab=
en Sie denn noch niemals geſehen oder ge=
höret, daß die Knaben in den Schulen ge=
peitſchet werden? Es deucht mich aber,
das Peitſchen ſey mit der Peitſche genau
verwandt. Das macht nichts, werden Sie
antworten: man züchtiget die Kinder mit der
Ruthe und nicht mit der Peitſche. „Der
„ Herr weiß ja, was für Leute mit der
„ Peitſche in der Hand den Pferden nach=
„ laufen„ († 14 S.). Das weiß ich wohl,
mein Herr Biedermann! und Sie werden
es auch wohl wiſſen; aber was folget dar=
aus? Daß die Schullehrer dieſes peinliche
Werkzeug nicht kennen? Wie wäre es, wenn
ich Ihnen das Gegentheil ſelbſt aus den Schul=
büchern bewieſe? Wir wollen jenes aufſchlag=
en, welches für die zweyte Klaſſe beſtimmet
iſt. Was finden wir an der 334ten Seite?

Hab=

Haben Sie die Güte, Herr Biedermann! und lesen das VIII Gespräch selber vor; aber laut, damit es Jedermann höre. „Wie sind „die faulen, muthwilligen und ausgelass= „enen Knaben zu züchtigen? Erstlich mit „Worten. Sehen sie aber auf die Worte „des Lehrers nicht : so muß man sie mit „Ruthen hauen; oder man muß ihnen den „Buckel mit Schlägen und einer Peitsche „dergestalt abdreschen, daß sie ihn nicht mehr „fühlen„ *). Da haben wir nun deutlich gehöret, wie sich die Schullehrer gegen die faulen Knaben zu verhalten haben. Sie sollen sie nicht allein mit der Ruthe, sondern auch mit der Peitsche, und zwar recht emp= findlich, anhalten. Was sagen Sie zu dieser saubern Vorschrift, mein Herr Bied= ermann? Wußten sie vielleicht nichts davon, als Sie Ihre Anmerkungen nieder= schrieben? Das ist gar nicht zu vermuthen; indem

―――――――――――――――――――

*) Quomodo *segnes*, & lascivi & petulantes Pueri castigandi sunt? Primo Verbis. Sed si Verba incassum cadunt, & dicto non sunt audientes Pædagogo, cædendi sunt *Ferulâ*; aut Dorsum Verberibus ac *Scuticâ* verbe- rendum est, ut Scapulas perdant.

der angefochtenen Abhandlung. 69

indem Sie die Schulbücher so ämsig durchlesen haben, daß Sie sich dadurch in den Stand gesetzet haben, den ganzen Kram derselben im Artikel von den **pfälzischen Schulen** auszulegen. Wollen Sie dieselbe vielleicht verwerfen? Das geht wieder nicht an: denn Sie finden ja in diesen Büchern nichts auszustellen, auser einigen deutschen Sprachfehlern († 57 S.). Das übrige ist alles so gut und vollkommen: daß derjenige, welcher keine Lust daran findt, für einen Menschen von verdorbenem Geschmacke soll gehalten werden († 53 S.). Wie kömmt es allso, daß Sie bey mir verdammen, was Sie in den Schulbüchern gutheisen? Hier steht die Peitsche auf dem Buckel der Knaben sehr gut; dort ist sie sogar in der Hand der Lehrer sträflich. Wie wunderbar sind nicht heutiges Tages einige **Liebhaber der Wahrheit!**

21 §. Im übrigen hätte ich Ihnen noch eine weitläufige Erzählung von dem Mißbrauche der Schläge in den Schulen zu machen; wenn es der Raum dieser Blätter zuließe. Ich würde Ihnen die gräulichsten Beyspiele vor Augen legen, die Ihr eigen

Herz,

Herz, so sehr es auch den Schulen ergeben ist, empfindlich machen würden. Ich habe eine grose Menge derselben von verschiedenen Jahren und Ortschaften, die unserm durchleuchtigsten Landesherrn unterworfen sind, umständlich verzeichnet bey mir liegen. Ihre Wahrheit beruhet theils auf der Untrüglichkeit meiner Augen, theils auf unverwerflichen Zeugnissen. Ich würde Ihnen begreiflich machen, daß man jungen und ungeübten Lehrern, die mehrstentheils von der Kinderzucht wenig oder gar nichts wissen, niemals die Freyheit gestatten sollte, die Jugend mit Leibesstrafen zu belegen. Ich würde Ihnen endlich den grosen und unersetzlichen Schaden zeigen, der sowohl der Jugend, als dem Staate überhaupt, unvermeidlich ist; wenn man die Wissenschaften mit Schlägen einzuprägen suchet. „Es ist aber „doch der Rath des heiligen Geistes selber, „daß man der Ruthe nicht schone, wo es „nothwendig ist,, († 14 S.). Pfuy, Herr Biedermann! Ich hätte gedacht, die Ehrfurcht gegen das göttliche Wort würde Sie abgehalten haben, Ihre Meynung damit zu bestärken. Wo steht es geschrieben, daß man die Kinder zum Lernen, wovon hier

die

die Rede ist, mit der Ruthe anhalten solle? Den gröſten Männern, auch im Chriſtenthume, die von Erziehung der Kinder geſchrieben haben, iſt dieſer Rath des heiligen Geiſtes unbekannt geweſen. Sie verdammen nicht allein die Ruthe, ſondern die Schläge überhaupt, bey Unterrichtung der Jugend. Man ſehe nur, wie Montaigne y), Locke z), und ein ungenannter berühmter Mann a) wider dieſes knechtiſche und ſchädliche Verfahren eifern.

III Frage.
Hat Herr Biedermann die Sprache der Pfälzer glücklich vertheidiget?

22 §. An der 8ten Seite meiner Abhandlung habe ich geſaget: die Ausarbeitung und Handhabung der Mutterſprache

---

y) Verſuch, II Buch, 8 Kap.

z) Gedanken von Erziehung der Kinder, III Abſchn.

a) L'Ami des jeunes Gens, II Partie, Page 14. 57. 105.

ſprache ſey von den Pfälzern bisher gänzlich auſer Acht geſetzet worden; man wiſſe bey ihnen um keine deutſche Sprachlehre, die ſie bey ſich eingeführet hätten; nähme man etliche Liebhaber aus, die aber ſehr dünn geſäet wären: ſo machte ſich Jedermann beſondere Regeln im Reden und Schreiben, die mehrentheils in einer blinden Gewohnheit, oder in einem ſchwachen Eigendünkel gegründet wären. Dieſe Stelle greift unſerm Liebhaber an das Herz. Warum? Die lieben lateiniſchen Schulen kommen dabey wieder ins Gedräng. Er machet deßwegen ein Langes und Breites darüber. Er drehet und wendet ſich auf alle Seiten. Er möchte gerne etwas tüchtiges ſagen, und findt doch nichts. Wir wollen ſeinen guten Willen für das Werk annehmen, und ihm auf den rechten Weg helfen.

23 §. „Ob dieſe Klagen einem Staate „Ehre bringen, das mögen andere ent„ſcheiden„ († 16 S.). Freylich bringen ſie uns keine Ehre. Es iſt gewiß nichts rühmliches, wenn man die groſen Vortheile, die mit dem Flore der Mutterſprache verbunden ſind (*1 Th.), ſo ſorglos fahren läßt

u.

u. s. w. Fallen aber diese Klagen auf die Pfälzer überhaupt zurück? Keinesweges. Sie betreffen allein diejenigen, welchen die öffentliche Unterweisung der Jugend bisher anvertrauet gewesen. Diese mögen zusehen, wie sie sich verantworten. Hätte man unsern Landesleuten einen ächten Begriff von der deutschen Sprache in den Schulen beygebracht: so würden sie sich gewiß nicht saumselig darin gezeiget haben. Wir sehen ja, wie ämsig und eiferig sie wirklich daran arbeiten; nachdem ich ihnen die Nothwendigkeit derselben vor Augen gestellet habe.

24 §. „Wie? So soll dann aus so viel „tausend gelehrten Pfälzern, aus so viel „hundert Staatsklugen, aus so viel Prinz„en und Landesherren noch kein einzig„er gewesen seyn, der so viel Einsicht ge„habt hätte, als der Herr Verfasser (der „Abhandlung), welcher der erste seyn will, „der der ganzen Pfalz die Augen eröffnen „könnte,, († 17 S.)? Daß ich der erste unter allen Pfälzern sey, der jemals eine Abhandlung, oder dergleichen was, über die deutsche Sprache herausgegeben hat, dieses hat meines Erachtens seine Richtigkeit. Daß aber

aber aus so viel tausend Pfälzern niemals einer gewesen sey, der so viel Einsicht gehabt hätte, als ich; daß ich der erste seyn wolle, welcher der ganzen Pfalz die Augen eröffnen könnte, davon ist nicht die geringste Spur in meiner Abhandlung anzutreffen. Mein allerliebster Herr Biedermann! warum dichten Sie mir doch so häßliche Sachen an? Sie setzen sich ja der grösten Gefahr dabey aus, daß man auf Ihren schönen Namen nichts mehr halte.

25 §. „Unglückselige Pfalz! so hat dann,
„ wann dieser Herr Recht hat, niemals
„ einer von deinen Inwohnern auch nur das
„ geringste gewußt, vielweniger gelehnt von
„ jenen unzählbaren Sprachlehren, die bis-
„ her seynd ans Taglicht gekommen...Du
„ hast noch keinen Geistlichen, noch keinen
„ Weltlichen, noch keinen Staatsmann,
„ noch keinen einzigen Menschen gehabt,
„ der sich auf seine Muttersprache verstand-
„ en hätte„ († 16. 17 S.). Es ist eine betrübte Sache mit Ihnen, Herr Biedermann! Sie sind nun schon so oft im Dichten ertappet worden; ich habe Ihnen die Gefahr dieser Ausschweifung so freundschaftlich

lich vorgestellet: und Sie können es doch nicht bleiben lassen. Mein! wo habe ich denn behauptet, daß noch kein einziger Pfälzer jemals das geringste von einer deutschen Sprachlehre gewußt, viel weniger eine gelehnet habe? Ich habe freylich gesaget, man wüßte bey den Pfälzern um keine deutsche Sprachlehre; habe ich es aber so schlechweg gesaget? Habe ich diesen Satz nicht durch einen Zusatz, *die bey ihnen eingeführet worden wäre*, genau bestimmet? Heist das nicht, seines Gegners Worte auf eine unverantwortliche Weise stümmeln? Eben so wenig habe ich behauptet, daß noch niemals ein Pfälzer eine deutsche Sprachlehre gelehnet habe. Ich habe allein dieses gesaget: daß die Pfälzer noch keine deutsche Sprachlehre, die entweder von ihnen selber *aufgesetzet*, oder anderswo gelehnet worden wäre, das ist, weder eine einheimische noch eine ausländische, bey sich eingeführet hätten. Was meynen Sie, Herr Biedermann? Kömmt der Zusammenhang dieses so deutlichen Sinnes mit Ihrem herausgeklaubten Lehnen überein? Und wie kommen Sie dazu: daß noch kein einziger Mensch in der Pfalz sich auf seine

Muttersprache verstanden haben solle? Habe ich nicht immer eine klare Meldung von einigen Liebhabern der deutschen Sprache gethan, die ich über den gemeinen Haufen hinaufgesetzet habe? Sie haben ja († 15. 16 S.) meine eigenen Worte angeführet, worin diese Ausnahme ausdrücklich vorkömmt. Wie gros und ungestümm muß nicht die Regung Ihres Gemüthes gewesen seyn, die gemachet hat, daß Sie an einem Blatte vergessen haben, was Sie auf dem vorhergehenden selber geschrieben hatten!

26 §. Doch, Herr Biedermann erinnert sich endlich meiner angezogenen Worte wieder. Er gesteht itzo († 17 S.), daß ich etliche wenige ausgenommen habe. Aber wie? Dieses Geständniß streitet ja mit dem, was er kurz vorher gesaget hatte: daß sich nämlich kein einziger Pfälzer bisher auf seine Muttersprache verstanden haben solle. Nur Geduld! Unser Liebhaber wird schon alles gut machen. Die Wahrheit, die er liebet, ist ja keinen steifen Riterstiefeln gleich, daß sie sich nicht bisweilen nach Wohlgefallen biegen lassen sollte. „Welche seynd nun „diese wenige, saget er? Jene seynd es, die
„das

„ das Deutsch nach des H. Verfassers Art
„ sprechen und schreiben. Folglich seynd alle
„ diejenigen, die nicht nach des Herren
„ Mundart: Märtyrer, Einwöhner,
„ Kümmernisse, denn, wenn, sind,
„ bässer, u. d. g. schreiben und sprechen, alle
„ diese seynd in der Muttersprache unwiss=
„ ende Leute u. s. w. „. Ich weiß mich nicht
zu erinnern, daß ich meine Mund= und Schreib=
art jemals als ein Muster vorgestellet habe.
Ich weiß im Gegentheile, daß ich gesaget
habe, es sollte sich Niemand einfallen lass=
en, als wollte ich meine eigene Mundart für
vollkommen ausgeben (*55 S.); es würde
vielleicht noch manches in meiner Schreib=
art vorkommen, das der Feile, oder gar
des Umgiesens, benöthiget zu seyn scheinen
könnte (*56 S.); ich weiß, daß ich meine
eigene Schwäche bekennet habe, indem ich et=
liche meiner vormaligē Fehler öffentlich wied=
errufen habe (*150 S.); ich weiß endlich, daß
ich mich fast durchgehends auf die Ueberein=
stimmung der Sprachverständigen, auf ihre
Regeln, auf ihre guten Schriften, die häufig
von mir angeführet worden, berufen habe
(*98.101.123.133.137.155.199 u. f. S.).
Allein alles dieses hilft nichts. Unser Lieb=
haber

haber thut den Ausspruch, ich hätte die Sprachkenner nach meiner Mund- und Schreibart abgemessen; ja ich hätte alle diejenigen für unwissende Leute in ihrer Muttersprache erkläret, welche mit mir nicht Märtyrer, Einwöhner u. d. gl. sprächen und schrieben. Ein schlaues Verfahren! Der Leser sollte hieraus fast schliesen, ich hätte meine ganze Sprachverbässerung in die blose Rechtschreibung und Kenntniß einiger Wörter eingeschränket; eben als wenn ich nichts von so viel hundert andern Regeln, von der Deutlichkeit, dem Reichthume und Nachdrucke unsrer Muttersprache gesprochen hätte. Man sollte beynebens meynen, die angezogenen sieben Wörter seyn lauter ungewöhnliche Geburten im Deutschen; da sie doch alle, zwey ausgenommen, den allerbäßten und berühmtesten Schriftstellern eigen sind. Kümmerniß steht in Gottschedsen, in den kritischen Beyträgen, in Frischen u.a.m. Von den übrigen werden wir unten handeln. Auf welche Art habe ich denn endlich einige pfälzische Liebhaber der deutschen Sprache ausgenommen? Man brauchet nur meine Worte zu lesen, die Herr Biedermann († 16 S.) selber angeführet hat:

so

der Pfälzer.

so wird man sehen, wie vergeblich seine Bemühung gewesen, sie zu verdunkeln und zu verdrehen. Die Ausnahme besteht darin: „daß diese Herren sich keine besondere „Regeln im Reden und Schreiben machen; „daß die Sprachregeln, nach welchen sie „sich richten, in keiner blinden Gewohnheit, „oder in einem schwachen Eigendünkel ge„gründet seyn„. Kann man wohl deutlicher und nachdrücklicher von rechtschaffenen Kennern der deutschen Sprache reden?

27 §. An der 199ten Seite habe ich das pfälzische seynd als einen Sprachfehler verworfen. Zur Ursache habe ich gegeben: weil sind die Sprache der Gelehrten sey. Hierüber kündiget mir unser Liebhaber einen öffentlichen Krieg an, und ficht beynahe drey ganze Seiten durch auf das hartnäckigste. Erstlich saget er, ich hätte nicht bewiesen, daß sind die Sprache der Gelehrten sey († 18 S.). Das ist wahr. Allein ich habe gedacht, es wäre gar nicht nothwendig, Dinge zu beweisen, von denen man sich durch die blosen Augen überzeugen kann. Man brauchet ja nur die Bücher der Gelehrten einzusehen: so wird sich das sind allenthalben selber

G 5 dar-

darstellen. Hierauf fraget er mich, wie ich den Satz: sind ist die Sprache der Gelehrten, verstehe. „Entweder, saget er, muß
„ er so verstanden werden: alle diejenigen
„ seynd gelehrt, welche sind sprechen; oder
„ allso: alle, die Gelehrt seynd, sprechen
„ sind,„. Ich antworte kürzlich: mein Satz hat den letztern Verstand. Herr Biedermann zieht aber erstaunliche Folgen daraus? Ich bin nicht Schuld daran. Hätte er gewußt, was ich im angezogenen Satze durch die Gelehrten verstünde: so hätte er gewiß keine so lange Brühe darüber gemachet. Was habe ich denn durch dieses Wort verstanden? Die 98te Seite, worauf ich mich doch an der 199ten bezogen habe, giebt die deutlichste Erklärung davon: „Unter dem Namen
„ en der Gelehrten, heißt es, sind hier jene
„ allein begriffen, die sich mit Ernste auf
„ diese Sprache (nämlich die deutsche) ge=
„ leget haben,„. Jetzt wird alle die Ungereimtheit, über welche sich unser Liebhaber in seinen Schlußfolgen so lustig machet, von sich selber wegfallen. Wie lauten diese Folgen? 1) Kein Gelehrter spricht anders als sind. 2) Folglich ist keiner, der seynd spricht, gelehrt. 3) So setzet dann der Herr

alle

alle jene Pfälzer, ja alle jene Deutschen, welche nicht sind sprechen, aus der Zahl der Gelehrten u. s. w. Alles dieses hat seine völlige Richtigkeit; wenn das Wort gelehrt nach der gegebenen Erklärung genommen wird. Denn kein Gelehrter, das ist, keiner von allen denen, welche sich mit Ernste auf das Deutsche geleget haben, spricht heute zu Tage anders als sind. Folglich ist keiner, der seynd spricht, gelehrt, das ist, er gehöret nicht unter diejenigen, welche sich ein ernstliches Geschäfft aus der deutschen Sprache gemachet haben. Ich setze auch alle jene Pfälzer und Deutsche, welche nicht sind sprechen, aus der Zahl der Gelehrten, das heist, aus der Zahl derer, welche sich mit Ernste um eine gründliche Kenntniß ihrer Muttersprache beworben haben. Sehen sie, mein Herr Biedermann! da haben Sie alles kurz beysammen, worüber Sie einen so erbärmlichen Lärmen geführet haben. Kömmt es Ihnen noch so häßlich vor, als vorher? Werden Sie mich ferner fragen, ob ich dieses bedachtsam geschrieben habe? Glauben Sie nun noch, ich müßte zugeben, daß ich mit Bedacht und Vorwissen die ganze Pfalz beschimpfet habe? Sind Sie noch der

Meyn-

Meynung, daß, weil ich dergleichen offenbare und unanstößige Wahrheiten geschrieben habe, ohne Jemanden dabey sonderlich zu nennen, es Jhnen darum erlaubet seyn sollte, in die Welt hinein zu schreiben: alle Pfälzer und Deutsche, alle Franzosen und Italiener seyn die dümmsten und ungeschicktesten Köpfe († 20 S.)? Aber, mein! sagen Sie mir doch: woher kömmt es, daß Jhnen der Begriff, den ich mit dem Worte gelehrt verbunden habe, nicht bekannt gewesen? Sie haben ja meine Abhandlung ganz gelesen, nicht wahr? Hat Jhnen denn die Stelle an der 98ten Seite nicht hell genug in die Augen geleuchtet? Haben Sie sie hernach vielleicht wieder vergessen? Das könnte aus Jhrer grosen Hitze und Uebereilung wohl geschehen seyn. Allein die 199te Seite, wo Sie das aufrührische sind gefunden haben, hat Sie ja wieder dahin zurückgewiesen. Warum haben Sie denn nicht nachgeschlagen?

28 §. Noch eins, Herr Biedermann! Sie sagen, Sie hätten das sind, welches Jhnen von Jhrer hochgeehrten Kindesmagd beygebracht worden, der pfälzischen Mundart

art zu Liebe abgeleget, und in seynd verwandelt († 19 S.). Es scheint mir, Sie hätten hierin nicht als ein eiferiger Liebhaber der Wahrheit gehandelt. Sie hätten Sich ja viel eher zu den gelehrten Pfälzern, das ist, zu den Kennern ihrer Muttersprache, als zum gemeinen Haufen schlagen sollen. Nun sprechen und schreiben aber jene heutiges Tages insgesammt sind. Welchen Grund mögen Sie allso wohl gehabt haben, von diesem Worte abzugehen? Ist es Ihnen vielleicht zu neu bey den Pfälzern vorgekommen? Allein es war denselben schon vor mehr als dreyhundert und fünfzig Jahren bekannt b). Haben Sie es aber ohne Grund, und blos unserer gemeinen Mundart zu Liebe, fahren lassen: so hätten Sie ja noch ein weit gröseres Opfer machen müssen. Sie hätten das häufige e in den Abänderungen der Hauptwörter, das n bey den bestimmten Beywörtern, die ungewöhnlichen Endungen der eigenen Namen, u.

---

b) Sieh die Urkunden Kaiser Ruperts, und Ludwigs des III, Kuhrfürsten von der Pfalz, in den Schriften der pfälz. Akad. der Wissenschaft, I B. 54 u. 395 S.

u. m. d. gl. in Ihren Anmerkungen nicht erscheinen lassen dörfen. Denn wo spricht ein Pfälzer, auser einigen Sprachverständigen: dem Stande, dem Theile, die Stühle, die guten Bücher, in Klopstocken, aus Hagedornen u. s. w.? Antworten Sie vielleicht, Sie schrieben zwar auf diese Art; Sie sprächen aber anders? Allein so hätten Sie auch das seynd aus Ihrer Schrift verbannen müssen, wenn Sie es schon im Sprechen hätten beybehalten wollen.

29 §. Einen neuen Irrthum findt unser Herr Liebhaber darin: daß ich gesaget habe, die Pfälzer glaubten nicht, das die Aufnahme der Muttersprache mit den Künsten und Wissenschaften einen nothwendigen Zusammenhang habe († 21 S.). Beweist er aber diesen Irrthum gründlich? Ja freylich, aber nach seiner Art. Er fraget mich, warum ich meinen Ausspruch nicht bewiesen hätte. Allein ich konnte ja keinen stärkern Beweis beybringen, als da ich zeigte, daß man die deutsche Sprache bisher in der Pfalz gänzlich vernachlässiget habe. Wie konnte man denn glauben, daß sie zur Ausbreitung der Künste und Wissenschaften noth-

wend-

wendig sey? Ernstlich zu einem Zwecke eilen, und ein Mittel, das zu dessen Erreichung nothwendig ist, wissentlich auser Acht setzen, ist bey einem vernünftigdenkenden Menschen ein Widerspruch: diesen schreibt aber Herr Biedermann den Pfälzern durch seine unüberlegte Vertheidigung zu. Ueber das könnte ich eine grose Menge unsrer gelehrtesten Landesleute, die diesen Glauben bisher gehabt haben, nach des Herrn Liebhabers Begehren namhaft machen; wenn es der Wohlstand zuließe. Es ist gewiß, daß ich über zehen Jahre lang, in mehr als hundert Gelegenheiten, die Nothwendigkeit der Muttersprache auf die Bahn gebracht habe; allein allenthalben habe ich tiefe Wurzeln des Vorurtheiles gefunden, dessen ich an der 10ten Seite meiner Abhandlung erwähnet habe. Er versichert aber die ganze redliche Welt, „daß kein Schüler in allen pfälzisch„en Schulen sey, dem man nicht gleich in „der ersten Schule gesaget hat, wie viel an „der Muttersprache gelegen sey; wann man „sie recht liest und schreibet„. Wenn man ihm hierauf mit seinen Worten zuriefe: Warum beweiset der Herr dieses nicht; was würde er wohl antworten? Was würde

er sagen, wenn man ihn fragete: wie er diese Versicherung von allen pfälzischen Schülern geben könne, da er doch verschiedene Lehrer derselben nicht einmal kennet, viel weniger eine hinlängliche Nachricht von ihrer Lehrart hat? So viel kann ich für ganz gewiß versichern, daß mir in der ersten Klasse, die ich doch in den pfälzischen Schulen gehöret habe, nicht ein einziges Wort von dem Nutzen der Muttersprache jemals gesaget worden ist. Ich habe auch in den übrigen sowohl untern als obern Klassen niemals das geringste davon gehöret. Ja ich wußte alle diese Zeit durch nicht einmal, daß es eine deutsche Sprachlehre in der Welt gäbe. In dieser Unwissenheit blieb ich bis in das drey und zwanzigste Jahr meines Alters; da ich von ohngefähr in irgend einem Hause Gottscheds Sprachkunst voll Verwunderung antraf. Doch, was halten wir uns über diese Kleinigkeiten lang auf? Es soll wahr seyn, was Herr Biedermann hier saget. Man soll allen Schulknaben sagen, wie viel am Deutschen gelegen sey; wenn man es recht liest und schreibt. Was thut das zur Sache? Ist es mit dem Sagen schon ausgemachet? Aber gesetzt, man lernete dieses auch: so hätte
man

man ja weiter nichts gethan, als was man in den Kinderschulen thut: denn auch da giebt sich jeder wackere Schulmeister Mühe, daß seine Lehrlinge das Deutsche recht lesen und schreiben lernen. Besteht aber die Aufnahme der Muttersprache, wovon ich in meiner Abhandlung so weitläufig gesprochen habe, im richtigen Lesen und Schreiben? Das wäre gewiß ein sinnreicher Gedanken. Wem würde er wohl anders einfallen können, als unserm Herrn Liebhaber?

30 §. Nachdem ich an der 22, 23 und 24ten Seite meiner Abhandlung den grosen Nutzen der Dichtkunst beschrieben hatte, machte ich diesen Ausruf: „Unbesonnene „Verächter eurer Muttersprache! Feinde „der einheimischen Dichtkunst! wie lang „wollet ihr euern Mitbrüdern diese so reiche „Quelle verstopfen„ u. s. w.? Herr Biedermann fraget, auf wen diese Donner herabfallen. Er konnte wohl merken, daß sie blos auf jene herabfallen sollten, die ihren Mitbrüdern bisher diese schöne Quelle verstopfet haben, das ist, auf die, welche dem öffentlichen Lehramte der Dichtkunst bey uns vorstehen. Allein das wollte er nicht verstehen.

stehen. Er zieht die Pfälzer überhaupt gewöhnlichermaaßen mit in das Spiel († 22 S.). Er füget hinzu, ich hätte sie Feinde der Muttersprache geheisen; da ich doch das Wort Feind nicht zu Muttersprache, sondern zu Dichtkunst gesetzet habe. Doch, wir wollen ihm diesen kleinen Kunstgriff für dießmal übersehen. Er hat ihn zu einem artigen Uebergange von meinen Donnerkeilen zur Vortrefflichkeit der pfälzischen Sprache, nothwendig gehabt. Hier nimmt er sich nun vor, zu zeigen, daß, insgemein zu reden, die Pfälzer bässer sprechen, als die Sachsen selber. Wiewohl dieser Streit aus lauter Luftstreichen besteht, die mich eigentlich nicht angehen: so werde ich doch die Ehre haben, dem Herrn Liebhaber ein paar Worte zu antworten; weil er eine ganz neue und bisher unerhörte Sache vertheidiget. Wie beweist er denn diesen wunderbaren Vorzug der Pfälzer vor den Sachsen? Etliche Leute, die unter Sachsen und Pfälzern gewohnt haben, sind seine Bürgen. Diese haben ihm gesaget, die Pfälzer sprächen weit bässer als die Sachsen. Schön und trefflich bewiesen! Höret ihr es, ihr Pfälzer? Werdet ihr noch nicht bald stolz darauf? Aber
ge=

gemach. Ihr wiſſet ja, daß man nicht allen Reiſenden glauben darf. Haben dieſe Leute auch ſelber die gehörige Kenntniß der deutſchen Sprache gehabt? Sind ſie im Stande geweſen, ein entſcheidendes Urtheil über eine ſo wichtige Sache zu ſprechen? Haben ſie Zeit und Aufmerkſamkeit genug gehabt, um ihre tiefſinnige Unterſuchung auſer Zweifel zu ſetzen? Sind ſie nach allem dem auch ächte, aufrichtige, und unparteyiſche Liebhaber der Wahrheit geweſen? Wäre es endlich nicht ſehr leicht, ein paar andere Wandersleute aufzutreiben, die euch ſageten, die Sachſen ſprächen weit bäſſer, als ihr? Und was wäre in ſolchem Falle zu thun? Ihr ſehet allſo wohl, daß ihr euch auf dieſe Probe eures Vorzuges noch nicht gänzlich verlaſſen könnet.

31 §. Doch, Herr Biedermann hat ſelbſt unter Sachſen gewohnet. Er kann ſein eigenes Gehör zum Zeugen anführen († 23 S.). Das lautet freylich etwas bäſſer, als das vorige. Wenn man es in den Wiſſenſchaften einmal ſo weit gebracht hat, daß man ſeine beyde Ohren als Zeugen darſtellen kann: ſo hat man ſchon viel gewonnen.

Man

Man hat alsdann auf die Fähigkeit und Kenntniß des urtheilenden Verstandes so genau nicht zu sehen. Nun was hat er denn bey den Sachsen gehöret? Einen ganzen Karren voll pöpelhafter Fehler. Das will ich glauben. Könnte ihm aber ein Sachs nicht eben so viel, ja vielleicht noch hundertmal mehr pfälzische entgegensetzen? Laf dapper (lauf tapfer); ich gung, ich iß, ich sprich (gieng, esse, spreche); mir hanns aach gesihn (wir haben es auch gesehen); was haschte gekaaft (was hast du gekaufet); wart nor, euch will dir genn (warte nur, ich will dir geben); die Strümp sinn gebunn (die Strümpfe sind gebunden); der Kruck ist gebroch (der Krug ist gebrochen); er leid in der Kaut (er liegt im Loche); es ist ein weisi (eine weise); es hat in die Kerch gelitten (Kirche geläutet; merr saad (man sagt); er hots seim Bruder gebb (er hat es seinem Bruder gegeben); am 3 Uhr (um); zammen rechelen (zusammen rechnen); geweft, gesotzen, uff, unna, der anner, schebb, nit, nemmen (gewesen, gesessen, auf, unten, der andere, schief, nicht, nehmen); weger, gestert, deck, pennen, dernodert, mehn-

der Pfälzer.

mehner, Bremmen fuffzig Gillen, (wahrlich, gestern, oft, pfänden, danach, mehr, Pfriemen, fünfzig Gulden), und tausendmal tausend andere dergleichen Wörter und Redensarten sind in der Pfalz sehr gebräuchlich. Aber was beweist die Sprache des Pöpels? Für den Vorzug einer Mundart vor der andern, so viel als nichts. Herr Biedermann hat dieses endlich selbst eingesehen († 24 S.). Was folget daraus? Daß er seinen eigenen Beweis für kahl und nichtswürdig erkläret.

32 §. Wie steht es aber um die Sprache jener Sachsen und Pfälzer, die über den Pöpel erhaben sind? Welcher Theil hat da den Vorzug? Die Erörterung dieser Frage hätte etwas zur Sache gethan. Herr Biedermann hätte allso das Gute und Falsche beyder Theile auf die Wagschaale legen, und uns den Ausschlag zeigen sollen. Allein das ist ihm entweder nicht beygefallen, oder es ist ihm zu weitläufig gewesen. Er begnüget sich deßwegen mit einer sonderbaren Lobserhebung der Pfälzer, ohne der Sachsen weiter zu gedenken. ,, Wann die Pfälzer ,, das ischt weglassen, saget er; wann ihre

H 3 ,,Sprache

„Sprache aus dem Munde eines gelehrten, oder auch nur eines ehrbaren Mannes ertönet: so ist sie die reinste und schönste im ganzen Deutschlande. Sie gleichet einem reinen Silberflusse, der sanft, ungezwungen und angenehm dahin rollt,, († 24 S.). Welchen Namen soll man dieser lüftigen Beschreibung geben? Es sind derer viele, die sich überaus wohl darauf schickten; allein die Wahrheit würde unsern Biedermann zu sehr aufbringen. Wenn ein Lappländer, der niemal in der Pfalz gewesen, oder ein kleiner Knab, der noch kein reifes Urtheil zu fällen weiß, solchergestalt von unsrer Mundart gesprochen hätte: so würde man es ihrem Unverstande so haben hingehen lassen. Daß aber ein Liebhaber der Wahrheit, der ein erleuchteter Mann, ein starker Kunstrichter, ein groser Sprachverständiger seyn soll, solche offenbare Falschheiten mitten in der Pfalz zu Markte bringet: darüber weiß ich nicht, was der Leser denken oder sagen wird. Wodurch können Sie uns denn versichern, mein lieber Freund! daß, wenn unsere Mundart von dem ischt gesäubert wird, sie alsdann einem reinen Silberflusse gleiche? Hätten Sie doch nur eine

eine Syllbe bewiesen. Sie haben es ja nur gesaget († 22 S.). Ist das ein reiner Silberfluß, welcher einen so gräulichen Wust von Sprachfehlern, die ich in meiner Abhandlung der Reihe nach gezeiget habe, mit sich führet? Sind vielleicht diese Fehler erdichtet? Allein die Stellen stehen gleich dabey, worin sie Jedermann, der sich seiner Augen bedienen will, selber lesen kann. Sind es vielleicht keine wahre Fehler? Die mehrsten sind unstreitig, wenn man nicht alle Sprachregeln gänzlich verwerfen will; wie selbst Herr Biedermann gestehen muß. Sind es vielleicht keine Fehler ehrbarer oder gelehrter Leute? Allein der gröste Theil derselben ist aus den Schriften verschiedener Welt- und Ordensgeistlichen, Schullehrer, Dichter, Redner u. d. gl. gezogen. Schreibt man nun so häufige und ungeheure Schnitzer: was wird man erst im Sprechen zu erwarten haben, wo man nicht so viel Zeit hat, auf alles genau zu sehen? Wie muß hier nicht der biedermännische Silberfluß so rein und angenehm dahin rollen! Und in der That kann man täglich nicht allein von den ehrbarsten Leuten und vornehmsten Standespersonen, sondern selbst von unsern

ern Gelehrten tausenderley Fehler hören. Die Sache ist ganz unläugbar. Man darf sich nur die Mühe geben, darauf zu merken. Man wird dabey auch sogar manche Abfälle aus unsrer Pöpelsprache wahrnehmen, wovon ich oben (31 §) ein Muster vorgeleget habe. Aber es fließt doch wenigstens nichts dergleichen aus der Feder eines gelehrten Pfälzers († 24 S.)? Kein ischt oder hot fließt daraus, das ist wahr. Allein fließen nicht zuweilen andere Wörter daraus, die eben so niederträchtig und pöpelhaft sind? Was ist z. B. pöpelhafter als das Flickwort thun bey Abwandelung der Zeitwörter (* 178 S.); als nit anstatt nicht; als am für um; als ich sprich, ich gieb, anstatt ich spreche, ich gebe, u. d. gl.? Und dennoch kann ich diese Mißgeburten in unsern Schriften zeigen. Im Jahre 1757 ist in der pierronischen Buchdruckerey ein ziemlich starkes Werk herausgekommen *), worin das thun gar oft, das nit aber durchaus, und das nicht, so viel ich habe finden können, nicht ein einzigesmal

---

*) P. Vogels Catechismus.

mal vorkömmt. Dieselbigen zween Ausdrücke finden sich auch in dem Gedichte, wovon ich a. d. 222 S. meiner Abhandlung einen Auszug geliefert habe. Es lautet darin unter andern allso:

Fürwahr beglückter Tag, der diese thut gesellen,
Bey halb erblaßten Paar wird Treu sich zweyen nit.

Ja sogar in den pfälzischen Schulbüchern kömmt das schöne nit öfters vor; wie wir unten (72 §) sehen werden. Noch den letztverfloßnen Sommer habe ich das niedliche am anstatt um in einer Schrift, die an der Pforte einer öffentlichen Wohnung lauter studirter Leute angeschlagen war, verschiedenemal gelesen. Es haben es andere mit mir gelesen. Und damit man es nicht vielleicht für einen Schreibfehler ansehen möchte; so hat es der Verfasser sechsmal in zehn Zeilen einfliesen lassen. Es hies immer: Morgens am 6 Uhr, am halber acht u.s.w. Das ich sprich und gieb enthält die Stelle, die ich a. d. 173 S. meiner Abhandlung aus einem gelehrten pfälzischen Poeten angeführet habe. Wäre unser Liebhaber kein Ausländer: so könnte das Zwischenwort halt,

welch-

welches in seinen Anmerkungen öfters vorkömmt, auch zum Muster dienen. Gottsched, Frisch, Hempel, Popowitsch, und andere berühmte Sprachlehrer, verweisen dasselbe unter die pöpelhaften Ausdrücke. So schön sieht es nun mit der Sprache der Pfälzer aus! Dessen ungeachtet erhebt sie Herr Biedermann so hoch. Welcher Kenner wird sich nicht darüber verwundern?

33 §. Nein, nicht durch leere Lobsprüche, sondern durch einen unermüdeten Fleis, durch eine immerwährende Handhabung, durch eine sorgfältige Ausarbeitung kömmt die Sprache eines Landes in die Höhe. Und durch eben dieses Mittel hat die obersächsische Mundart einen Vorzug erlanget, den ihr heutiges Tages keine deutsche Provinz mehr streitig machet. Es ist aber hier die Rede nicht von der Aussprache des Pöpels, als welche überall sehr mangelhaft ist; sondern von dem wahren Hochdeutschen, welches die sächsischen Gelehrten hauptsächlich empor gebracht haben. Es haben sich nämlich diese wackern Leute unter allen Deutschen am meisten um die Richtigkeit und Schönheit ihrer Muttersprache bekümmert. Die eif-

erigen Bemühungen der fruchtbringenden Gesellschaft, wovon hernach so viele andere deutsche Gesellschaften als Töchter entsprossen sind; die grose Anzahl vortrefflicher Sprachforscher und Schriftsteller, die sie aufweisen können; die vielen kritischen Beobachtungen, die sie gemachet haben; die häufigen Sprachlehren, womit sie Deutschland versehen haben; die feinen und geschmackhaften Werke, welche sie über mancherley Wissenschaften geschrieben haben: alles dieses zeuget unwidersprechlich, daß sie bisher mit Ernste (17 §) daran gearbeitet haben; und daß ihnen keine deutsche Landschaft hierin an die Seite gesetzet werden könne. Und daher haben sie sich auch wirklich einer stillen Beherrschung über das übrige Deutschland bemächtiget c). Die Schreibart, die in ihren Schriften pranget, suchet man überall, von Bern in der Schweiz bis nach Reval in Liefland, und von Schleswig bis nach Trident in Tyrol, ja von Brüssel bis Ungarn und Siebenbürgen, nachzuahmen und zu erreichen d). Von welchem Gelehrten ist

solch

---

c) Braunschw. öffentl. Anzeigen, 53 St. 1753.

d) Gottscheds Sprachl. 4 Aufl. 69 S.

solch ein herrliches Zeugniß der pfälzischen Mundart jemals beygeleget worden?

34 §. Die Armuth unserer Landessprache habe ich (* 56 u. f. S.) aus dem erwiesen: daß wir, um unsere Gedanken auszudrücken, die Zuflucht oft zu fremden Sprachen nehmen müssen. Ich habe behauptet, daß der gewaltige Strom ausländischer Wörter und Redensarten, der unsere Gespräche und Schriften überschwemmet, nicht aus dem Mangel der deutschen Sprache selber (* 57 S.), sondern aus unsrer eigenen Nachlässigkeit herfliese; indem wir uns den Reichthum unsrer Muttersprache nicht bekannt macheten (* 57. 58 S.). Daß die Einmischung fremder Wörter bey vielen Pfälzern gebräuchlich sey, gesteht Herr Biedermann willig ein († 28 S.). Ja er hält dafür, es wäre vielleicht nichts wider jenen zu sagen, der die Quelle dieser Einmischung in dem Stolze oder andern dergleichen Ursachen suchen wollte (hier hat er gewiß an die lateinischen Schulbücher nicht gedacht). Daß sie aber meistentheils aus Armuth geschehe, darin will er mir nicht beypflichten. Wie beweißt er denn seine Meynung? Er saget, die deutsch-

deutschen Wörter, welche ich einigen bey uns gebräuchlichen ausländischen in einem Verzeichnisse entgegengesetzet habe (* 61 u. f. S.), seyn den Pfälzern hinlänglich bekannt. Es steckt eine feine List in diesem Beweise, die mancher Leser vielleicht nicht merket. Nein, mein Freund! es war die Frage nicht, ob die Pfälzer diese deutschen Wörter verstünden, wenn man sie ihnen vorsagete; sondern ob sie im Stande wären, dieselben im Falle der Noth selbsten zu finden, und anstatt der ausländischen im Sprechen und Schreiben gehörigermaasen einfliesen zu lassen. Die einheimischen Benennungen, wenn sie nicht widersinnisch erfunden sind, führen mehrstentheils solche Klarheit bey sich: daß sie jedem Inländer, wofern er in den Sachen, wovon man spricht, kein Frembling ist, ihre Bedeutung gar leicht selber verrathen. Um ein ganz gemeines Beyspiel zu geben, so wird Sie jeder Pfälzer, der sich einer Tabacksbüchse bedienet, sonder Zweifel verstehen; wenn Sie einen Griff Taback von ihm begehren. Gehen Sie aber bey tausend Tabacksschnupfern herum, und bitten sowohl um eine *Prise* Taback als um die Verdeutschung dieses französischen Wortes: wie viele

viele werden Sie wohl darunter finden, die Ihnen in Betreffe des letztern Punktes eine Genüge leisten können? Eben so wird es sich wohl mit dem größten Theile der fremden Wörter verhalten, die ich in meiner Abhandlung verzeichnet habe. Sollten aber alle diese nicht hinlänglich seyn: so können Sie noch mit vielen tausend andern die Probe machen. Fragen Sie z. B. unsere Mathematiker, was folgende Wörter zu Deutsch heisen: Ratio, Exponens Rationis, Aequatio affecta, Circuli Sector, Triangulum æquicrurum & scalenum, Parallelogrammum, Parallelepipedum, Hypothenusa, Prisma, Anguli verticales, alterni, Incidentiæ, Inclinationis, Refractionis, Tangens, Hypothesis, Sphæroides, Cyclois &c. &c.; bitten Sie die pfälzischen Weltweisen, sie möchten diese lateinischen Ausdrücke in eben so viele deutsche verwandeln: Logica, Metaphysica, Cosmologia, Idea completa, adæquata, universalis, particularis, singularis, Extensio Ideæ, Individuatio, Abstractio, Definitio realis & nominalis, Propositionis Subjectum, Prædicatum & Copula, Propositio theoretica, practica, identica, Postulatum, Lemma,

Syl-

Syllogismi præmiſſæ, major, minor, Concluſio, Enthymema, Sorites, Demonſtratio à priori & poſteriori, Principium Contradictionis & Rationis ſufficientis, Ens Rationis, Neceſſitas abſoluta & hypothetica, Atmoſphæra, à poſſe ad eſſe non valet Conſequentia, Hæcceitas eſt omnimoda Modorum Determinatio &c.; ſagen Sie allen denjenigen, die unſere lateiniſchen Schulen durchgangen ſind, ſie ſollen Ihnen folgende Kunſtwörter, welche ſie darin gehöret und gelernet haben, geſchickt verdeutſchen: Syntaxis, Etymologia, Orthographia, Articulus definitus, indefinitus, Nomen ſubſtantivum, adjectivum, proprium, appellativum, Pronomen perſonale, reciprocum, poſſeſſivum, relativum, Verbum auxiliare, activum, paſſivum, Modus conjunctivus, infinitivus, Participium, Adverbium, Præpoſitio, Conjunctio, Interjectio, Gradus poſitivus, comparativus, ſuperlativus, Caſus rectus, obliquus, nominativus, genitivus &c, Declinatio, Conjugatio &c. &c.; erſuchen Sie unſere wackersten Gottesgelehrten, Aerzte, Rechtsverſtändigen u. ſ. w., ſie möchten die Güte haben, und das erſte das bäßte Werk, welches

von

von ihren Wissenschaften in einer fremden Sprache handelt, in gutes, reines Deutsch übersetzen; geben Sie allen diesen Herren Zeit, sich zu bedenken; erlauben Sie ihnen, alle Bücher nachzuschlagen, die jemals in der Pfalz geschrieben worden: bleiben sie dennoch bey allem dem in den begehrten Verdeutschungen stecken: so wird man ja gestehen müssen, daß unsere Mundart arm sey; obschon der mehrste Theil die deutschen Benennungen, die man für die lateinischen setzen könnte, sehr leicht verstehen würde. Euch, meine geehrtesten Landesleute! rufe ich hier selber als Zeugen an. Nehmet die vorgelegten Muster und Fragen zur Hand; prüfet euere Kräfte, und fället das Urtheil.

35 §. Unsere meisten Sprachlehrer älterer und neuerer Zeiten haben wider den Mißbrauch der Einmischung ausländischer Wörter geeifert. Sie haben denselben als eine abscheuliche Barbarey und verderbliche Pest der Muttersprache angesehen. Sie sind deßwegen auf allerhand Mittel bedacht gewesen, diesem einreißenden Uebel zu steuern. Viele derselben, worunter Gottsched
e),

der Pfälzer.

e), Johann Christoph Wolf f), Braun g) u. a. m. nachgesehen werden können, haben zu dem Ende ganze Verzeichnisse solcher fremden Ausdrücke gemachet, und das Deutsche hinzugesetzet. Diesen Beyspielen bin ich in meiner Abhandlung gefolget. Ich habe meine Landesleute auf das nachdrücklichste vor dieser Einmischung gewarnet. Ich habe ihnen unter andern vorgestellet, daß solch eine gestickte und buntscheckige Sprache bey einem ehrlichen Deutschen nichts als Ekel und Abscheu erwecken müßte (*59 S.). Aus diesen Worten zieht unser Liebhaber einen Irrthum, der nicht sowohl die Wahrheit als meine Person betrifft. „Also giebt „es in der Pfalz, saget er, keinen ehrlichen „Deutschen; weil die Pfälzer nach des H. „Verfassers Aussage keinen Eckel über diese „Sprache schöpfen,, († 27 S.). Seine Schlußrede ist diese: Ein ehrlicher Deutscher muß einen Ekel vor der Einmischung fremder Wörter haben; die Pfälzer haben keinen

---

e) Deutsche Sprachk. I Th. III Hauptst. I Absch.

f) Unterricht zur Rechtschr. der deutsch. Sprache.

g) Deutsch-orthographisches Wörterb. Anh.

en Ekel davor; allso sind die Pfälzer keine ehrliche Deutsche. Ueber alle Maaßen schön gefolgert! Es ist ja offenbar, daß vier Glieder in dieser Schlußrede liegen. Was für schöne Proben legt uns Herr Biedermann nicht selber dar, daß er kein Frembling in der Redekunst sey (†39 S.); indem er sich als einen so wohlbeschlagenen Philosophen zeiget!

36 §. An der 90ten Seite meiner Abhandlung habe ich bewiesen, daß man die Doppellaute ö und ü in der Pfalz übel ausspreche. Ich habe hinzugesetzet, das ö klänge wie das französische *eu* in den Wörtern Jeu, eux u. d. gl.; unser ü aber käme mit dem französischen *u* vollkommen überein; die Kölner sammt ihren Nachbarn gäben diesen Buchstaben im Sprechen den wahren Ton. Alles dieses hat nun seine vollkommene Richtigkeit; und ich glaubte nicht, daß Jemand etwas daran auszusetzen finden würde. Allein dessen ungeachtet entdecket unser scharfsichtige Liebhaber einen Irrthum darin. Er fraget mich nämlich, warum wir die Aussprache dieser Doppellaute von den Kölnern, und nicht viel eher von den Sachsen lernen

lernen sollten; da diese doch schon über neun Jahrhunderte an der Muttersprache arbeiteten († 30 S.). Ich könnte hierauf zwar antworten: daß noch kein Mensch gesaget habe, daß die Sachsen schon über neun Jahrhunderte an der Muttersprache arbeiten; daß Herr Biedermann die Falschheit dieses Einwurfes selbst eingesehen haben würde, wenn er nur so viel Zeit und Geduld gehabt hätte, um sich in der Geschichte der deutschen Sprache ein wenig umzusehen; daß ich ja nicht alles ohne Ausnahme gutheiße, was bey den Sachsen gebräuchlich ist, wie man an der 99ten Seite meiner Abhandlung augenscheinlich sehen kann u. d. gl.: allein alle diese Antworten sind vermuthlich zu schwach. Ich bin dießmal zu hart in die Enge getrieben; und ich muß mir wahrhaftig Zeit ausbitten, um auf bässere Mittel zu sinnen, wodurch ich mich losreiße.

37 §. „Wann ich ein-wenig Latein ver-
„ stehe, saget Herr Biedermann: so ist
„ das Wort Augustus weder ein mit dem
„ Deutschen verwandtes, noch ein ursprüng-
„ lich deutsches Wort „ († 30 S.). Er hat
Recht. Allein ich habe ja nicht von dem

Worte *Augustus*, sondern von August gesprochen (* 151 S.). Dieses hätte er gewiß gemerket, wenn seine Uebereilung nicht so entsetzlich gros gewesen wäre. Ist nicht meine Rede ausdrücklich von Wörtern gewesen, die bey uns ohne Noth über die lateinische Form gegossen werden? Nun hat aber Augustus schon völlig eine lateinische Form: wie sollte es allso aufs neue darüber gegossen werden? Hat aber das Wort August eine Verwandtschaft mit dem Deutschen? Allerdings. Es trägt schon ganze Jahrhunderte ein deutsches Kleid; es hat das völlige Bürgerrecht bey uns erhalten; es schicket sich gänzlich in den Gebrauch der ursprünglich deutschen Wörter, von denen man es schwerlich unterscheiden wird, wenn man nicht so glücklich ist, daß man seine lateinische und griechische Stammtafel mit unserm Liebhaber irgendswo entdecket. Ist das nicht schon wieder ein schreckbarer Irrthum, den mir dieser Herr hier gezeiget hat?

38 §. Den Lorbeerkranz, welchen Herr Biedermann an der 31ten Seite seiner Anmerkungen in meinem Namen geflochten, habe ich oben in der Frage von den herben

en Ausdrücken an sein gehöriges Ort gewiesen. Eben da wird man auch die Erläuterung der jammernden Ausrufungen finden, deren er mich an der 32ten Seite beschuldiget. Wir schreiten deßwegen zu dem unbegreiflichen Irrthume, den er mir in Betreffe der pfälzischen Sprache zuletzt vorwirft. An der 127 Seite meiner Abhandlung habe ich in einer Anmerkung gesaget, es gäbe in den deutschen Abänderungen nicht mehr als vier Endungen (Casus); und es wäre zu bewundern, daß die mehrsten deutschen Sprachlehrer diesem Stücke noch wenig nachgedacht hätten. Was hat nun unser Liebhaber dawider einzuwenden? „Wie „hat dann der Herr Verfasser, saget er, „diesen Gedanken bekommen? Daß weiß „ich nicht. Aber so viel weiß ich, daß dieß „alles in den Zweifeln von der deutschen „Sprache P. Weitenauers der Gesellschaft „Jesu steht„ († 33 S.). Wenn ich Ihnen nun alles dieses zugebe, mein allerliebster Freund! was folget alsdann daraus? Wo bleibt denn der Irrthum, den Sie mir haben zeigen wollen? Zween Punkte habe ich in der angezogenen Anmerkung behauptet, 1) daß es in den deutschen Abänderungen nicht

mehr

mehr als vier Endungen gebe; 2) daß die mehrsten Sprachlehrer dieser Sache wenig nachgedacht haben. In welchem von beyden Stücken stecket nun der Irrthum, im ersten oder im zweyten? Im ersten einmal nicht: denn neben dem, daß es auf den bäßten Gründen ruhet, bestättigen Sie es ja durch P. Weitenauers Lehre noch selber. Im zweyten stecket er auch nicht: denn aus dem, daß dieser Herr Pater nur vier deutsche Endungen angenommen hat, folget ja noch lang nicht, daß unsere mehrsten Sprachlehrer eben dieses gethan haben. Ich hätte gerne eine Antwort, Herr Biedermann! allein Sie erstummen. Nicht wahr, diesesmal war es Ihnen um keinen Irrthum zu thun? Sie haben nur die süße Quelle anzeigen wollen, woraus ich Ihrer Meynung nach geschöpfet habe. Doch, Sie trauen sich selber nicht, wie ich sehe. Sie sagen, Sie wüßten nicht, woher ich diesen Gedanken habe. Das glaube ich Ihnen herzlich gerne. Allein ein wenig mehr Belesenheit hätte Ihnen dieses Geheimniß leicht entdecken können. Was Sie allso nicht wissen, das will ich Ihnen sagen. Den Gedanken habe ich aus Hempels Sprachlehre bekommen. Dieser gelehrte
Mann

Mann ändert nicht allein durch vier Endungen ab; sondern er beweist auch weitläufig und gründlich, daß es derer in unserer Mutterprache nicht mehr geben könne. Und dieser ausführliche Beweis, welcher von der 126ten bis an die 132te Seite geht, ist die wahre Quelle alles dessen, was ich von den vier Endungen der teutschen Abänderungen in meiner Abhandlung gesaget habe. Vielleicht hat aber Hempel selbst aus Weitenauern ausgeschrieben? Das wäre noch eine rechte Herzensfreude für unsern Liebhaber, wenn man nur einige dahin bewegen könnte, daß sie es glaubeten. Allein zu allem Unglücke hat Weitenauer zehn ganze Jahre nach Hempeln geschrieben; und führet ihn an der 50ten Seite seiner Zweifel selber an. Nun wissen Sie, Herr Biedermann! wie ich meinen Gedanken bekommen habe. Wenn Sie aber Jemand fragen sollte, wie P. Weitenauer der Gesellschaft Jesu zu dem seinigen gekommen sey: was werden Sie antworten?

IV Frage.

Ist jemals eine deutsche Sprachlehre bey den Pfälzern eingeführet worden?

39 §. Diese Frage habe ich an der 8ten Seite meiner Abhandlung mit Nein beantwortet. Ich bin aber nicht verwägen, sondern mit den stärksten Gründen zu dieser Antwort geschritten. Ich habe nicht allein selbst mit aller möglichen Sorgfalt nachgesuchet; sondern ich habe auch die gelehrtesten Männer, welche in den pfälzischen Schriften und Geschichten trefflich bewandert sind, zu Rathe gezogen. Alles dessen ungeachtet kömmt unser ausländischer Liebhaber, und thut Meldung von einer pfälzischen deutschen Sprachlehre. Die erste Nachricht davon fand ich an der 24ten Seite seiner Anmerkungen. Da er sie aber an diesem Orte nicht nannte: so wuchs meine Begierde, sie kennen zu lernen, nur desto mehr. Ich konnte mir nämlich nicht einbilden, wie es zugegangen wäre, daß ich dieses gewünschte Buch nicht gefunden haben sollte. Endlich kam ich an der 25ten Seite hinter

das

das Geheimniß. Die Sprachlehre wurde hier klar benennet. Aber wie gros war mein Erstaunen nicht, als ich sah, daß sie in unsern lateinischen Schulbüchern enthalten seyn sollte! „Gleich in dem Buche für die erste „Schule, saget Herr Biedermann, ist ein „Anhang von der deutschen Rechtschreib„ung, von der 210 S. bis an die 253. Ja „gleich von Anfange des Buchs seynd die „Abänderungen der, wie er sie nennet, „deutschen Nennwörter, Fürwörter u. b. „gl. bis an die 61 S. Dieses kann nun die „ganze Welt mit Augen sehen, und der „Herr schreibt dannoch: man weiß in der „Pfalz nichts um eine Sprachlehre„ († 25 S.) u. s. w. Niemals hätte ich mir einfallen lassen, daß ein Liebhaber der Wahrheit solche Dinge in die Welt hineinschreiben könnte. Hiezu gehöret eine Dreistigkeit, die mir ganz unbegreiflich ist. Laßt uns die Wahrheit aufsuchen.

40 §. Aus wie viel Theilen besteht eine Sprachlehre? Aus vieren, wie das angezogene Schulbuch der ersten Klasse an der 9ten Seite selber lehret: nämlich aus der Rechtschreibung, Wortforschung, Wortfügung und Tonmessung. Was wird denn in

diesen vier Theilen vorgetragen? Um dieses zu sehen, wollen wir eine ganz kleine Sprachlehre, nämlich Gottscheds Kern der teutschen Sprachkunst, zur Hand nehmen, und den Inhalt derselben betrachten. Die Rechtschreibung handelt 1) von den Buchstaben; 2) von allgemeinen Regeln der Rechtschreibung; 3) von besondern Regeln der Verdoppelung der Mitlauter; 4) vom Gebrauche des H, Th, K und Q; 5) von den orthographischen Unterscheidungszeichen; 6) von gewissen zweifelhaften Wörtern, in einem ganzen Verzeichnisse. Die Wortforschung 1) von den Redetheilen überhaupt und ihrer Eintheilung; 2) von dem Geschlechtsworte; 3) von den Hauptwörtern, ihrer Bildung, ihren Geschlechtern und Abänderungen; 4) von den Beywörtern und Zahlen, ihrer mannigfaltigen Abänderung, ihren Vergleichungsstaffeln u. s. w. 5) von den sechserley Fürwörtern und ihren Abänderungen; 6) von den Zeitwörtern überhaupt, von den Hilfswörtern, von der Abwandelung richtiger Zeitwörter, von den unrichtigen Zeitwörtern, von der Mittelgattung der Zeitwörter, von den abweichenden Zeitwörtern; 7) von den Mittelwörtern; 8) von den Nebenwörtern; 9) von den

Vor-

Vorwörtern; 10) von den Bindewörtern; 11) von den Zwischenwörtern. Die **Wortfügung** 1) von Fügung der Geschlechtswörter in 12 Regeln; 2) von Fügung der Haupt- und Beywörter in 19 Regeln; 3) von Fügung der Fürwörter in 10 Regeln; 4) von Fügung der Zeitwörter in 55 Regeln; 5) von Fügung der Mittelwörter in 6 Regeln; 6) von Fügung der Hilfswörter in 10 Regeln; 7) von Fügung der Nebenwörter in 15 Regeln; 8) von Fügung der Vorwörter in 15 Regeln; 9) von Fügung der Bindewörter in 10 Regeln; 10) von Fügung der Zwischenwörter in 6 Regeln. Die **Tonmessung** 1) von der Länge und Kürze der Syllben; 2) von den verschiedenen Füsen deutscher Verse; 3) von den Reimen in der deutschen Poesie; 4) von den gebräuchlichsten Versarten der deutschen Poesie.

41 §. Was lehren nun unsere lateinischen Schulbücher von allen diesen so mannigfaltigen Stücken der deutschen Sprachkunst? Ein elender **Zusatz von der Deutschen** Orthographie machet den ganzen Bettel aus. Im übrigen wimmelt alles von so groben und abscheulichen Sprachschnitzern, daß

beynahe keine Regel der ganzen deutschen Sprachlehre ist, die nicht häufig und manchesmal auf die lächerlichste Art übertreten wird. Kann ich dieses nun darthun: so wird ja Jedermann überzeuget seyn, daß der Verfasser unserer Schulbücher noch selbst eines Unterrichtes in seiner Muttersprache höchst bedürftig gewesen; geschweige, daß man ihn für einen deutschen Sprachlehrer ansehen sollte. Ich werde mich in dieser Erläuterung immer auf die Regeln der allerbäßten deutschen Sprachlehrer, als der wahren Kunstrichter (*98 S.) gründen; und meinen besondern Meynungen keinen Platz geben.

41 §. Worin besteht nun der oben genannte orthographische Zusatz? Den Anfang machen einige Regeln von den Buchstaben, worunter aber viele falsch sind. Z. B. 1) daß man die Beywörter römisch, pfälzisch u. d. gl. mit einem grosen Anfangsbuchstaben schreiben solle. 2) Daß den Namen Gott, Jesus u. d. gl. lauter grose Buchstaben gebühren. 3) Daß die Sönderungszeichen in den Wörtern Erz-Herzog, Sprach-Meister u. a. m. beybehalten werden können. 4) Daß man den lateinischen

Wört-

Wörtern deutsche Endungen anhenken könne, z. B. raisoniren, studiren, lateinisch: wobey zu bewundern, daß in derselbigen Regel das Wort lateinisch bald ganz, bald nur halb deutsch vorkömmt. 5) Daß das e, „ welches in einigen Substantivis absonder=
„ lich in Dativo und Ablativo hinzu gesetzt
„ werden kan, nach der Hoch=Deutschen am
„ Ober=Rhein gebräuchlichen Mund=Art
„ nicht ausgesprochen werde; theils, weilen
„ es unnöthig, indem man das Substanti-
„ vum, dessen Casus und Numerum ge=
„ nugsam aus den Articulen und ganzem
„ Zusammen=Hang abnimmt; theils, da=
„ mit man alles Gesang und affectirte
„ Ausssprach... vermeide „. Ist es unnöthig, dieses e auszusprechen: so wird es auch aus der angeführten Ursache unnöthig seyn, dasselbe zu schreiben. Die übrigen Regeln der Buchstaben sind theils unnütz, theils mangelhaft, theils werden sie in den Schul=büchern selbst nicht in Acht genommen.

42 §. Nach den Buchstaben wird von ganzen Wörtern gehandelt. Die erste Reg=el heist so: „ Nomina propria aus frembd=
„ en Sprachen kan man entweder mit La-
„ tein-

„ teinischen oder auch mit Deutschen Buch-
„ staben schreiben„,. Dem zufolge wird man
auch die eigenen Namen, die aus dem Hebräischen und Griechischen kommen, mit hebräischen und griechischen Buchstaben schreib-
en können h). Hierauf folget ein Verzeichniß zweifelhafter Wörter, welches aus
Gottscheden i), mit Verschweigung seines Namens, gezogen ist. Dieses hätte nun
zur Rechtschreibung sehr dienlich seyn könn-
en, wenn es nur unverfälschet gelassen word-
en wäre. Allein der H. Abschreiber hat es
an mehr als hundert Orten verstümmelt und
verhunzet. So beißt er z. B. 1) Das End-e
der weiblichen und anderer Hauptwörter gar
oft ab; und machet aus dem gottschedischen
Aehre, Aernte, Achse, Ameise, Arche,
Beere, Beule u. d. gl., das Hoch-Deutsche
am Ober-Rhein gebräuchliche Aehr, Aernt,
Achs u. s. w. 2) Verwandelt er die Wörter Kinn Mentum, erhaben, Bißchen,
Schrift, Saft, Both Nuntius, Damhirsch, åhern, gespinst, Häller, Haken,
Has,

---

h) Krit. Beyt. VI B. 621 S.

i) Vollständ. deutsche Sprachl. I Th. V Hauptst.

Has, wirken, überzwerch, Stadt, und sehr viele andere, in Kien, erhoben, Bißgen, Schrifft, Safft, Bott, Damhirsch, ehern, gespünst, Heller, Hacken, Haas, würken, überzwerg, Statt. 3) Hat er die schöne Regel, welche Herr Gottsched wegen der Buchstaben c und k giebt, gänzlich verkehret. Dieser berühmte Sprachlehrer befiehlt die hebräischen und griechischen Wörter, z. B. Kain, katholisch u. d. gl., mit einem k zu schreiben; er aber erlaubet aus einer höhern Einsicht, dieselben mit einem c zu schreiben (* 88 S.). 4) Widerspricht er sich oft selber in diesem Verzeichnisse. Die Ursache davon ist, weil er dem Herrn Gottsched hier und da widersprechen wollte. Allein was er an einem Orte gesaget hatte, das hat er am andern wieder vergessen. So schreibt er z. B. bald ich weiß, bald ich weis; jetzt gedrang, hernach gedräng compressè; einmal reisen proficisci, das andremal reißen in eben der Bedeutung; inn, saget er, ist die Endsyllbe des weiblichen Geschlechtes, und dennoch schreibt er dieselbe, wo er sie anwenden soll, fast durchgehends mit einem einfachen n, und eine grose Menge anderer dergleichen.

End=

Endlich ist zu merken, daß die guten Regeln, welche in diesem gottschedischen Verzeichnisse vorkommen, in den Schulbüchern selber mehrstentheils auser Acht gesetzet werden: woraus erhellet, zu welchem Ende und von was für einem Kenner es in dieselben eingerücket worden.

43 §. Nun kömmt ein Unterricht von einigen unrichtigen Zeitwörtern; der aber in der That selber einem wahren Mischmasche gleich sieht. 1) Hat es dem Verfasser am rechten Begriffe der unrichtigen Zeitwörter gefehlet; indem er viele richtige damit vermenget. Beugen, brennen, bringen, denken, freyen, henken, heisch, kennen, nennen, rächen, rennen, schenken, schnaufen, senden, taugen, trennen, wenden sind lauter richtige Zeitwörter; und er setzet sie unter die Zahl der unrichtigen. In einigen derselben bildet er die jüngst und völlig vergangene Zeit ganz richtig; in andern aber unrichtig, und bisweilen auf eine lächerliche Art. Zu jenen gehören z.B. rächen, schenken u. d. m.; zu diesen freyen, heischen u. s. w. Den erstern giebt er in den itzt genannten Abwandelungszeiten: ich rächte,

rächte, schenkte, ich habe geracht, geschenkt; den letztern aber: ich friehe, hiesch, ich habe gefriehen oder gefreyet, geheischen. 2) Eben so unartig bildet er auch diese Abwandelungszeiten in etlichen andern Zeitwörtern, die in der That unrichtig sind. Z. B. beginnen, können, meiden, quellen, rinnen, schwimmen, sinnen, ziehen haben nach ihm: ich begunnte, kunte und konnte, meidete u. miede, quoll und quall, sonn, zohe, ich habe gekönnt, gemeidet und gemieden, ich bin geronnen und gerunnen, geschwummen und geschwommen; da es doch allein heisen sollte: ich begann, konnte, mied, quoll, sann, zog, ich habe gekonnt, gemieden, ich bin geronnen, geschwommen. 3) Vermischet er Zeitwörter miteinander, die ganz verschiedener Bedeutung, und demnach theils richtig, theils unrichtig sind. Dahin gehören biegen und beugen, hangen und henken (*44 S.). Biegen und hangen sind unrichtig, beugen und henken aber richtig: wobey zu merken, daß dieses letztere immer thätiger Bedeutung, und nicht passivæ Significationis sey; wie der Herr Verfasser meynet. 4) Giebt er können, mögen, müssen, wissen für Mittelwörter der vergangenen Zeit aus; da sie doch alle in der unbestimmten Art (Modo infinitivo) stehen k). Das ist eine ganz unerhörte Lehre. Sie zeiget, mit welchem Lichte der Sprachkenntniß unsere Schulbücher geschrieben worden. 5) Setzet er zu der jüngst vergangenen Zeit in der anzeigenden Art bald ein e, welches allein der Bindeart zukömmt; bald läßt er es weg: eben als wenn im Deutschen alles gleichgiltig wäre u. s. w.

44 §. Endlich folget noch ein kurzer Anhang von den Deutschen *Praepositionibus*, welcher nicht gar eine Seite ausmachet. Dieses ist schon wieder ein feines Muster einer gründlichen Einsicht in unsere Muttersprache: 1) Setzet der Verfasser nahe und bis unter die Vorwörter, von welchen sie doch himmelweit unterschieden sind. Muß nicht ein Vorwort, seiner Natur gemäs, immer eine Endung regieren? Zu welcher Endung können aber wohl diese zwey Wörter gesetzet werden? 2) Sind die Endungen, welche

---

k) Gottscheds Sprachk. 471 S.

welche von einigen seiner Vorwörter regieret werden sollen, unrichtig angezeiget. Er saget z. B. binnen und seit regiereten die zweyte Endung; und giebt zu Beyspielen: binnen der Zeit, seit zwey Jahren. Allein beyde fodern unstreitig die dritte Endung. Jene Landschaften, bey welchen das niederländische binnen (denn hochdeutsch ist es nicht) noch gebräuchlich ist, sagen nimmermehr: binnen eines Jahres, sondern: binnen einem Jahre; womit auch die alten Schriften übereinkommen. Und wer saget wohl: seit des Krieges, seit dessen er todt ist u. d. gl.? Heißt es nicht allenthalben: seit dem Kriege, seit dem u. s. w.? Uebrigens ist das zweyte Beyspiel des Verfassers trefflich wohl gerathen. Zwey Jahren soll in der zweyten Endung seyn; es ist aber ein doppelter Fehler, und sollte zweyer Jahre heisen. 3) Sind viele dieser Vorwörter fehlerhaft geschrieben. Anstatt ausser, disseit, krafft, uneracht, ungeacht, hätte auser oder wenigstens außer, diesseit (s), kraft, unerachtet, ungeachtet gesetzet werden müssen. Die zwey letztern Wörter ungeacht, uneracht sehen recht niedlich, und fast eben so aus: als wenn man gelob,

ge-

geſpeis, für gelobet, geſpeiſet ſagen wollte. Ein unvergleichliches Muſter der Hoch-Deutſchen Ober-Rheiniſchen Mund-Art!

45 §. Das iſt nun alles, was unſere hochgeprieſenen lateiniſchen Schulbücher vom Deutſchen lehren. Der ganze Inhalt dieſes orthographiſchen Zuſatzes beſteht demnach 1) in ein paar mangel-und fehlerhaften Regeln der Buchſtaben; 2) in einem verſtümmelten und verhunzten Verzeichniſſe zweifelhafter Wörter; 3) in einem wahrhaften Miſchmaſche einiger ſogenannten unrichtigen Zeitwörter; 4) in einem kurzen und fehlervollen Anhange von Vorwörtern. Ich bitte alle Kunſtrichter und alle unparteyiſche Leſer, dieſes erbärmliche Zeug mit dem oben beſchriebenen Inhalte des gottſchediſchen Kernes zu vergleichen, und zu urtheilen, ob es den Namen einer deutſchen Sprachkunſt verdiene. Welches Urtheil wird aber nach allem dem den Herrn Verfaſſer dieſes Zuſatzes treffen? Er ſoll ein öffentlicher deutſcher Sprachlehrer ſeyn; und vermiſchet die Haupttheile der Sprache. Gehöret denn der Unterricht von den unrichtigen Zeitwörtern, und die Lehre von Fügung der Vorwörter

wörter zur deutschen Orthographie? Und was wird man endlich von einem Liebhaber der Wahrheit sagen oder denken, welcher diesen Zusatz eine Sprachlehre nennet?

46 §. Herr Biedermann thut aber auch Meldung von Abänderung der Nenn= und Fürwörter, welche in den Schulbüchern gelehret werden soll († 25 S.): wie verhält es sich denn damit? Die lateinischen Abänderungen werden darin ordentlich vorgetragen; und, damit sie der Jugend desto begreiflicher wären, hat man das Deutsche zu einigen derselben hinzugesetzet: das ist wahr. Heist das aber, die deutschen Abänderungen selber lehren? Thut man nicht daßelbige fast in allen ausländischen Sprachlehren? Setzet man nicht z. B. den französischen Abänderungen das Deutsche gemeinlich an die Seite? Und dennoch wird wohl Niemand sagen, daß die deutschen Abänderungen in einer französischen Grammaire (Sprachkunst) gelehret werden. Warum nicht? Weil jede Sprache ihre besondern Eigenschaften, Regeln und Ausnahmen hat, die sich aus einer andern nicht herleiten und errathen lassen (* 14. 15 S.).

S.). Was gehöret denn zur Lehre von den Abänderungen der deutschen Haupt- und Beywörter? 1) Daß es fünf Abänderungen der Hauptwörter gebe. 2) Daß diese Abänderungen nicht aus der zweyten Endung (Casu genitivo) der einfachen Zahl, wie bey den Lateinern, sondern aus der vielfachen Zahl erkennet werden. 3) Daß man ihre Verschiedenheit durch deutliche Muster erkläre. 4) Daß in etlichen derselben die Selbstlauter a, o, u in der mehrern Zahl verändert werden, in andern nicht. 5) Daß man lehre, welche Hauptwörter allein die einfache, oder allein die vielfache Zahl haben. 6) Daß die Abänderung der Beywörter auf dreyerley Art geschehe: nämlich mit dem bestimmten Geschlechtsworte, mit dem unbestimmten, und ohne alle Geschlechtswörter. 7) Wie ihre Abänderung gehe, wenn sie als Hauptwörter gebraucht werden. 8) Daß man zeige, was in ihren Vergleichungsstaffeln besonders zu merken. 9) Daß man die sehr verschiedenen Abänderungen der Zahlwörter ins Helle setze. 10) Daß man endlich die Fehler allenthalben bemerke, welche wider diese oder jene Abänderung am häufigsten begangen zu werden pflegen u. s. w. Was kömmt

kömmt nun von allem dem in unsern Schulbüchern vor? Nichts. Dessen ungeachtet tritt ein Liebhaber der Wahrheit auf die öffentliche Bühne, und ruft allen Pfälzern mit einem ernsthaften Tone zu: In den lateinischen Schulbüchern werden die deutschen Abänderungen gelehret.

47 §. Doch, ich würde hievon nicht einmal so viel gesaget haben; wenn nur das Deutsche, welches bey den lateinischen Abänderungen steht, ein wenig regelmäsiger aussähe. Allein auch dieses zeuget von der Sprachkenntniß des Verfassers. Wir wollen gleich die erste Abänderung des Wortes *Musa* vor uns nehmen. Wie heist es da in der vielfachen Zahl? Nominativus die Künsten, G. derer Künsten, D. denen Künsten, Ac. die Künsten, V. o ihr Künsten, Abl. von denen Künsten. Nicht eine einzige von allen diesen Endungen ist ohne Fehler. Erstlich ist es unstreitig, daß Kunst in der mehrern Zahl nicht Künsten sondern Künste hat; wie ich anderswo (* 143 S.) bewiesen habe. Deßwegen ist das n überall, ausgenommen in der dritten und sechsten Endung, überflüsig

und fehlerhaft. Zum andern wird das Geschlechtswort mit dem Fürworte vermenget. Dieses hat in der zweyten und dritten Endung der vielfachen Zahl derer und denen; jenes aber der und den (* 116 S.). Gehen wir zur zweyten lateinischen Abänderung, so finden wir das Geschlechtswort zwar in seiner gehörigen Ordnung, welches denn zeiget, daß der Verfasser diese zween Redetheile aus einem sehr schädlichen Irrthume für gleichgiltig angesehen hat (*II Th. 10 §.): allein ohne andere Sprachschnitzer geht es doch nicht ab. Buch hat nach ihm in der dritten Endung der mehrern Zahl den Bücher; und Knab in der zweyten Endung der einzelnen Zahl des Knabens. Dort fehlet ein n, hier muß das S abgeschnitten werden (* 140. 144 S.). Es zeigt sich hier schon wieder eine Probe der genannten Gleichgiltigkeit des Verfassers. Knab und Herr gehören im Deutschen zu derselbigen Abänderung; und dennoch giebt er dem erstern im Zeugefalle (Genitivo) der einfachen Zahl ein S, dem andern nicht. Bey der Abänderung des Wortes Genu kömmt noch was gar artiges vor, welches wir nicht unberührt übergehen dörfen. Das Knie bekömmt

in

in der vielfachen Zahl die Knien. Ist das nicht ein wenig hottentottisch? Doch nein, das will ich nicht gesaget haben: es verdrösse unsern Herrn Liebhaber gar zu sehr. Aber mein! welcher Gelehrter, ja welcher Rothgerber spricht in der Pfalz: die Knien thun mir wehe? Erhellet nicht aus allen diesen Mustern, daß unsere Muttersprache durch die Schulbücher mehr verderbet als verbässert werde?

48 §. Sieht es nun selbst mit den paar deutschen Sprachregeln unserer Schulbücher so sauber aus: was wird man erst im Verfolge, wo diese Regeln nebst noch vielen hundert andern angewandt werden sollen, zu erwarten haben? In der That ist die Verwirrung in diesem Stücke so gros: daß man sich kaum was scheuslichers wird vorstellen können. Ich erhebe die Sache nicht zu viel. Ich rede mit Einsicht. Ich habe alle Schulbücher, durch welche sich das Deutsche erstrecket, nämlich die Anfangsgründe oder die sogenannten Rudimenta, und die Lehrbücher für die erste, zweyte und dritte Klasse, von Worte zu Worte durchlesen. Ich habe alles auf das genaueste geprüfet, und die ge‑

fundenen Sprachfehler der Reihe nach aufgezeichnet. Erlaubete doch der Raum dieser Blätter, daß ich dieses Verzeichniß hier mittheilete! Man würde gewiß erstaunen. Ich bin bereit, daſſelbe mit allen Erläuterungen und Beweiſen auf Begehren an das Licht zu ſtellen. So viel kann ich indeſſen verſichern, daß in der einzigen Vorrede der Anfangsgründe, welche aus den übrigen Schulbüchern gezogen ſind, über ein halb Tauſend Sprachſchnitzer vorkommen, welche theils wider die Rechtſchreibung, theils wider die Wortforſchung und Wortfügung, und wider die ganze Natur unſrer Sprache laufen. Wie ungeheuer muß nicht die Anzahl der übrigen ſeyn! Dieſes kann nun die ganze Welt mit Augen ſehen; und Herr Biedermann ſchreibt dennoch: die Pfalz hätte bisher eine deutſche Sprachlehre an den Schulbüchern gehabt († 25 S.); und es kämen in denſelben nur einige deutſche Sprachfehler vor, die doch noch von vielen entſchuldiget würden († 57 S.).

V Frage.

Trifft mich dasjenige, was unser Liebhaber von der lateinischen Sprache saget?

49 §. Im ersten Theile meiner Abhandlung, der von der Nothwendigkeit der Muttersprache handelt, habe ich gesaget: die Künste und Wissenschaften könnten in einem Staate in keinen blühenden Zustand kommen, wenn man dieselben bey den Einwohnern nicht allgemein machte, und ihren Nutzen von einer Gränze des Landes bis zur andern verbreitete; zu diesem Ende müßten sie deutlich und nachdrücklich, und in solch einer Sprache vorgetragen werden, deren das Land kündig wäre; nun aber gäbe es sehr wenig gründliche Kenner der lateinischen Sprache in einem ganzen Staate; folglich wäre diese Sprache heutiges Tages zur Verbreitung der Künste und Wissenschaften nicht hinlänglich (* 11...20 S.). Ich bin versichert, Herr Biedermann hätte an dieser Schlußrede nichts auszusetzen gefunden, wenn er sich nur nicht übereilet hätte. Er hat sich eingebildet, ich hätte die Lehrer der

latein-

lateinischen Sprache angegriffen; welches ich aber weder zu meinem Vortrage nothwendig, noch wirklich im Sinne gehabt habe. Er bemühet sich derowegen in diesem Artikel hauptsächlich, diese Lehrer zu vertheidigen; allein seine Vertheidigung ist schwach und fruchtlos. Wollte man auch zugeben, daß diese Herren lauter Ciceronen wären: so würde es doch allemal wahr bleiben, daß die Anzahl der Einwohner eines Staates sehr gering sey, welche die lateinische Sprache gründlich verstehen. Und mit dieser Antwort könnte ich für diesesmal unsern Liebhaber gänzlich abfertigen; wenn ich nicht wüßte, daß ich ihm durch eine kurze Erläuterung seiner Einwendungen einen Gefallen erwiese.

50 §. Wie viel Köpfe, sagte ich am angezogenen Orte, findt man in einer ganzen Nation, die sich im Lateine recht umgesehen haben? Wie viele sind ihrer, die sich im Stande befinden, ein lateinisches Buch deutlich zu erklären, oder welches noch um eine gute Staffel höher ist, bündig zu verfassen (*20 S.)? Hierauf antwortet Herr Biedermann: man solle sich darum bey denen be-

Von der lateinischen Sprache.

befragen, die sich als Lehrer der lateinischen Sprache ausgeben († 34 S.). Und wenn ich auch diese Herren darum fragen wollte: so zweifele ich noch stark daran, ob ich zur einhälligen Antwort bekommen würde, daß sie diejenigen seyn, die sich im Lateine recht umgesehen haben. Ich traue ihrer Bescheidenheit viel mehr zu. Aber gesetzet, ich bekäme diese Antwort: was hätte ich alsdann? Lobet nicht jeder Krämer seine Waaren? Man müßte es erst auf die Probe ankommen lassen. Probe genug, saget Herr Biedermann, daß jährlich lateinische Gedichte und Reden von ihnen verfasset, und Schauspiele vorgestellet werden († 36 S.). Fürwahr eine matte Probe! Wenn unsere Schullehrer ihre Erfahrenheit in der lateinischen Sprache nicht bässer beweisen könnten: so sähe es schlecht mit ihnen aus. Man sollte bald meynen, Herr Biedermann hätte ihnen dießmal einen Possen spielen wollen; wenn man von seinen guten Gesinnungen gegen sie nicht überzeuget wäre. Er behauptet, daß alle Lehrer der pfälzischen Schulen starke Kenner des Lateines seyn; und in seinem Beweise thut er allein von den Lehrern der Dicht-und Redekunst

Meld-

Meldung. Wo bleiben also die übrigen? Diese läßt er im Stiche. Machen denn die Lehrer der Dicht= und Redekunst alle latein= ische Lehrer aus? Und ist es auch gewiß, daß diese Lehrer die wahren Verfasser der gemeldeten Gedichte, Reden und Schauspiele sind? Giebt es nicht dergleichen Stücke ge= nug in der Welt, die schon lang gemachet sind, und ohne Kopfbrechen ausgeschrieben werden können? Geschieht das nicht wen= igstens mit den Schauspielen mehrentheils? Es scheint, Herr Biedermann habe dieses als eine bekannte Wahrheit angesehen. Dar= um hat er sich nicht getrauet zu sagen, daß diese Schauspiele, gleich den genannten Ge= dichten und Reden, von den Schullehrern verfasset würden. Er hat sich mit dem Worte vorgestellet begnüget. Aber eben dadurch hat er seine Probe geschwächet. Letzt= lich wäre die Hauptfrage, ob dergleichen lateinische Aufsätze, im Falle daß sie von einem oder dem andern Schullehrer her= kämen, wohl und bündig verfasset wären. Wer überzeuget uns dessen, so lang sie nicht ans öffentliche Licht gestellet, und dem Ur= theile der gelehrten Welt unterworfen werd= en? Und wie würde dieses Urtheil für viele

der=

derselben ausfallen? Vielleicht noch schlechter als jenes, welches neulich über das von einem pfälzischen Schullehrer herausgegebene deutsche Trauerspiel, das triumphirende Christenthum genannt, gefället worden. Ich mag die Gedanken nicht hersetzen, welche eine gelehrte Gesellschaft in einer öffentlichen Schrift darüber geäusert hat. Das Gelächter, so daraus entstehen würde, könnte manchem schädlich seyn. Ich will durch alles dieses nicht gesaget haben, daß unsere Schullehrer die lateinische Sprache schlecht verstehen. Ich glaube im Gegentheile, daß manche unter ihnen sehr wohl darin bewandert sind. Allein eine Sprache verstehen, und gute Gedichte, Reden, und sogar Schauspiele darin zu verfassen wissen, sind Dinge, die himmelweit voneinander unterschieden sind. Unser Liebhaber hat allso diese Herren eben so schlecht vertheidiget, als er durch ihr Beyspiel bewiesen hat: daß es viele in einem Staate gebe, welche im Stande sind, ein lateinisches Buch bündig zu verfassen.

51 §. „ Es gehen aber doch jährlich schöne „ (lateinische) Bücher und Schriften in „ Deutschland aus. Allein die Gesellschaft
„ Jesu

„ Jesu zählet in dem ersten Jahrhunderte
„ von ihrer Stiftung an über 8000 in unt-
„ erschiedlichen Landen herausgegebene,
„ meistentheils lateinische Bücher „ u. s. w.
(†35 S.). Das lasse ich gut seyn. Sind
aber alle diese Bücher bündig verfasset,
wovon allein die Frage ist? Ohne eine lächerliche Praleren wird das wohl Niemand
behaupten können; und selbst den Gelehrt-
en dieser Gesellschaft fällt dieser Gedanken
gewiß nicht ein. Hätte Herr Biedermann
seine Anmerkungen denselben doch nur gezeiget, ehe er sie hat drucken lassen: ich bin
versichert, sie hätten ihn eines Bässern belehret. In einem Buche, das bündig geschrieben seyn soll, muß Ordnung, Nachdruck und Deutlichkeit herrschen (*12.13 u.
f. S.). Wie selten findt man aber diese Stücke
beysammen!

52 §. Was ich von dem gemeinen Hauf-
en der Lateiner gesaget habe, daß nämlich
wenige darunter Makons Weltweisheit
und Hallers Naturkunde, ohne ein Wörterbuch oder einen Dollmetscher an der Seite
zu haben, recht verstehen würden (*20 S.):
dieses war auf die Lehrer der lateinischen
Sprache

Sprache schon wieder nicht gemünzet; obschon Herr **Biedermann** durch eine Schlußrede darthun will, daß ich dieselben gemeynet habe. Allein so gros seine Erfahrenheit in der Redekunst ist († 39 S.): so unglücklich ist er gemeinlich in seinen Beweisen, die er aus der Vernunftlehre zieht, wovon wir schon oben (35 §) eine Probe gegeben haben. Er saget, durch den gemeinen Haufen der Lateiner müßte ich entweder den **Pöpel**, oder die **Lehrlinge**, oder die **Lehrer** der lateinischen Sprache verstanden haben; die erstern könnten es nicht seyn; allso wären es die letztern († 37 S.). Die Anführung (Inductio) im Obersatze ist aus zwoen Ursachen falsch: erstens, weil er ein Glied, nämlich den **Pöpel** hineinschaltet, welches kein Mensch unter die Lateiner zählet; zweytens, weil er eines ausläßt, welches ihm doch leicht hätte beyfallen können. Durch den gemeinen Haufen der Lateiner habe ich jene verstanden, welche die lateinische Sprache in den Schulen gelernet haben, und hernach kein ordentliches Geschäfft mehr daraus machen. Und von diesen wird es wohl wahr seyn, daß unter tausenden kaum zehne gefunden werden, die in den oben genannten lateinischen

L Werk-

Werken so leicht fortkommen können: daß sie weder ein Wörterbuch noch einen Dollmetscher nöthig haben sollten. Die Erfahrung lehret zur Genüge, daß die beständige Uebung zur Erhaltung einer Sprache höchst nothwendig sey. Sie ist, so zu reden, die einzige Nahrung derselben. Ohne sie verdunkeln sich die klärsten Begriffe; und die gründlichste Kenntniß geht mit der Zeit gar zu Grunde. Da nun aus allen denen, welche die lateinischen Schulen besuchen, gar wenige sind, die sich im Lateine recht fest setzen; da noch zudem die wenigsten darunter nach geendigtem Schullaufe in einer hinreichenden Uebung desselben bleiben: so darf ja ihre Schwäche in dieser Sprache Niemanden wundern.

53 §. Was übrigens Herr Biedermann von der Sprachkenntniß der lateinischen Schulknaben saget († 34 S.), verdienet fast keine Antwort. Die Stärke dieser jungen Helden ist ja hinlänglich bekannt. Was sie aus den lateinischen Schriftstellern zu erklären wissen, sind mehrstentheils einzelne Stellen, die ihnen oft genug vorgekauet worden sind. Heist das aber den Knoten auflösen?

Heist

Von den pfälzischen Predigern. 137

Heist das im Stande seyn, lateinische Bücher deutlich zu erklären? Sind auch Kinder taugliche Werkzeuge, die Künste und Wissenschaften in einem Lande empor zu bringen? Diese sollte doch ein Liebhaber der Wahrheit in ernsthaften und gründlichen Anmerkungen aus dem Spiele lassen.

VI Frage.
Ist den pfälzischen Predigern in meiner Abhandlung zu viel geschehen?

54 §. „Der gröste Haufen der pfälzischen „Prediger, saget unser Lieb„haber, soll den Namen eines Redners „ nicht verdienen„ († 38 S.). Das sind Ihre Worte, Herr Biedermann! und nicht die meinigen. Diese lauten an der 29ten Seite meiner Abhandlung also: „Es sind „bereits über zwölf Jahre, daß ich meine „Anmerkungen über diesen Punkt mit be„sonderer Bedachtsamkeit gemachet, und imm„er gefunden habe: daß der gröste Haufen „derer, die ich in Dörfern und Städten auf „den Predigtstühlen gesehen und gehöret habe,

„den

„ den prächtigen Namen eines Redners nicht
„ verdienete,„. Heist es in dieser Stelle: der
gröste Haufen der pfälzischen Prediger?
Ich rede ja ausdrücklich von denen, die ich
gehöret habe. Wer hat Ihnen denn gesag=
et, daß ich den grösten Haufen derjenigen ge=
höret habe, welche in allen Dörfern, Fleck=
en und Städten unseres Kuhrfürstenthumes
die Kanzel besteigen? Zudem ist meine Rede
nicht einmal von den Predigern allein, welche
ich in der Pfalz gehöret habe; indem ich die
zwölf Jahre, von denen ich Meldung ge=
than, nur zum Theile in diesem Lande zu=
gebracht habe. Von welchen habe ich denn
gesprochen? Von allen jenen Rednern, so=
wohl in=als ausländischen, welche die Rede=
kunst nach der Lehrart der pfälzischen Schul=
en, das ist, blos in slateinischer Sprache ge=
lernet haben. Von diesen habe ich gesaget,
daß ihre Reden, welche sie in der Mutter=
sprache halten, meistentheils elendig klapp=
en. Habe ich Niemanden dabey ausgenomm=
en? Ja, alle diejenigen ausdrücklich, die
sich nach geendigten Schuljahren in ihrer
Muttersprache durch eigenen Fleis besond=
ers geschickt gemachet haben (* 29 S.).
Wer nun meynet, das Recht zu haben, sich

unter

unter diese Zahl zu rechnen, der kann es meinetwegen thun. In Ansehung der übrigen habe ich behauptet, und werde es immer behaupten: daß man keine geschickte und wohl verfaßte Rede von ihnen zu erwarten habe. Habe ich dieses denn auch bewiesen? Mein Beweis steht an der 26, 27 und 28ten Seite meiner Abhandlung ziemlich ausführlich. Da habe ich gezeiget, daß die Redekunst zwey wesentliche Stücke, das innere und äusere, in sich begreife; daß das äusere in einem geschickten und wohl eingerichteten Vortrage der Sache bestehe, die man erweisen will; daß dieser Vortrag allein auf dem guten Gebrauche der Sprache beruhe, deren man sich in Erklärung seiner Gründe bedienet; daß hiezu eine besondere Stärke des Ausdruckes, eine auserlesene Zierlichkeit und Mannigfaltigkeit der Wörter und Redensarten erfodert werde; daß aber alle diese Eigenschaften in jeder Sprache verschieden seyn; daß demnach alle die Reden nothwendiger Weise schlecht ausfallen müssen, welche in einer Sprache verfasset werden, die man nicht gründlich gelernet hat. Dieses habe ich durch Quintilians Meynung, und durch das Beyspiel der gelehrtesten Nationen Europens, der Griechen, Römer, Franzosen, u. a. m. bestärket. Nebst dem habe ich (*29 S.) meine zwölfjährige Erfahrung noch zu Hilfe gezogen. Ich habe wahrgenommen, daß sie mit meinen Vernunftschlüssen vollkommen übereinstimmete. Ist diese Erfahrung richtig? Wer mir streitig machen will, daß ich das Innere der Redekunst verstehe, der wird mir doch wenigstens so viel zugeben: daß ich im Stande sey, vom Aeusern zu urtheilen. Habe ich nun dieses in so vielen Reden mangelhaft gefunden: so ist es ja wahr, daß es ihnen an einem wesentlichen Stücke gefehlet habe, und daß sie folglich unter guten Reden keine Stelle verdienen. Glauben Sie nun, Herr Biedermann! daß ich meinen Satz in der That bewiesen habe? Warum klagen Sie denn über den Mangel meiner Beweise? Warum schreiben Sie so unbedachtsam hin: „Der Herr spricht es mit einem entscheid„enden Tone, und das ist sein ganzer Be„weis „ († 39 S.)?

55 §. Laßt uns doch sehen, wie dieser Herr, der so stark auf Beweise bringt, in den seinigen zu Werke geht. Er will den mir angedicht-

dichteten Satz widerlegen, und daher beweisen: daß der gröste Haufen der pfälzischen Prediger den prächtigen Namen eines Redners verdiene, das heist, daß die mehrsten gute Redner seyn. Wie greift er dieses nun an? Er saget, er habe die Prediger in Mannheim schier alle gehöret; er habe auch (einige) Prediger von Heidelberg, von Neustadt, von andern Orten, und sogar von Dorfschaften gehöret: und diese hätten schier alle das Innere der Redekunst trefflich verstanden. Und welchen Beweis führet er dazu an? Er beruft sich auf das Zeugniß der ganzen Stadt, und aller Kenner der Redekunst († 39 S.). Ey, wie schön und gründlich ist das nicht bewiesen! Nein, Herr Biedermann! das hätte ich hinter Ihnen nicht gesuchet. Aber sagen Sie mir, könnte man sich nicht auf eben dieses Zeugniß, und eben so leicht, für das Gegentheil berufen? Und wie sollte ganz Mannheim Ihr Zeuge seyn? Versteht sich denn die ganze Stadt auf das Predigen? Wie kommen Sie aber an alle Kenner der Redekunst? Kennen Sie denn alle diese Herren? Waren sie alle mit Ihnen in den Predigten, die Sie so trefflich gefunden haben? Haben Sie endlich nach dem

Gottesdienste ihre Stimmen in der Reihe herum gesammelt; weil Sie doch wissen wollen, daß sie Ihnen alle beypflichten? Betrachten Sie doch um Gottes willen, mein Freund! wo Ihr Beweis hinausläuft.

56 §. Doch, dieses Zeugnisses bedörfen Sie eben nicht. Der Kern Ihres Beweises besteht in Ihrem eigenen Geschmacke. Sie wissen, wie Sie sagen, was zu einem Redner gehöret († 39 S.). Aber mit Erlaubniß, Herr Biedermann! woher weiß ich, daß Sie das wissen? Woher weiß ich, daß Sie einen guten und gesunden Geschmack haben? Können Sie uns denn zumuthen, daß wir Ihnen ohne allen Beweis Glauben beymessen sollen († 38 S.)? Sehen Sie nicht, daß Sie in Ihre eigene Hechel fallen? Weil Sie also Ihren feinen Geschmack in der Redekunst nicht beweisen: so will ich es thun. Ihre gelehrten Anmerkungen sollen zur Probe dienen. 1) Suchen Sie die Wahrheit mit einem ganz gelassenen Gemüthe auf; wie wir in der Vorrede dieser Vertheidigung gesehen haben. 2) Besitzen Sie eine ungemeine Scharfsinnigkeit; indem Sie die verborgensten Widersprüche meiner

Ab-

Abhandlung so künstlich herausgegraben, so fein entwickelt, und der ganzen Pfalz so deutlich vor Augen geleget haben. 3) Ist Ihre Stärke in der Weltweisheit ungemein gros; welches Sie dadurch gezeiget, daß Sie mich an so manchen Stellen durch die regelmäsigsten und stärksten Vernunftschlüsse in die Enge getrieben haben. 4) Haben Sie eine nicht geringere Einsicht in andere Künste und Wissenschaften († 91. 93 u.f.S.). 5) Pranget die schönste Ordnung in diesen Anmerkungen. Sie haben dieselben in allgemeine und besondere eingetheilet. Zu jenen schlagen Sie die pfälzische Sprache, zu diesen die pfälzische Aussprache. Nun könnte zwar Jemand fragen, warum Sie die Aussprache des ô und û († 30 S.) viel eher zur pfälzischen Sprache als zur Aussprache verweisen; warum die Herleitung des Wortes August in den allgemeinen († 31 S.), und die Herleitung so vieler andern einzelnen Wörter in den besondern Anmerkungen vorkomme; ob der Vorwurf, den ich einigen Predigern gemachet habe († 61 u.f. S.), zu den pfälzischen Schulen gehöre; was die Rechtschreibung des Wortes Maas († 77 S.) bey der deutschen Wort-

forsch-

forschung und Wortfügung mache; warum im zweyten Theile so viele Sachen vorkommen, die zu dessen Inhalte, nämlich zu den Sprachfehlern, die ich den Pfälzern vorgeworfen habe (†4 S.), keinesweges gehören. Diese und viele andere dergleichen Fragen könnten von einem oder dem andern Kunstrichter aufgeworfen werden. Allein was kehren Sie sich daran? Sie dörfen nur sagen: Ich weiß, was zur Ordnung einer Schrift gehöret; und damit ist alles geschehen. 6) Haben Sie eine überaus reine Schreibart. Die schönsten Blümchen, ohne das seynd, dann, wann, die Endsyllbe nuß anstatt niß u. d. gl. dahin zu zählen, zeigen sich fast auf jedem Blatte in ungemeiner Pracht. Aus dieser Zahl sind z. B. in übel (übel) nehmen †3 S.; mehrmalen (mehrmals) †4 S.; so (wenn) ich eine Erklärung u. s. w. †6 S.; in (auf) den Reichstagen, betrift (betrifft) †9 S.; kein deutsches Volk niemals (doppelte Verneinung) †10 S.; die Jugend...im Standessey (das Nennwort ist durch 9 Zwischenzeilen von dem Zeitworte getrennet) †11 S.; von einer nämlichen (derselbigen) Sache, weder (noch) habe ich u. s. w. †14 S.; in dem (einem)

tiefen

tiefen Schlafe, vergrabenen (begraben liegenden) Landen † 16 S.; das Deutsch (Deutsche) † 17 S.; auf (eine) blinde Gewohnheit, es scheinet (scheint) † 18 S.; er nennet keinen (Niemanden), daß er... beschimpfet (habe) † 20 S.; scheinet, beweiset, ziehet (scheint, beweist, zieht) † 21 S.; mit selben (denselben) † 23 S.; er vergleichet (vergleicht) † 26 S.; er bedienet (sie bedienen), Unerfahrenheit (in) ihrer Muttersprache, der Unerfahrnen in euerer (ihrer) Muttersprache † 28 S.; wann ich Latein verstehe, so ist das Wort u. s. w. (so weiß oder finde ich, daß das Wort) † 30 S.; der Apollo (Apollo, ohne Geschlechtswort), scheint euch selben (denselben) † 31 S.; mit den übrigen ergehen (den übrigen), halt (ein schwäbisches pöpelhaftes Wort), Jemanden verachtet (verächtlich) machen † 32 S.; sie geben sich als (für) Lehrer aus † 34 S.; in den Schulbüchern versammelt (gesammelt) † 35 S.; als wie sie (als sie), ein Gedicht von der Schaubühne sagen (auf... hersagen) † 36 S.); andere weiseste (sehr weise) Römer, steiget (steigt) † 38 S.; daß er... geprediget hat (habe) † 41 S.; dieses wäre die Zeit verborben (diese Zeit wäre

wäre ꝛc.), man erkläret sie nicht… aber doch (sondern), wie er sagt, daß es ihm ergangen ist (sey) † 42 S.; die nämliche (dieselbige) † 43 S.; eine Kuhe (Kuh: denn Kuhe hätte in der mehrern Zahl die Kuhen) † 44 S.; von diesem allem (allen) † 45 S.; diese edle Zeit, wo (welche) sie (wer?) in die Schulen (Schule) gehen † 46 S.; es wird von Schwierigkeiten abgehandelt (gehandelt), das Deutsch (Deutsche), in (nach) dem Beyspiele † 47 S; ins Deutsch (Deutsche), von (den) berühmtesten Städten, verwunderliche (wunderbare) Zufälle † 49 S.; das Deutsch (Deutsche) † 50 S.; vortreflich (vortrefflich) † 51 S.; ins Deutsch (Deutsche), die Bücher (Lehrbücher) für die Schulen, überzeuget zu seyn (werden) † 52 S.; welche, von was für einem Werthe sie seynd, nur jene wissen (zu welchem Sinne gehöret das welche? Es sollte so heisen: von welchem Werthe diese sind, wissen nur jene) † 53 S.; man fangt (fängt) † 56 S; ein Buch in die (den) Schulen einführen, die Vortrefflichkeiten… und aus derselben Vortrefflichkeit (warum einmal in der vielfachen, das andremal in der einzelnen Zahl?

Zahl? Und wozu dienet die Wiederholung?), Ursachen zur Probe bringen (beybringen) † 57 S.; die nicht nothwendig gehabt (haben) † 59 S.; ins Deutsch (Deutsche) † 60 S.; es ist leicht, vieles ausstellen (auszustellen), aber schwer, etwas besser machen (zu machen), hält (wird in keiner guten Schrift gefunden) † 63 S.; er zieht mit einem ganzen Schwarme der (ohne Geschlechtswort) Vorwürfe gegen (wider) sie los † 64 S.; daß er sich…bedienet (bediene) † 65 S.; Jemanden etwas aufdichten (andichten), einen Abscheu von (vor) einer Sache tragen † 66 S.; mehrmalen (mehrmals), warum er… schreibet (schreibe) † 67 S.; gegen (wider) den Strom, man weiset (weist) † 68 S.; also muß (müsse) man, Reimen (Reime), dieses beweiset (beweist) † 69 S.; es kommt (kömmt), ohngeachtet (ungeachtet), er schreibet (schreibt) † 70 S.; gegen (wider) die Gewohnheit, eine Probe bringen (beybringen) † 71 S.; Jemanden wahre Fehler andichten (ist ein Widerspruch. Was man andichtet, kann nicht wahr seyn), welcher Pfälzer… einen Pfätzer (eine ekelhafte Wiederholung), er schreib-

schreibet, beweiset (schreibt, beweist) † 73 S.; er weichet (weicht) † 74 S.; es ist eine sogar keine neue Sache (ein Widerspruch), zu viel bekannt (viel zu bekannt) † 76 S.; ehender (eher) † 79 S.; es ist nicht billig... vorwerfen (vorzuwerfen) † 82 S.); wie stehet es mit selben (steht... denselben), allzeit (allezeit) † 83 S.; grobe Unwissende (grob läßt sich mit Unwissenheit, aber nicht mit unwissend verbinden) † 84 S.; antrift (antrifft) † 85 S.; ohnwidersprechlich (un) † 86 S.; um ein Haar (bey einem Haare), ein weiser Mann redete mit mir (allso): Hier 2c. † 91 S.; edessen (ehedessen), er meynt es nicht so böse, wie (als) er schreibt † 94 S.; unpartheisch (unparteyisch), andere berühmteste Männer (die 3te Staffel zeiget niemal etwas unbestimmtes an) † 95 S.; Dactylen (Daktylen, vom Griechischen) † 96 S.; Erlaubnussen (Erlaubnisse) † 98. 99 S.; die Zweifel der (von der) deutschen Sprache, die Zweifel vom (des) P. Weitenauer, der theuresten Pfalz zu lieb (zu Liebe), er schreibt gegen (wider) sie, wann er sich nicht würde verschrieben haben (verschrieben hätte) † 101 S.; daß man... eingeführet hat (habe), daß die Rechtschreibung... ist (sey) † 102 S.; er scheut sich nicht, die pfälzische Nation anzugehen (wie anzugehen? Die Bestimmung fehlet) † 104 S.; Widerruf (Wiederruf), betrift (betrifft) † 105 S.; gegen (wider) den Gebrauch, der Herr... den Herren (eine unnöthige Wiederholung) † 106 S. Zu allen diesen Zierathen gehöret noch eine grose Menge auserlesener Wortversetzungen, die Herr Gottsched eine elende Stümperey nennet (11 §). Z. B. Ich werde Anmerkungen machen über die Widersprüche † 4 S.; wann die Widerlegung ihm dannoch sollte misfallen † 5 S.; so hat dann niemals einer was gewußt von jenen Sprachlehren † 16 S.; bis ich bin gekommen † 19 S.; so ist es nicht dem also † 24 S.; ich habe nichts gesagt von den Uebungen † 53 S.; das heist ja recht andächtig die Leute in die Predig einladen † 62 S.; es kommt her von baß † 70 S.; § 1, das ist, Absatz der erste, heist es durchaus. Mehrere dergleichen Stellen findt man allenthalben in den Anmerkungen, die ich aber des Raumes halber nicht hersetzen kann. Alles dieses, mein geehrtester Herr

Bied-

Biedermann! alles dieses zeiget, wie fein, wie geläutert, wie untrüglich Ihr Geschmack in der Redekunst sey. Itzt nimmt mich es nicht mehr Wunder, daß Sie sich auf denselben, als den stärksten Nachdruck Ihres Beweises, berufen haben.

57 §. Wie steht es aber mit dem äusern Theile der Redekunst in Ansehung der Prediger, die unser Liebhaber gehöret hat? Nicht allein diesen spricht er wiederum das Wort; sondern er getrauet sich sogar zu behaupten, daß beynahe allen, die in der Pfalz sind, auch hierin nichts abgehe. „Schier „ alle, saget er, haben eine solche Sprache, „ die sich auf die Kanzel schicket„ († 39. 40 S.). Das höre ich, Herr Biedermann! wo bleibt aber der Beweis? Wie können Sie denn von allen, oder beynahe allen, urtheilen; da Sie dieselben nicht gehöret haben? Welche Antwort würden Sie doch einem vernünftigen Menschen hierüber geben können? Doch, wir wollen nur bey jenen stehen bleiben, welche Sie haben predigen hören. Wie thun Sie nun dar, daß diese mehrstentheils eine kanzelmäsige Sprache haben? „Sie richten sich nach dem Volke,
„ sagen

„ sagen Sie; und wann man haben will,
„ daß sie anders reden sollen, so muß man
„ zuerst das gemeine Volk zu einer andern
„ Sprache gewöhnen... Welches Gelächter
„ würde in den Kirchen entstehen; wann sie
„ das öftere E, die Märtyrer, die Aerg-
„ ernisse, das wenn, sind u. d. m. auf
„ die Kanzel brächten„ († 40 S.)? Freylich müssen sich die Prediger nach dem Volke
richten, aber nicht nach dem gemeinen
Volke allein. Es machen ja oft Hof-und
Staatsleute, gelehrte und allerley erhabene
Standespersonen einen guten Theil der Zuhörer aus. Auf alle diese muß ein Prediger in seinem Vortrage Acht haben. Wie
würde es hier nun klingen, wenn er sich einer niederträchtigen und pöpelhaften Sprache
bedienete? Was würde es für ein Aufsehen
geben, wenn er mit Wörtern und Redensarten herausrückete, „ die, wie Herr Wer-
„ enfels saget, aus den Ställen und Wohn-
„ ungen der Knechte genommen, oder auf
„ den Gassen aufgefangen worden, daran
„ sich Küchenmägde und Stalljungen be-
„ lustigen„ 1)? Hat man nicht Beyspiele
genug

---

1) De Meteoris Orationis, § 6.

genug davon?... Nein, der Ausdruck eines Predigers darf niemal anders als edel seyn; auch wenn die Zuhörer blos aus dem gemeinen Volke bestünden. Dieses versteht nicht allein eine erhabene und zierliche Sprache; sondern es bezeuget selbst eine besondere Hochachtung dafür, weit gefehlet, daß es darüber lachen sollte. Ich habe viele Jahre hintereinander einen berühmten Prediger gehöret, der nicht allein das öftere e, das wenn, denn, sind u. d. gl., sondern eine recht hochdeutsche, obersächsische, und in allen Stücken geläuterte Mundart auf die Kanzel brachte. Nicht allein der gemeine Mann, sondern auch die vornehmsten Personen geistliches und weltliches Standes liefen ihm immer haufenweise zu; aber niemals habe ich gesehen, daß Jemanden das Lachen angekommen wäre. Warum schreiben Sie denn so getrost von Sachen, wovon Sie niemal eine Probe gehabt haben? Heißt das gründlich beweisen, wenn man seine schwachen Muthmaasungen für Wahrheiten verkaufet?

58 §. Besteht aber der Kern jener Sprache, die ich von einem Prediger gefodert habe, blos

blos in dem öftern e, in den Wörtchen denn, wenn, sind, und dergleichen Kleinigkeiten? Ein unerfahrner Leser sollte dieses aus dem Einwurfe unsers Herrn Liebhabers beynahe schliesen: so schlau oder so unschuldig ist derselbe eingerichtet! Allein wer nur ein Aug auf den 14ten §. des I Theiles meiner Abhandlung werfen will, der wird bald andere Gedanken bekommen. Er wird sehen, daß ich da von schönen und lebhaften Farben, von der Stärke und den Reizungen des Ausdruckes, von einer auserlesenen Zierlichkeit und Mannigfaltigkeit der Wörter und Redensarten, kurz, von einer gründlichen Sprachkenntniß gesprochen habe. Weil aber meine Worte bey dem Herrn Biedermann nicht Eindruck genug machen: so will ich dieselben durch die Meynung der berühmtesten Lehrer der deutschen Redekunst bestättigen. Was saget denn der gelehrte geistliche Rath Braun von dieser Sache? „Die Rede-
„ kunst kann ohne regelmäsige Sprach-
„ kunst unmöglich empor kommen m). Es
„ ist nicht möglich, eine gute Rede in einer
„ Sprache zu verfassen, deren man nicht
„macht-

---

m) Anleitung zur deutsch. Redekunst, 10 S.

„ mächtig ist. Die Erlernung der deutsch-
„ en Sprachkunst muß also schon vorher-
„ gegangen seyn n). Ein Redner muß eine
„ gute Schreibart haben. Zu dem Ende
„ muß er die Sprache, worin er reden will,
„ nicht nur von Grunde aus verstehen; er
„ muß auch ihre Vollkommenheit und Schön-
„ heit, ihren Reichthum, Ueberfluß und
„ Nachdruck kennen, welches eine grose Be-
„ lesenheit erfodert o),,. Jtzt wollen wir
auch den Herrn Gottsched ein paar Worte
reden lassen. „ Ein Redner muß nicht mit
„ der gemeinen Erkenntniß seiner Mutter-
„ sprache zufrieden seyn p). Er muß bey-
„ nebens eine gute Schreibart, das ist, die
„ Kunst besitzen, seine wahren, scharfsinn-
„ igen, und lebhaften Gedanken, auch deut-
„ lich, sinnreich und feurig auszudrücken.
„ Dieß ist nun bald gesaget, aber nicht gleich
„ ins Werk gerichtet. Daher merke man
„ die Regeln: die gute Schreibart müsse 1)
„ deutlich, 2) artig, 3) ungezwungen, 4)
„ ver-

---

n) Ebend. 117 S.

o) Ebend. 162 S.

p) Akadem. Redekunst, XIII Hauptst. 2 §.

Von den pfälzischen Predigern. 155

„ vernünftig, 5) natürlich, 6) edel, 7)
„ wohlgefaßt, 8) ausführlich, 9) wohlver-
„ knüpft, 10) wohlabgetheilet seyn „ q).
Alle diese Eigenschaften führet Herr Gottsched stückweise aus. Wer sich die Mühe
geben will, dieselben nachzulesen, der wird
völlig überzeuget werden: daß ein Prediger
eine ungemeine Stärke in seiner Muttersprache unumgänglich nöthig habe; wofern
er sich zum Namen eines guten Redners
Gedanken machen will.

59 §. Hieraus erhellet nun, daß ich an
der 31ten Seite meiner Abhandlung mit
allem Rechte ausgerufen habe: Edle Früchte
der lateinischen Schulen! So tüchtige Held-
en in der Redekunst treten aus denselben,
zum Nutzen des Vatterlandes, hervor! Denn
da ich hinlänglich gezeiget hatte, wie wir
aus dem vorhergehenden Absatze sehen, daß
die geistliche Beredsamkeit ohne gründliche
Kenntniß der Muttersprache nicht bestehen
könnte; da ich beynebens versichert war, daß
unsere lateinischen Schulen von Erlernung
der deutschen Sprache nichts wüßten: so

M 3 folgte

---

q) Ebend, XIV Hauptst. 1 §.

folgte ja der Schluß von sich selbsten, daß sie uns keine gute Redner in der Muttersprache liefern könnten. Ist dieser Schluß richtig, Herr Biedermann? Gewiß sind Sie nicht im Stande, einen Fehler darin zu zeigen. Sie haben also die vernünftige Pfalz nur äffen wollen, da Sie sagten: ich hätte wiederum das geringste nicht bewiesen; ich folgerte übel († 40. 41 S.). Nein, der einzige Prediger, dessen schlechte Rede ich angeführet habe, hat meinen Beweis nicht ausgemachet. Dieser Beweis ist ausführlich vorhergegangen; und der Prediger dienete nur zum Beyspiele. Aber mein Ausruf folget doch unmittelbar auf die Erzählung des besagten Beyspieles? Schwacher Einwurf! Virgils Ausruf:

> So mühsam war der Grund des grosen Roms zu legen,

steht auch unmittelbar nach dem vorhergehenden Verse; betrifft er deßwegen allein diesen, oder gar nur dessen letzte Syllbe?

60 §. Hier muß ich nun die Klagen noch kürzlich beantworten, welche unser Liebhaber in Betreffe der Prediger an einem andern Orte († 61 u. f. S.) wider mich führet.

et. An der 212ten und 213ten Seite meiner Abhandlung habe ich gesaget: die widersinnischen Wortversetzungen herrscheten bey uns, besonders bey den Predigern, noch ungemein stark; dieses verkehrte Gemeng könnte man sowohl aus dem Munde dieser Herren in den Gotteshäusern hören, als in ihren Schriften lesen. Hierüber rufet Herr Biedermann ganz wehmüthig aus: „Das heißt „ja recht andächtig die Leute in die Predig „einladen!...Sollte man wohl solche Herr„en wegen einigen Schnitzern vor dem „Volke auf solche Weise blos stellen, und „gleichsam zum Spotte machen?... Es „kann diese Art zu richten kein menschen„freundliches Gemüth billigen„ († 62. 63 S.). Auf diesen Schluß wäre ich gewiß, troß allen Grundsäßen der Gottesgelehrtheit, niemals verfallen; und ich glaube, derselbe wäre Jhnen selbst, mein Herr Biedermann! nicht beygefallen, wenn Jhnen nicht Jemand, der sich getroffen und beleidiget gefunden hat, darauf geholfen hätte. Wie? sollte das ärgerlich seyn, wenn ich an Jemanden was auszustellen finde, das die Reinigkeit seiner Sitten nicht im geringsten antastet? Stellen Sie sich einen Prediger vor, der wegen

wegen der Unschuld seines Wandels in öffentlichem Rufe steht, der seinem Amte mit allem Eifer nachzukommen trachtet, der vor allen Dingen das Reich Gottes suchet, den weder der Schimmer des Goldes noch der Dunst zeitlicher Ehren blendet, der die Werke der Buse und Barmherzigkeit allenthalben mit Worten und Thaten lehret, den die Keuschheit, Mäsigkeit, Aufrichtigkeit, kurz, die herrlichsten Tugenden vor aller Welt Augen verehrungswürdig machen. Setzen Sie nun, ich sagete von solchem wackern und tugendhaften Manne heimlich oder öffentlich: Dieser Prediger versteht seine Muttersprache nicht gründlich; er verkehret die natürliche Ordnung der Wörter und Redesätze u. d. gl. Was glauben Sie, daß dieses für einen widrigen Eindruck machen würde? Sollte ich ihn dadurch wohl zum Spotte machen?

61 §. Ja, wenn diese Art zu richten nicht menschenfreundlich ist: so müssen Sie die gottesfürchtigsten Personen, die erhabensten Geistlichen unserer Religion, ja fast das ganze katholische Deutschland verdammen. Spricht, erzählet, schreibt man nicht überall,

ohne

ohne einzigen Gewissensbiß, von schlechten und ungeschickten Predigten? Benastasius Liares, ein berühmter Ordensgeistlicher unsrer Zeit, führet eine schwäbische plattdeutsche Kanzelrede an r), die auch der ernsthafteste Mensch, ohne zu lachen, nicht lesen wird. Der oft genannte Herr Braun machet sechs Auszüge aus verschiedenen elenden Predigten, deren einige sogar das Lob heiliger Ordensstifter zum Gegenstande haben s). Er trägt dabey kein Bedenken, auch die Lobrede des Paters S. anzuführen, die von unsern Glaubensgegnern schon wacker durch die Hechel gezogen worden t). Er nennet die Schreibart dieser geistlichen Reden niederträchtig, pöpelhaft u.d.gl. Und wer hat sich bisher wohl ein Gewissen daraus gemachet, über die seltsamen, possenhaften, und ungehobelten Ausdrücke zu lachen, die in den Predigten P. Abrahams von sancta Clara häufig vorkommen? An alle diese Sachen haben Sie vermuthlich nicht gedacht,

mein

---

r) Zweytes Sendschr. 44 S.

s) Anleit. zur deutsch. Redek. XIII Hauptst.

t) Krit. Beyt, VIII Band.

mein Freund! Man muß es Ihnen verzeihen. Es steht ja nichts davon in Weitenauern, Linecken, und den lateinischen Schulbüchern. Genug! Sie werden die Wahrheit jetzt wohl selber einsehen. Es ist Ihnen halt mehr in die gelehrte Feder geflossen, als Ihnen Ihr gutes Herz gerathen hat († 63 S.).

62 §. „Aber in den Predigen muß man „ doch auf die geistliche Speise, und nicht „ viel auf das Geschirr, in welchem sie dar- „ gebothen wird, Acht haben„ († 62 S.). Freylich soll ein Christ diese Speise mit aller Hochachtung betrachten. Freylich soll er das heiligste Wort Gottes mit gebogenen Knien verehren, mit Demuth küssen, und, wenn es die göttliche Ehre erfodert, auch mit seinem Blute unterschreiben. Aber es ist auch die theuerste Pflicht eines Predigers, diese Gesinnungen den Herzen seiner Zuhörer nach allen Kräften einzupflanzen, und sie in denselben mehr und mehr zu befestigen. Er ist deßwegen verbunden, sorgfältigst zu verhüten, daß diese geistliche Speise durch seine Schuld in keine Geringschätzung und Verachtung komme. Er hat zu dem Ende mit allem

allem Fleiße auf die Reinigkeit und Schön=
heit des Geschirres zu sehen, in welchem er
dieselbe darbieth. Er muß sich erinnern, daß
er mit Menschen zu thun habe, die ihre
Begriffe nicht so leicht über alle Sinnlich=
keiten hinaufschwingen können, und die imm=
er auf das Aeusere sehen werden; so lang
sie mit den Banden der Sterblichkeit um=
geben sind. Und nach dieser Regel richtet
sich selbst unsere weiseste Mutter, die Kirche.
Wie viel prächtige Ceremonien, welchen
Glanz, welch eine Majestät läßt sie nicht in
den Kirchenkleidern, in ihren Tempeln, in
Austheilung der Sacramenten, in ihrem
ganzen Gottesdienste sehen! Warum dieses?
Damit sie die Gemüther der Gläubigen durch
diese sinnlichen Zeichen erhebe, und mit Ehr=
furcht gegen die göttlichen Geheimnisse er=
fülle. Wie wird allso der Prediger einen er=
habenen Gedanken in seinen Zuhörern er=
wecken können, wenn er seine Speise in ein=
em schlechten, ungeputzten, oder gar schmutz=
igen und ekelhaften Geschirre darreichet?
Nein, saget Herr Braun in Betreffe dieses
Punktes, die Sache mag an sich selber so
gut seyn, als es immer möglich ist: wenn
sie übel ausgedrücket und angebracht ist, so
rühr=

rühret sie Niemanden, und verstaltet eine Rede so, wie oft ein übel gemachtes Kleid die schönste Person verstaltet u). Mein geehrtester Herr Biedermann! ich sehe aus Ihren Blicken, daß Sie nun anfangen die Zeit zu bedauern, welche Sie zur Vertheidigung der Prediger so übel angewendet haben. Lassen Sie sich doch belieben, künftig oft zu denken: O wie leicht ist es, Anmerkungen zu machen; aber…was aber? aber wie schwer ist es, sie gründlich zu machen († 63 S.)!

VII Frage.

Hat unser Herr Liebhaber, in Vertheidigung der pfälzischen Schulen, die Wahrheit getroffen?

63 S. „Von der 36ten bis an die 42te Seite
„ beklagt sich der Herr Verfasser,
„ daß man einen Umweg im Lehren nehme,
„ und die Wortforschung (Etymologia)
„ lateinisch gebe. Diesen erstaunlichen Um-
„ weg haben die Knaben gemeiniglich in vier
„ Woch-

---

u) Anleit. zur deutsch. Redek. XIII Hauptst. 9 §.

„Wochen gemacht„ († 41. 42 S.). Daß man diesen Sprachtheil lateinisch gebe, darüber habe ich nicht geklaget. Daß man den Anfang damit nicht in der Muttersprache machte, dieses war meine eigentliche Klage. Ich habe behauptet, daß man auf solche Art desto leichter im Lateine fortkommen würde (* 36. 41 S.). Ist es aber wahr, daß die Schulknaben die lateinische Wortforschung gemeinlich in vier Wochen gelernet haben? Von was wird denn in derselben gehandelt? Von den verschiedenen Theilen, woraus eine Rede besteht; von den fünf Abänderungen der Hauptwörter; von Abänderung der Beywörter und ihren Vergleichungsstaffeln; von den mannigfaltigen Gattungen der abweichenden Nennwörter; von Ableitung der Nennwörter; von den Zahlwörtern; von sechserley Fürwörtern und ihren Abänderungen; vom Geschlechte der Nennwörter; von der Natur der Zeitwörter, ihren Abtheilungen und Abwandelungen; von der vergangenen Zeit derselben insbesondere; von dem Mittelworte; von den Vor=Neben=Binde=und Zwischenwörtern. Und alles dieses sollen die Knaben in vier Wochen gelernet haben? Mit wem reden Sie, Herr

Bied=

Biedermann? Mit erwachsenen und vernünftigen Pfälzern, die selbst in den Schulen gewesen; oder mit einem Haufen kleiner leichtgläubiger Kinder, die sich mit einem *Ipse dixit* befriedigen? Ist es nicht bekannt, daß sich die Knaben durchgehends zwey bis drey Jahre bey einem Unterlehrer (Præceptor) mit dem Abändern, Abwandeln, u. d. gl. herumschlagen müssen, ehe sie in die erste Klasse aufgenommen werden (* 34. 35 S.)? Und bringen sie es während dieser Zeit wirklich so weit, daß sie bey ihrer Aufnahme in die Schulen die Wortforschung hinlänglich inne haben? Nein, man lernet noch in der ersten Klasse daran. Das Lehrbuch handelt von der 12ten bis an die 170te Seite davon. Ist man nach dem Schlusse der ersten Klasse endlich damit fertig? Nicht einmal dieses. Auch in der zweyten Klasse hat man noch damit zu thun; wie das Lehrbuch von der 2ten bis an die 83te Seite zeiget. Anstatt *vier Wochen* gehen allso wenigstens vier Jahre zu, bis die Knaben diesen Umweg gemachet haben. Ich kann nicht fassen, mein Freund! wie Sie, als ein so gelehrter und tiefsinniger Geist, in diesen Irrthum gerathen seyn († 43 S.). Sie haben,

wie

Von den pfälzischen Schulen. 165

wie ich sehe, noch sehr viel von den pfälzischen Schulen zu sagen. Nehmen Sie sich darum in Acht, daß Sie nicht gleich Anfangs gar zu merklich über die Schnur hauen, und dadurch für das Folgende allen Glauben verlieren.

64 §. An der 42ten Seite der Anmerkungen behauptet der Herr Liebhaber, man gebe die in der Wortforschung vorkommenden Kunstwörter in unsern Schulen nicht allein auf Lateinisch, sondern auch in der Muttersprache. „Wo ist jemals ein Lehrer ge„wesen, saget er, der sie nicht zu deutsch „erkläret hat„? Und was thäte das zur Hauptsache, wenn es auch wirklich geschähe? Dadurch wäre doch die deutsche Wortforschung selber noch nicht gelernet. Die Kenntniß der Kunstwörter ist ja von der Kenntniß der Sache noch sehr weit entfernet; wie unserm Liebhaber, als einem Sprachverständigen und scharfsichtigen Kunstrichter sattsam bekannt seyn muß. Doch, um blos bey den Kunstwörtern stehen zu bleiben, so werden nicht einmal diese von den Schullehrern geschicklich zu Deutsch erkläret. Wo sollten sie dieses Deutsche herholen? Aus den

Lehr-

Lehrbüchern? Da wäre freylich der rechte Ort dazu; allein wir haben, leider! hier oben gesehen, wie es mit denselben aussieht. Aus einer bey uns eingeführten deutschen Sprachlehre? Aber wir haben bisher von keiner gewußt; wie ich ebenfalls im Vorhergehenden bewiesen habe. Allso wird es wohl jeder Lehrer nach seinem Kopfe machen, so gut er kann. Und da wird sich Jedermann leicht vorstellen können, was für ein schönes Zeug herauskommen müsse. Wie ordentlich, wie deutlich, wie dauerhaft müssen nicht die Begriffe seyn, die den Lehrlingen auf solche Weise beygebracht werden! Die Erfahrung lehret es. Ich habe die lateinische Wortforschung in den pfälzischen Schulen ausführlich gelernet: allein ich muß hoch betheuern, daß ich mich keines deutschen Kunstwortes zu erinnern weiß. Ich habe auf die kühne Versicherung unsers Liebhabers verschiedene Herren gefraget, die theils vor kurzem, theils schon eine geraume Zeit aus unsern Schulen gekommen sind; ich habe viele Studenten von verschiedenen Klassen und Orten gefraget, die noch wirklich in die Schule gehen: und alle diese haben mir einhällig bezeuget, die Kunstwörter

der

Von den pfälzischen Schulen.

der deutschen Wortforschung wären ihnen nicht bekannt. Ich rufe euch deßwegen öffentlich als Zeugen an, meine geehrtesten Landesleute! so viele euer sind, die unsere lateinischen Schulen betreten haben. Auf euern Ausspruch will ich es ankommen lassen. Ich bitte euch, nehmet das kurze Verzeichniß einiger dieser Wörter, welches an der 37ten und 38ten Seite meiner Abhandlung steht, vor euch, und besinnet euch: ob ihr die Verdeutschung derselben jemals von euern Lehrern gehöret habet; sehet zu, ob ihr noch wirklich im Stande seyd, diese Verdeutschung zu finden; urtheilet hierauf, mit welchem Liebhaber der Wahrheit ihr zu thun habet.

65 §. Die bekannten neun Redetheile, Articulus, Nomen, Pronomen &c., habe ich folgender Gestalt auf Deutsch gegeben: Geschlechtswort, Nennwort, Fürwort, Zeitwort, Mittelwort, Nebenwort, Vorwort, Bindewort, Zwischenwort (*40 S.). Einige andere dergleichen Kunstwörter habe ich im Verfolge, wo sie vorkommen, mit andern deutschen Namen beleget. Diese Benennungen habe ich aus

N Gott-

Gottscheden gezogen. Sie sind bey allen deutschen Sprachlehrern, die nach ihm geschrieben haben, hinlänglich bekannt, und fast durchgehends angenommen. Selbst der verdienstvolle P. Weitenauer, der bey unserm Liebhaber so hoch angeschrieben steht, bedienet sich derselben. Herr Biedermann nennet sie dessen ungeachtet undeutlich. Ja, er behauptet sogar, in unsern lateinischen Schulen erkläre man diese Wörter auf eine weit faßlichere Art († 42 S.). Wer hätte sich wohl eingebildet, daß dieser Herr endlich auch die Zweifel von der deutschen Sprache angreifen würde? Doch, das ist ihm von ohngefähr geschehen; er hat nicht so weit gedacht; es war blos auf meine verhaßte Abhandlung gemünzet. Aber warum sind denn diese Benennungen undeutlich? Geschlechtswort z. B. heist ein Wort, welches das Geschlecht anzeiget; und dieses ist ja sogar noch deutlicher, als das lateinische *Articulus*. Nennwort kömmt mit dem lateinischen *Nomen* vollkommen überein. Fürwort ist ein Wort, das für oder anstatt andrer gesetzet wird. Zeitwort drücket nebst dem Thun oder Leiden auch die Zeit aus, worin etwas geschieht, welches
kein-

keinem andern Redetheile zukömmt. Dieses Wort hat schon wieder mehr Deutlichkeit, als das lateinische *Verbum* u. s. w. Worin stecket denn die Undeutlichkeit? Ein Liebhaber der Wahrheit muß immer mit guten Beweisen versehen seyn: hat der unserige für dießmal keinen? Das wäre schlecht.
„ Wann die Auslegungen des Herrn, saget
„ er, so verständlich seynd; warum setzt er
„ dann meistentheils das Latein hinzu, daß
„ man sein Deutsch verstehe„? Das geschieht nicht der Undeutlichkeit wegen, sondern blos darum: weil diese Wörter noch vielen Lesern unbekannt sind. Damit sie allso keinen Anstand finden, und gleich wissen, welchen Begriff sie damit verbinden sollen: so setzet man die viel gewöhnlichern lateinischen Benennungen hinzu. Das pflegt man mit allen neuaufkommenden Wörtern so lang zu thun, bis sie recht in den Gang kommen, und gemein werden. Dieser Regel folgen alle unsere Mathematiker und Weltweisen. Ihr folget nebst den übrigen deutschen Sprachlehrern Herr Gottsched in seiner Sprachkunst, ja selbst Weitenauer in seinen Zweifeln. Ich schlage das Werkchen dieses Paters auf Gerathewohl auf. Die 26te Seite liegt

liegt vor mir. Da finde ich, daß er den unrichtigen Zeitwörtern das lateinische *Verbis anomalis* an die Seite setzet. Ich gehe ein Blatt weiter. Da zeiget die 28te Seite das eingeklammerte *Generis neutrius* bey den Wörtern des ungewissen Geschlechtes. Auf der 29ten Seite lese ich die lateinischen Benennungen der Zahlen, Endungen, Nennwörter, und Abänderungen u. s. w. Und was erblicke ich endlich in den eigenen Anmerkungen unsers Liebhabers? Eben das, was er an mir tadelt. Soll das möglich seyn? Ja, die 46, 47 und 55te Seite bewähren es. Hier werden die deutschen Wörter Wortforschung, Wortfügung, Probstücke von ihren lateinischen in Klammern stehenden Bedeutungen begleitet. Zeiget das auch eine Undeutlichkeit an? Aber wie mögen doch die so deutlichen und faßlichen Benennungen unsrer Schulen heisen? Herr Biedermann hätte der gelehrten Welt einen wahren Dienst gethan; wenn er sie uns mitgetheilet hätte. Vielleicht bekommen wir sie mit der Zeit noch zu sehen. Wir erwarten sie mit gröster Begierde.

66 §.

66 §. An der 42ten Seite will unser Liebhaber zeigen, daß man sich in den lateinischen Schulen auch um die deutsche Rechtschreibung bekümmere. Er versichert, die Knaben wüßten zwischen den Wörtern **Weyde** Pascua und **Weide** Salix u. d. gl. einen Unterschied zu machen. Und wie beweist er dieses? Er saget, dieser Unterschied stehe in den Schulbüchern. Es ist wahr, er steht darin; und zwar in dem elenden Verzeichnisse, dessen ich oben (42 §) erwähnet habe. Wissen aber die Knaben alles, was in ihren Lehrbüchern steht? Hat man dieses Verzeichniß nicht blos zum Scheine eingerücket? Hätten Sie bewiesen, Herr **Biedermann**! daß die Knaben dasselbe in der That lerneten: so hätte Ihr Beweis noch ein wenig was gegolten. Allein das konnten Sie nicht; weil Sie vom Gegentheile überzeuget waren, gleichwie ich es auch bin. Darum haben Sie sich begnüget zu sagen, es stünde in den Schulbüchern. Hat sich der Verfasser dieser Bücher an das besagte Verzeichniß selber nicht gebunden: wie soll man es von den Knaben erwarten? Nun aber wird dasselbe allenthalben auf das häufigste, und fast in allen Stücken, verletzet. So heist es z. B.

z. B. in diesem Verzeichnisse, mal in einmal, zweymal u. d. gl. solle von Mahl in Mahlzeit, Gastmahl u. s. w. wohl unterschieden werden. Und wie oft kömmt nicht einmahl, sintemahlen, niemahlen u. d. gl. anderwärts vor? Auf der einzigen 163ten Seite des Lehrbuches der ersten Klasse erscheint es nicht mehr als zwey und dreyßigmal in dieser fehlerhaften Gestalt, tausend andrer Stellen zu geschweigen. Biß Morsus und bis donec sollen nach eben dem Verzeichnisse nicht vermenget werden; und in dem Lehrbuche der ersten Klasse finde ich an der 9, 47, 71, 131, 162, 322, 348, 353, 419, 465ten Seite das leßtere mit einem ß geschrieben, welches sowohl in den Anfangsgründen als in dem Lehrbuche der zweyten Klasse ebenfalls sehr häufig geschieht. Auf gleiche Weise befiehlt das Verzeichniß, zwischen Hafen Olla und Haven Portus einen Unterschied zu beobachten. Wer dieser Regel aber nicht folget, sind unsere lieben Schulbücher. Wie oft biethen sie denen, die etwann keinen Topf haben, den Seehafen nicht zum Kochen an! Und wie oft kommen die Wörter Eltern, betten orare, Reiß Iter, Mark Forum, emsig, meinen putare;

tare, mahlen pingere, und andere dergleichen darin nicht vor, die alle wider das Verzeichniß laufen! Wonach werden sich die Lehrlinge bey diesen immerwährenden Widersprüchen zu richten haben? Werden sie nicht vernünftiger Weise auf den Gedanken kommen: Im Deutschen ist alles gleichgiltig; man hat sich an keine gewisse Regeln zu binden: besonders wenn ihnen ihre Lehrer noch dazu einpredigen sollten, in den Schulbüchern wären nur einige deutsche Sprachfehler, die doch noch von vielen entschuldiget würden († 57 S.)? Ich bitte Sie um Ihrer Ehre willen, Herr Biedermann! der Schulbücher mit keinem Worte mehr zu gedenken, so oft die Rede von unsrer Muttersprache ist. Sie sehen ja wohl, daß es unmöglich ist, irgendswo damit durchzubringen.

67 §. Von der 43ten bis an die 57te Seite hält Herr Biedermann unsern lateinischen Schulen eine förmliche Schutz-und Lobrede. Er bieth darin alle Kräfte seines Leibes, Witzes und Verstandes auf; er strecket seine ganze Wohlredenheit daran; er ereifert sich bisweilen dergestalt dabey, daß ihm die hellen Schweistropfen ausbrechen: damit er mich

mich nur recht zu schanden mache, und der ganzen Welt zeige, welch Unrecht ich diesen Schulen gethan habe († 46 S.). Worin habe ich denn wider dieselben gesündiget? Ich habe gesaget, man hielte die jungen Leute sieben, acht, auch mehrere Jahre bey dem Lateine auf; diese lange und edle Zeit hindurch bliebe ihr Verstand brach liegen; und bey dem Austritte aus den Schulen sähen sie, kurz zu reden, einem rohen Stücke Holzes gleich (*47 S.). Ich habe mich selber zum Muster vorgestellet und gesaget, ich wäre die untern Schulen glücklich durchgangen; ich hätte viele Preise davon getragen, und dennoch nicht gewußt: wie ich meine täglichen Ausgaben anders als auf den Fingern berechnen sollte; aus wie viel Theilen die Welt bestünde; ob nicht vielleicht Holland an Sardinien gränzete; wie ich meine Gedanken in einem Briefe ausdrücken sollte; was diese oder jene Bildniß für eine heydnische Gottheit vorstellete; was der thebanische oder punische Krieg möchte auf sich gehabt haben; wie viel Kuhrfürsten im römischen Reiche wären u. s. f. (*48 S.). Hierin besteht nun mein Verbrechen, welches unser Liebhaber eine Unbarmherzigkeit,
einen

einen unbegreiflichen Irrthum nennet († 43 S.). Das ist der Stein des Anstoses, den er sich zu heben bemühet. Und wie greift er es an? Vor allen Dingen will er die Nichtigkeit meines vermeynten Beweises zeigen. „Der Herr, saget er, giebt vor, er „habe (vorzeiten zu Köln) in den Schulen „nicht viel gelernet; und daraus will er „beweisen, daß es heutiges Tags mit den „Schulen in der Pfalz schlecht aussehe. Wie? „Ist vorzeiten und heutiges Tages, zu Köln „und in der Pfalz ein Ding„ († 43 S.)? Nein, was ich von mir erzählet habe, hat meinen Beweis nicht ausgemachet. Es hat, wie ich schon gesaget habe, blos zum Beyspiele dienen sollen, wie es ohngefähr im Kopfe unserer lateinischen Lehrlinge aussehe. Mein Beweis war eine vieljährige Erfahrung, die ich selbst in der Pfalz gemachet habe. Die untern Klassen habe ich nicht alle zu Köln gehöret, wie sich Herr Biedermann fälschlich einbildet. Ich habe derer einige in den öffentlichen pfälzischen Schulen abgemachet. Da habe ich nun natürlicher Weise wahrnehmen müssen, sowohl was man mich, als was man diejenigen lehrete, welche vor und nach mir waren. Das war aber noch das geringste. Zehn ganze Jahre hintereinander vor Herausgebung meiner Abhandlung habe ich mich der Lehrart unsrer Schulen auf das fleisigste erkündiget. Während dieser Zeit habe ich die Lehrbücher vollkommen kennen lernen. Ich habe von vielen wackern Männern, die zu verschiedenen Zeiten in unsern Schulen studiret haben, die genaueste Nachricht eingezogen. Noch nicht genug. Ich habe eine grose Menge Studenten von allen Klassen und Orten, wo ich nur immer Gelegenheit fand, mehrentheils in Gegenwart einsichtsvoller und gelehrter Leute, ihres Lernens halben gefraget und geprüfet; wovon ich einige Meldung in meiner Abhandlung gethan habe.(*39 S.). Nach allem diesem glaubete ich im Stande zu seyn, ein gegründetes Urtheil von der Lehrart der pfälzischen Schulen zu fällen.

68 §. Ja, wenn diese Erfahrung wahr ist: so haben meine Worte das gröste Gewicht. Dieses hat unser Liebhaber selbst wohl eingesehen. Er ist deßwegen auf ein Rettungsmittel verfallen, das ihm zu keiner Ehre gereichet. Worin besteht es? Er suchet meine Redlichkeit über einen Haufen zu

zu stoßen. Es soll nicht wahr seyn, daß ich so wenig in den Schulen gelernet habe. Das ist ein kühnes Verfahren wider einen ehrlichen Mann; und ohne die allerstärksten Proben läßt es sich nicht rechtfertigen. Wie heisen denn die Proben unseres Liebhabers? Er saget, nachdem ein Lehrer der lateinischen Schulen die Erzählung meiner Unwissenheit (* 48 S.) gelesen, sey er lächelnd in die Schule gegangen; er habe seinen Knaben diese Fragen eine nach der andern vorgetragen; sie haben sie alle richtig beantwortet; darauf habe er hinzugesetzet: er kennete Leute, welche von allem dem nach durchgangenen untern Schulen nichts gewußt hätten; da hätte er eine Antwort bekommen, die er aus Höflichkeit verschwiege; und als er weiter gesaget hätte, diese Leute behaupteten doch, sie hätten viele Preise davon getragen: so hätten ihn seine Schüler angestaunet und gefraget, wie dieses möglich wäre († 45 S.). Trefflich wohl bewiesen! Der Lehrer hat über meine Erzählung gelachet; die Schulknaben haben eine unhöfliche Antwort gegeben u. d. gl.: folglich ist es nicht wahr, was ich von mir gesaget habe. Diese Leute behaupten, sie hätten viele Preise

davon

davon getragen: folglich ist es unmöglich, daß sie von allen diesen Stücken nichts gewußt haben. Hätte Herr Biedermann die Antwort dieser jungen Kunstrichter doch nur hergesetzt: vielleicht hätte sie mehr bewiesen, als er gewollt hat. Und was thun doch die Preise zur Sache? Kann denn nicht ein Student, des Lateines und anderer Kleinigkeiten wegen, derer viele erhalten; und dennoch in der Rechenkunst, Erdbeschreibung, Fabellehre, Geschichte u. d. gl. sehr unwissend seyn? Uebrigens muß dieser Lehrer die Sache sehr geschickt angestellet haben, da er seine Knaben durch bloses Fragen über so viele Stücke so geschwind geprüfet hat. Vermuthlich hat er seine ganze Schule überhaupt angeredet und gefraget: Meine Kinder! verstehet ihr auch die Rechenkunst, Erdbeschreibung u. s. w.? Und als sie nicht gleich wußten, was sie antworten sollten: nickete er bey jeder Frage mit dem Kopfe; worauf allenthalben ein gelehrtes Ja erscholl.

69 §. Hier war der Angriff noch etwas verdeckt: allein an der 56ten Seite wird er ganz offenbar. „Aber sah es vielleicht vorzeiten, heist es, so schlecht in den Schulen

„ en aus? Keineswegs. Es bezeugen dieß die so grosen Männer, welche darinnen seynd erzogen worden. Man lehrte vorzeiten in den Schulen eben das, was man heutiges Tages lehret, einige Wissenschaften allein ausgenommen, die man nicht so sehr, wie heutiges Tages, betrieben hat „. Hat man diese Wissenschaften vormals nicht eben so stark betrieben: so hat man sie doch wenigstens gelehret. Hat man aber vorzeiten gelehret, was man heutiges Tages lehret: warum haben Sie denn kurz zuvor einen Beweis aus dem Unterschiede dieser Zeiten wider mich geführet? „Ist vorzeiten, sageten Sie, und heutiges Tages ein Ding „ († 43 S.)? Hat man vormals zu Köln gelehret, was man jetzt in der Pfalz lehret; wie Sie nun endlich auch behaupten wollen: warum hat Ihnen denn der Unterschied dieser Orte vorher ebenfalls zu meiner Widerlegung dienen sollen? „Ist „ zu Köln und in der Pfalz ein Ding „ († 43 S.)? So leicht reißt man an einem Orte wieder ein, was man am andern aufgeführet hat; wenn man seine Anmerkungen nicht auf gute Gründe, sondern blos auf seinen rednerischen Eigendünkel bauet! Wie

mögen

mögen aber wohl jene so grose **Männer** heisen, die vorzeiten in den Unterschulen erzogen worden sind? Hätten Sie dieselben doch namhaft gemachet, damit wir sie auch hätten kennen lernen. Hätten Sie nur ihre Schriften angezeiget, damit wir hätten sehen können, ob Sie mit Einsicht reden. Sie haben es ja nur gesaget († 22 S.). So viel ist gewiß, daß aus allen denen, die ich in den Schulen gekannt habe, sich noch keiner in der gelehrten Welt einen grosen Namen erworben hat. Selbst jene, die sich am ersten auf diese Stuffe hätten erschwingen sollen, sind noch sehr weit davon entfernet geblieben. Aber gesetzet, es kämen einige, die in den lateinischen Schulen gewesen, zu dem Ruhme groser Männer: wird man darum sagen können, sie seyn in diesen Schulen erzogen worden? Was manche grose Leute wären nicht auf diese Art schon in den gemeinen Kinderschulen erzogen worden! Warum? weil sie vormals das ABC darin gelernet haben. Da nun allso unser Liebhaber nichts gefunden hat, womit er meine Redlichkeit wankend machete: so wird es wohl wahr bleiben, daß es sich mit meinen Wissenschaften in den untern Klassen wirklich so verhalten habe,

habe, wie es von mir erzählet worden. Wir wollen nun sehen, wie er beweisen wird, daß es in den pfälzischen Schulen heute zu Tage mit den jungen Leuten bässer aussehe.

70 §. Die gröste Stärke seines Beweises besteht in der Güte und Vortrefflichkeit der Schulbücher. Er glaubet nämlich, wenn er dargethan hätte, wie schön dieselben verfasset, und wie viel Wissenschaften darin enthalten seyn, daß es alsdann schon der ganzen Welt vor Augen liege, wie gelehrt die Helden seyn, welche in unsern Schulen gebildet werden († 55 S.). Er giebt sich darum alle erdenkliche Mühe, diese Werke himmelhoch zu erheben. Er malet sie mit den prächtigsten Zügen ab, die ihm seine ganze Einbildungskraft nur immer darstellen kann. Er vergißt dabey nichts. Auch die allerverwerflichsten Kleinigkeiten klaubet er zusammen, und suchet sie als grose Dinge abzuschildern. Seine Begeisterung führet ihn bisweilen so weit, daß er bald selbst nicht mehr weiß, wo er daran ist. Er streicht das Leben der alten Feldherren, und die Stellen der römischen Schriftsteller, welche man in die Schulbücher eingetragen hat,

der-

dergestalt heraus: daß man glauben sollte, er habe sich vorgenommen, auf alles dieses eine Lobrede zu halten. Mit einem Worte: er hält diese Bücher für so vortrefflich und vollkommen, daß er sich einbildet, auser einigen geringen deutschen Sprachfehlern sey gar nichts daran auszustellen († 57 S.). Was beweisen nun alle diese weitläufigen und mühsamen Lobserhebungen? Heist das nicht, den Flecken neben das Loch setzen? Freylich sind gute Lehrbücher in den Schulen nothwendig: allein welcher vernünftige Kunstrichter wird daraus einen Schluß auf die Wissenschaft der Lehrlinge machen? Folget aus der Güte der Geige, die man in den Händen eines jungen Menschen erblicket, daß derselbe ein guter Tonkünstler werde oder wirklich sey? Kömmt es nicht auch auf die Geschicklichkeit und den Willen des Meisters, auf die Anwendung dieses Instrumentes, und auf mehrere andere Stücke an? Wo war doch Ihre grose Einsicht in die Redekunst, Herr Biedermann! als Sie so trefflich schön folgerten († 39 S.)?

71 §. Ich habe zwar in meiner ganzen Abhandlung nichts hauptsächliches wider die

Ver-

Verfassung unserer Schulbücher gesaget: allein das übertriebene Lob und Grosssprechen des Herrn Liebhabers machet mir schier Lust, eine Zergliederung derselben anzustellen; und zu zeigen: daß nicht alles Gold sey, was in seinen Augen so prächtig schimmert. Zur Probe wollen wir nur ein paar Blätter aus dem Lehrbuche der ersten Klasse durchgehen und beleuchten. 1) „Was ist die „Etymologia? Antwort: sie zeigt an die „Beschaffenheit der Wörter nach derselben „Ursprung und Veränderung„ (12 S.). Das wollen wir nun so hingehen lassen. Aber wie geschieht diese Veränderung? „Sie ge- „schieht am End der Wörter durch ge- „wisse Casus, Numeros, Genera &c„. Von diesen Casibus, Numeris u. s. w. ist ja im Vorhergehenden noch keine Meldung geschehen: wie wird denn der Lehrling hier verstehen, was sie sind? 2) „Partes Orationis „seynd achterley: Nomen, Pronomen &c. „Von diesen seynd vier declinabiles, weil „sie declinirt oder conjugirt werden könn- „en; die übrigen seynd indeclinabiles„ (12 S.) Wenn der Schüler nun fraget, was decliniren und conjugiren für Dinge seyn: was

„ erkennt, theils aus dem Ausgang des
„ Nominativi, wovon unten: the:is &c „
(15 S.). Wenn erst unten gesaget wird, was
diese Terminatio sey: so ist ja die Erklärung hier unverständlich. Heist das nicht die
Natur und Ordnung der Sachen umkehren?
7) „ DeGenereSubstantivorum.III Regel:
„ die Namen der Buchstaben, imgleichen
„ die Infinitivi, einige Imperativi und Ad-
„ verbia... seynd Generis neutrius „ (15
S.). Herr Magister! wird der Schulknab
fragen, was ist das: ein *Infinitivi*, ein *Imperativi*, ein *Adverbia*? Mein Sohn! wird
die Antwort heisen, diese Wörter kannst du
jetzt noch nicht verstehen. Unten wird sich
alles aufklären. Man hat sie hier nur zum
Zeitvertreibe hergesetzet. 8) „ Einen Aus-
„ gang haben die Adjectiva tertiæ Decli-
„ nationis „ (16 S.). Hier muß man dem
Knaben einen Papagey an die Seite setzen,
daß sie diese Stelle um die Wette auswendig lernen: denn verstehen wird sie keiner aus
beyden. Was ist Declinatio, und zwar ter-
tia Declinatio? Eben so verhält es sich mit
den Gradibus Comparationis u.s.f. Wie
regelmäsig sind nicht alle diese Erklärungen!
Wie faßlich ist nicht alles nach den schwach-

O 2 en

en Begriffen der Knaben eingerichtet! Wer wird die Vortrefflichkeit solch einer Lehrart nicht bewundern? Diese häufigen Blümchen haben sich gleich zu Anfange, nur auf einigen Blättern, dargestellet: welche Menge der auserlesensten Blumen würden wir nicht finden, wenn es der Raum erlaubete, das ganze Feld der Schulbücher zu durchgehen! Nein, Herr Biedermann! itzt nimmt mich es nicht mehr Wunder, daß Sie dieselben immer mit höchstem Vergnügen lesen, und nicht anders als mit Zwange und Widerwillen von sich legen († 53 S.). Sie haben vollkommen Recht, wenn Sie sagen: es sey, auser einigen deutschen Sprachfehlern, gar nichts daran auszustellen († 57 S.). Aber was Raths, wenn sich Jemand ferner unterstehen sollte, Ihnen hierin zu widersprechen? Denn ich muß Ihnen im Vertrauen sagen, daß sich hier und da noch verschiedene Kunstrichter finden, die sehr viel an eben diesen Büchern auszusetzen haben. Sie führen eine Menge Klagen wider dieselben: Sie wollen eine grose Verwirrung und einen starken Abgang des guten Geschmackes darin entdecket haben. Kurz, sie glauben im Stande zu seyn, die Nothwendigkeit zu beweisen: daß
die-

dieselben nicht allein ausgebässert, sondern ganz umgeschmolzen würden. Allein was machen Sie sich daraus? Bleiben Sie fest bey Ihrer Meynung. Rufen Sie diesen Leuten zu: Wenn ihr euere Lust in unsern Schulbüchern nicht findet: so habet ihr einen verdorbenen Geschmack, oder ihr verstehet kein Latein († 53 S.). Vielleicht schrecken Sie sie durch diese Worte ab. Sollten sie aber noch nicht ruhig seyn, und mit ihrer Tabeley noch immer fortfahren wollen: so sagen Sie ihnen nur kühn und rundaus: Die Bosheit oder der Neid bindet euch die Augen († 54 S.). Das wird ein Donnerschlag für diese Grübler seyn; und ich will wetten, es wird keiner mehr das Herz haben zu mucken.

72 §. Jetzt wollen wir die Wissenschaften stückweise betrachten, welche nach der Aussage des Herrn Liebhabers in den pfälzischen Schulen gelehret werden. Der deutschen Sprache kann und will der ehrliche Mann nicht vergessen. Ungeachtet der bästen und freundschaftlichsten Ermahnungen, die ich ihm oben (66 §) gegeben habe, fährt er noch immer fort zu behaupten: sie werde in den Schulen vorgetragen; die Lehrbücher bezeug-

bezeugen es. Ob ich nun schon in der IV Frage hinlänglich bewiesen habe, wie falsch und verwägen dieses Vorgeben sey: so will ich doch zum Ueberflusse auch hier noch ein paar Worte davon reden.

Erstlich wiederholet er an der 46ten Seite, was er an der 25ten schon gesaget hatte: nämlich daß die deutsche Rechtschreibung in den Schulbüchern vorkomme. Allein das Gegentheil habe ich in besagter Frage zur Gnüge gezeiget.

Zweytens behauptet er dasselbige von der deutschen Wortforschung († 46 S.). Ich kann mich aber über des Mannes Dreistigkeit nicht genug verwundern. Alle Regeln, die in den Schulbüchern von diesem Sprachtheile vorkommen, betreffen das Latein; und selten kann eine derselben auf unsre Muttersprache, die, wie jede andere Sprache, ihre besondern Regeln hat, angewendet werden. Man halte doch nur den oben angezogenen Inhalt des gottschedischen Kerns gegen diese lateinischen Schulregeln: und man wird von der Wahrheit der Sache völlig überzeuget werden. Man besehe auch dasjenige,

Von den pfälzischen Schulen.

ige, was ich am 46 § dieser Vertheidigung von den ebenteuerlichen deutschen Abänderungen der Schulbücher gesaget habe.

Drittens saget er, die Schüler lerneten in den Schulbüchern viel hundert deutsche Wörter und Redensarten († 46. 47 S.). Diese Wörter sind blos zur Erklärung des Lateines hinzugesetzet. Das geschieht aber auch gemeinlich in allen ausländischen Sprachkünsten, die man den Deutschen in die Hände giebt; ohne daß es Jemanden deßwegen beyfällt zu behaupten, man lerne die deutsche Sprache daraus. Deutsche Wörter und Redensarten kommen ja auch genug bey dem Schusterkneipe, bey der Kunkel und Waschbütte vor: sind das darum Schulen unsrer Muttersprache? Nein, es kömmt hier nicht auf das Deutsche, sondern auf die Regeln des Deutschen an. Welche Regeln finden nun die Schüler in den genannten Wörtern und Redensarten? Keine. Ersetzet nicht wenigstens eine regelmäsige Schreibart diesen Mangel einigermaasen? Nicht einmal dieses. Es wimmelt hier, wie sonst durchgehends, alles von Sprachfehlern. „Die „Reichthum begierige Menschen, er erlernt, „die

„ die Feder zu halten, Bett-Hauß, des Feinds
„ erwarten, es druckt die Zeit aus, innerhalb
„ zwey Tägen, ich bin ausgangen, sie seynd
„ kommen, er denkt nichts vom Widerstand
„ zu thun, er bauet willens gut zu wohnen,
„ Bewegnuß, an einer Federn nagen; mit
„ solcher Sorg und Eyffer, als liege sein
„ gantzes Heyl daran; in denen Substan-
„ tivis giebt es Verstoß, ich essete, schwartze
„ Raben seynd nicht weisse Gänß, was bey
„ Erbauung des babylonischen Thurns vor-
„ beygangen seye, deren Träumen, Joseph
„ wird Vice-König benamset, gegen Ben-
„ jamin, des Tobiä, bey Gabelo, die Elt-
„ ern jammern ab der Entbehrung ihres
„ Sohns, nacher Hauß, ein Jungfrau, ein
„ Person, ein Krippen, ein Kutschen, ein
„ Wochen, ein Pfütschen, ein Austern, in
„ der Büchsen, ein Handhaben, ein ährin-
„ er Kessel, ein wollines Kleid, Kopfs-
„ Schmertzen leyden, es ist vor jedem Kopf
„ bezahlt (singuli solvimus), ein Back
„ Mala, eines Affens, butze deine Nasen,
„ die Hunde Canes, du stossest mich an Kopf,
„ die Insul, ein Werken-Tag, wieviel ists
„ Uhr, geb Acht, sehe zu, die Dam spiel-
„ en, der Stifftern, entweders, Statt Urbs,
        „ eines

„ eines Fluß, nit *), kein gewiſſe Nume-
„ ros, den Wörteren, er leſet legit, liß du
„ lege, umpfangen, fürnemlich, in Mitte
„ des Worts, ehſter Tagen, die Wörter
„ bedeuten ein Nutzen, in wenigen Abſätz,
„ Wörter griechiſchen Urſprungs, zwiſchen
„ zwey Meer, dannenhero, dritthalb Meil,
„ in heutigem Morea, er iſt nicht werth an-
„ zuſehen (indignus, ut aspiciatur), des
„ Kriegs-Heer, bey ſchlimmen Wetter, ſie
„ haben ſich des Gewalts mißbraucht, er
„ gabe ein Schieds-Mann ab, anheut, die
„ Grabmähl, insgeſambt, das Weeſen, es
„ geſchahe zu Nachts, vor dießmahl, er
„ verricht groſe Thaten, güldene Cronen,
„ ſeines Verſtands und Tapferkeit, die
„ Göttin der Reichthum, dieweilen, er iſt
„ Burgermeiſter erwählt worden, er nimmt
„ ſich ſeine Wohlfart an, die Inſulen, Ora-
„ culen, Mandelen, Titulen, er hat ihn be-
„ fördern geholfen, der Englen, ſeyet estote,
„ ich bitt, ich hab, man leutet, kan ich et-
„ was dienen, wie ſtelleſt dich, in übel nehm-
„ en, helfe juva, ſie müſſen halt vor lieb
    O 5   „ nehm-

---

*) S. die Lehrb. der 1ten u. 2ten Klaſſe: jen-
es a.d. 73 u. 267ten, dieſes a.d. 21ten Seite.

„ nehmen, da sey Gott dafür, die Weyh-
„ nachts-Täg, sage vor mich Dank deinem
„ Vatter, seinen Sachen warten, das hilft
„ dich nichts, ein untergeschriebenes Jota,
„ es seynd unserer drey, man findet beyde
„ Wort, oben der Erde, es geschicht, o wie
„ einen grosen Nutzen habt ihr gebracht,
„ was soll ich neues setzen in den Brief, er
„ hat mir ein Brief dictirt, er hat sich zum
„ Tod gefürchtet, er laßt keinem kein Ruh,
„ hab mirs nicht für übel, werthgeachter
„ Freund; diese Sprach, worinn einen
„ merklichen Fortgang gemacht habe, so-
„ thanes Buch, ohnstreitig, er blieb mit
„ samt dem Pansa in der Schlacht, zu Zeit-
„ en Ciceronis, die Armée steht en Ordre
„ de Bataille, approchieren, die Inge-
„ nieur-Kunst, die Cavallerie auf das fou-
„ ragieren commandiren, die Bagage-
„ Wägen, das Corps de Reserve formir-
„ en, Trouppen in Embuscade legen, die
„ Grenadiers, die Ariere-Garde, mit der
„ Untreu und Meuchelmord, eine geringe
„ Anlaß, Gebürg; sie sahen dahin, daß ein
„ jeder die Ehrbezeigung in Acht nehmen
„ muste; zum Adel neu erhebte Leut, eines
„ vornehmsten Ehrenamts, man empfehlt,
„ seine

Von den pfälzischen Schulen. 193

„ seine vorhabende Reis, in Mund legen,
„ der wohlmeinende Wunsch, vermerken
„ Sie meine Freyheit nicht in Ungnad, Gott
„ behüte Sie gesund, den Tåg, ich muß
„ Euer Ehrwürden nach meiner aufhabend-
„ er Pflicht aufwarten, die Zeit ihres Weg-
„ seyns, die Geringfähigkeit, Jemanden
„ seinen dankbaren Willen und Ergeben-
„ heit leisten, in jeden Gelegenheiten, etwas
„ auf andere Weis thun„ und hunderttausend andere dergleichen. So sehen die
deutschen Wörter und Redensarten aus,
welche die Knaben in den Schulbüchern lern-
en können! Und unser Liebhaber pralet
noch darauf. Er will der lieben Pfalz noch
dabey weis machen, in diesen unverbässer-
lichen Büchern wären nur einige deutsche
Sprachfehler, und zwar solche, die noch von
vielen entschuldiget würden († 57 S.). Ihr
Kunstrichter! sprechet das Urtheil.

Viertens scheint es, als hätte Herr Biedermann Lust zu behaupten, daß sogar die
deutsche Wortfügung in den Schulen gelehret werde. Seine Worte sind etwas dunkel,
und lauten allso: „Von der 175 S. bis 203
„ ist die lateinische Wortfügung: und damit
„diese

„ diese in beyden Sprachen vollkommen bey-
„ gebracht werde, so wird alles, was la-
„ teinisch vorkommt, zu deutsch ausgeleg-
„ et „ († 47 S.). Sollte er hier in der
That (welches ich aber nicht weiß) auf die
Leyre der deutschen Wortfügung deuten
wollen: so wäre nichts ungereimters in der
Welt. Von den Regeln dieses Theiles unserer Muttersprache ist einmal nichts in den
Schulbüchern; es müßte denn das erbärmliche Rothwälsch einiger deutschen Vorwörter seyn, wovon wir oben (44§) gehandelt
haben. Sollten aber diese Regeln dadurch
vollkommen beygebracht werden, weil die
lateinischen zu Deutsch ausgeleget werden:
so müßten jene in diesen enthalten seyn, welches keinem Sprachverständigen beyfallen kann
(*27 S). Endlich erwähnet er der Uebersetzungen aus dem Deutschen ins Latein, und
umgekehret. Diese Uebung ist freylich ein
treffliches Hilfsmittel, sich der Vollkommenheit einer Sprache zu nähern; wenn man
die Regeln derselben vor Augen hat. Da
aber unsere lieben Schulknaben nichts um
die Regeln der deutschen Sprache wissen:
so ist es ja nothwendig, daß sie bey allen
ihren Uebersetzungen im Finstern herum-
tappen,

rappen, und immer bey dem alten Mischmasche bleiben. Man kann sich dabey vorstellen, wie es mit den deutschen Versen aussehen müsse, an welche sich auch einige Schüler, nach des Herrn Liebhabers Berichte, wagen († 52 S.). Von ihrer Muttersprache haben sie keine gründliche, und von der deutschen Versekunst nicht die geringste Kenntniß. Mit solcher Fähigkeit aber Verse machen wollen ist eben so viel, als wenn ein Bär mit seinen feinen Tatzen das Hackbrett schlagen sollte.

73 §. Auf die deutsche Sprache folget in der Beschreibung unseres Liebhabers die lateinische. Hierüber machet er sehr viel Wesens. Er klaubet alles zusammen, was sich in den Schulbüchern nur immer darauf bezieht. Er erzählet mit allem Nachdrucke, den Knaben würde die lateinische Rechtschreibung, Wortforschung, Wortfügung und Tonmeßkunst beygebracht; sie übeten sich täglich im Uebersetzen; sie lerneten eine grose Menge lateinischer Wörter und Redensarten; die auserlesensten Stellen aus den römischen Schriftstellern, allerley Gespräche von Städten, Gebräuchen, Thieren, Landschaften u. d. gl.

gl. würden ihnen als Muster vorgeleget u. s. f. Wozu dienet aber alles dieses? Zu weiter nichts, als die Anmerkungen zu vergrösern. Ich habe ja nirgendswo gesaget, daß man in unsern Schulen kein Latein lernete. Ich habe im Gegentheile geklaget, daß man sich zu lang damit aufhielte (*35 S.). So bald man aber eine Sprache lernet, muß man sich ja auch mit ihren wesentlichen Theilen bekannt machen. Ist es demnach nicht sehr unnöthig, daß Herr Biedermann von der Rechtschreibung, Wortforschung u.s.w. Meldung thut? Eben so überfliesig ist auch die Erwähnung der Redensarten, Schriftstellen, Gespräche u. d. gl., welche die Knaben aus den Schulbüchern lernen sollen. Das sind ganz gemeine Sachen, worin alle diejenigen geübet zu werden pflegen, denen man eine Sprache beyzubringen suchet. Man muß nur darauf bedacht seyn, daß man eine gute Wahl darin treffe, und der Jugend lauter wahre, gesunde und erhabene Begriffe einflöse. Von dieser Gattung ist aber gewiß jenes Gespräch nicht, welches an der 431ten Seite des Lehrbuches der ersten Klasse steht, und voll der niederträchtigsten, pöpelhaftesten und gröbsten Redensarten und

Scherz-

Scheltworte ist. Vermuthlich haben die Schulknaben ihre höfliche Antwort, wovon Herr Biedermann Meldung thut († 45 S.), hieraus gezogen. Dahin gehören auch jene Mährchen keinesweges, die man im Lehrbuche der zweyten Klasse unter den lateinischen sogenannten gelehrten Gesprächen findt. Einige derselben, welche die Geschichte betreffen, mit Stillschweigen zu übergehen, so will ich nur jenes erwähnen, so von den Bienen handelt. „Sie haben, heist es unt
„er andern, einen König zum Führer,
„von welchem man saget, daß er keinen
„Stachel habe„. Ein trefflicher Unterricht in der Naturgeschichte! Das müssen sich die gelehrten Bienengesellschaften merken, um ihre Beobachtungen damit zu verschönern. Sie werden gewiß dem Herrn Liebhaber einen vollkommenen Beyfall geben: daß in den pfälzischen Schulbüchern, auser etlichen deutschen Sprachfehlern, gar nichts auszustellen sey († 57 S.). Bey allen diesen Uebungen wäre doch noch die Frage, wie weit es unsere Schulknaben in der lateinischen Sprache bringen. Wie viele findt man darunter, welche in den 7 bis 8 Jahren, die

sie

sie dazu verwenden (*35 S.), auch nur den niedrigsten Grad der Vollkommenheit in derselben erreichen? Ist ihnen der wesentliche Unterschied so vieler hundert Wörter bekannt, die man gemeinlich für gleichbedeutend (synonyma) ausgiebt, ohne daß sie es wirklich sind? Welchem Lehrer fällt es bey, ihnen eben den Unterricht in diesem Stücke zu geben, den wir Girarden, Gottscheden, Stoschen u. a. m. im Französischen und Deutschen zu danken haben? Welchen Reichthum erwerben sie sich während dieser langen Zeit? Von wie viel Gegenständen wissen sie lateinisch zu reden oder zu schreiben? Sind sie im Stande, in Gesellschaften und dem täglichen Umgange ein deutliches und fliesendes Gespräch von den Dingen zu führen, die ihnen in die Sinne fallen, und wovon sie sich in ihrer Muttersprache auszudrücken wissen? Und wie steht es mit dem Nachdrucke und der Reinigkeit ihres Lateines? Kömmt auch nur ein einziger so weit, daß er einen Aufsatz machen könne, der den alten römischen Schriften in etwas gleich sieht? Ich will die Sache noch leichter machen. Ist ein einziger unter ihnen, der am Ende der letzten Klasse, nachdem

er

er so viele lateinische Briefsteller, Geschichtschreiber, Gesprächemacher, Dichter und Redner unter der Hand gehabt hat, sagen könne: Ich habe die Stärke meines Lehrers im Lateine erreichet? Nein, saget hiezu die Erfahrung; nein, sagen die Schriften der Schüler; nein, sagen die lateinischen Werke so vieler gestandenen Männer, die ihre Federn nach dem Austritte aus den Schulen durch keine besondere Uebung in einen bässern Zustand gesetzet haben.

74 §. „Nebst dem, saget Herr Bied-
„ermann, lernet man in unsern Schul-
„en auch die lateinische Dicht=und Rede-
„kunst, sammt der Wappenkunst und gri⸗ch⸗
„ischen Sprache ,,. Daß man die Schulknaben in den Schriften der römischen Dichter und Redner übe, davon habe ich selbst in meiner Abhandlung an der 35ten Seite Meldung gethan. Daß man ihnen aber die Dicht=und Redekunst wirklich beybringe, wie unser Liebhaber († 52. 53. 55 S.) behauptet, das zeiget eine sehr schlechte Kenntniß sowohl dieser zwo Künste als der Fähigkeit junger Leute. Was ist die Redekunst? Sie ist eine gründliche Anweisung

P zur

zur wahren Beredsamkeit; und diese ist eine Fähigkeit, seine Zuhörer zu überreden, und zu dem, was man will, zu bewegen. Ein Redner hat allso mit dem Verstande und Willen der Menschen zu thun: jenen muß er zu gewinnen, diesen zu lenken wissen. Keines von beyden aber kann er ohne Beweise und Bewegungsgründe zuwege bringen. Das Beweisen ist ein bloses Werk der Weltweisheit. In dieser lernet man erst seine Gedanken in Ordnung bringen, das ist, wohl denken. Da es nun unmöglich ist, wohl zu reden, ehe man wohl zu denken weiß: so kann die Redekunst ohne die Weltweisheit nicht bestehen. Unsere Schulknaben wissen nichts von der Weltweisheit: allso sind sie zur Redekunst unfähig. Es ist aber auch noch eine andere Ursache, die ihnen den Weg dazu versperret. Ein wesentlicher Theil dieser Kunst besteht in einem geschickten und wohl eingerichteten Vortrage. Dieser beruhet auf dem guten Gebrauche, der Stärke, und dem Nachdrucke der Sprache, deren sich ein Redner bedienet (* 27 S.). Die Schulknaben sind aber im Lateine durchgehends sehr schwach: demnach haben sie sich zur lateinischen Redekunst keine Hoffnung zu machen.

en. Was lernen sie denn davon? Die Worterklärungen der Figuren, das Periodenmachen u. d. gl.; und das ist alles. Eben so wenig Geschicklichkeit haben sie zur Dichtkunst. Zu dieser werden nicht allein die zwey oben genannten Stücke, die zur Redekunst nöthig sind, sondern noch viele andere Gaben erfobert. Man bleibt allso in unsern Schulen blos bey der lateinischen Versekunst sitzen; und selbst in dieser bringt man es, aus Abgange der gehörigen Stärke in der Sprache, durchgehends nicht gar weit. Was hat es aber mit dem Griechischen für eine Bewandtniß? Es nimmt mich sehr Wunder, daß unser Liebhaber sich unterstanden hat, desselben zu erwähnen. Es sollte ihm doch bekannt seyn, wie schlecht diese Sprache in den Schulen betrieben wird. Nicht einmal alle Schüler werden zur Erlernung derselben angehalten. Einmal, oder höchstens ein paarmal in der Woche kriegen sie was davon zu lernen auf. Ueber das Argumentenmachen kommen sie selten hinaus. Nicht ein einziger erwirbt sich so viel Kenntniß, daß er im Stande ist, einen griechischen Schriftsteller auser jenen Stellen zu erklären, in welchen man ihn zum öftesten geübet hat.

P 2   Kurz,

Kurz, nach dem Schlusse der Unterschulen weiß keiner Griechisch. Von der Wappenkunst hätte er noch viel eher stillschweigen sollen. Hier und da giebt es einen Lehrer, der aus Wohlgefallen etwas weniges davon zeiget. Darf man deßwegen sagen, es sey ein Geschäfft der pfälzischen Schulen? Verstreichen nicht ganze Jahre, da man ihrer nicht einmal gedenket? Zu Heidelberg und Mannheim sind zehen Lehrer in den untern Klassen. Hat ein einziger derselben im diesem 1770ten Jahre ein Wort davon gelehret? Die öffentlichen Blätter der gegebenen Probstücke, worauf sich Herr Biedermann sonst beruft († 55 S.), zeigen das Gegentheil. Mit so viel andern Schulen der Pfalz verhält es sich eben so. Die Ursache aber, warum diese Sache so wenig betrieben wird, ist sogar den Schülern bekannt. Sie sagen, man müsse erst selber lernen, ehe man lehren könne. Bey allem dem muß es doch geschrieben seyn. Man waget es beherzt, und erzählet der ganzen Welt, in den pfälzischen Schulen werde die Wappenkunst gelehret.

75 §. Wie steht es mit dem römischen Münzwesen und Kalender, welche, wie Herr

Bied-

Biedermann vorgiebt († 48 S.), in den Schulen gelehret werden? Das sind prächtige Dinge; und ein unerfahrner Leser wird sich vielleicht hohe Gedanken davon machen. Allein in der That selbsten ist nichts daran. Ich will hier nicht wiederholen, was ich oben (70 §) erinnert habe: daß sich nämlich aus dem, was in den Schulbüchern steht, kein Schluß auf die Wissenschaft der Lehrlinge machen lasse. Wir wollen die Sache an sich selber betrachten. Dieses ganze römische Münzwesen besteht in Erklärung einiger lateinischen Wörter, wodurch die Römer ihre Münzen ausgedrücket haben, und in einer kurzen Berechnung ihres Werthes. In dieser Berechnung kommen häufige Brüche vor, von denen die Schüler nichts wissen. Demnach sind sie zu dieser Materie untauglich; sie lernen höchstens einige lateinische Töne auswendig; und der Liebhaber der Wahrheit hat ein leeres Wortgepräng davon gemachet. Sein Pralen mit dem römischen Kalender ist noch lächerlicher. Die Kenntniß des Kalenders gehöret unter die mathematischen Wissenschaften, von welchen manchem Lehrer selbst kaum der bloße Namen bekannt ist; und die Knaben in der zweyten Klasse

Klaſſe ſollen dieſen Wunderſprung machen? Doch, ich will ſagen, was an der ganzen Sache iſt. Man lernet die Benennungen der Monathe, und der Tage jedes Monathes auf Lateiniſch, die der Deutſche in ſeiner Mutterſprache, und jede Nation in der ihrigen lernet. Verſteht nun ein Deutſcher den Kalender, wenn er die Namen Wintermonath, Hornung, Lenzmonath u. ſ. w. in die Gedächtniß präget, und die Tage dieſer Monathe zu zählen und zu nennen weiß?

76 §. Unter die Schullehren zählet Herr Biedermann auch die chriſtlichen Unterweiſungen, die öftern Predigten, welche in den Schulen gehalten werden, und die Uebungen auf den Schaubühnen († 53. 54 S.). Das ſind ja Wunderdinge. Werden denn nicht auch die Knechte und Dienſtmägde in allen Kirchen im Chriſtenthume unterwieſen? Wird man darum erhabene Kenntniſſe bey ihnen ſuchen? Und von wem werden dieſe Leute in den Gotteshäuſern unterrichtet? Von Prieſtern, von Gottesgelehrten, von jenen, die zur Verkündigung und Erklärung des göttlichen Wortes, Amtes halber, beſtimmet ſind. Von wem empfangen aber die

die Schulknaben ihren Unterricht? Mehrstentheils von jungen Lehrern, welche selbst in der Gottesgelehrtheit noch Fremdlinge sind; und die sie erst nach dem Schlusse ihres Schulamtes anfangen zu lernen. Und wie empfangen sie diesen Unterricht? Auf eine Art, die mehr in die Gedächtniß, als in den Verstand bringet. Eine kleine Ueberlegung hätte einem wahren Liebhaber der Wahrheit eine ganz andere Sprache, oder wenigstens das Stillschweigen in dieser Sache angerathen. Die Uebungen auf den Schaubühnen werden doch wohl im Kopfe der lateinischen Lehrlinge gute Dienste thun? Ja, beherzt machen sie wohl; aber gelehrt machen sie Niemanden. Oder sind vielleicht alle diejenigen, welche die öffentlichen Schaubühnen besteigen, auf dem rechten Wege zur Gelehrsamkeit. Mein! könnten Sie aus der reichen Quelle Ihrer Beredsamkeit nicht einige trifftige Anmerkungen herfliesen lassen, wodurch Sie der Welt diese Wahrheit einprägeten? Das wäre eine treffliche Sache für die Wissenschaften. Man bräuchte die Gelehrten mit solcher Mühe nicht mehr zusammen zu suchen. Heitern aber diese Uebungen den Verstand nicht auf, wovon doch

doch hier die einzige Frage ist (†46S. u. 47 S.): so ist es ja vergeblich, daß Sie derselben erwähnet haben.

77 §. Endlich kommen wir zu jenen Wissenschaften, von denen ich gesaget habe, daß ich nach durchgangenen Unterschulen wenig oder gar nichts gewußt habe. Es ist die Rechenkunst, die Erdbeschreibung, die Götterlehre, die Kunst Briefe zu schreiben, und die Geschichte. Hierüber hält sich Herr Biedermann am mehrsten auf. Seine erhitzte Einbildungskraft reißt ihn über alle Schranken hinaus, die ihm die Liebe zur Wahrheit hätte setzen sollen. „Wie wird „sich der Herr rechtfertigen, saget er, wann „ich ihm beweise, daß der geringste aus „jeder Klasse mehr weiß, als der Herr sagt, „daß er nach durchgangenen Schulen gewußt habe († 44 S.)? Wann diese Dinge „die pfälzischen Schüler nicht schon in der „ersten Klasse höreten: so hälfe ich dem „Herrn weinen, und jammernde Ausdrücke erdenken„ († 45 S.). Mein geliebter Herr Biedermann! hätten Sie diese Erzählung bey den wilden Huronen gemachet, die niemal was von unsern Schulen

en gehöret oder gesehen haben: so hätten Sie Ihre faulen Waaren vielleicht für gut angebracht. Daß Sie dieselben aber uns, mitten in der Pfalz, im Angesichte so vieler tausend Leute, welche die pfälzischen Schulen von Grunde aus kennen, aufbürden wollen: nein, das hätte ich die Tage meines Lebens von Ihnen nicht erwartet; und ich kann wirklich noch nicht fassen, wie Sie das über Ihr redliches Herz haben bringen können. Sie berufen sich auf das Zeugniß aller Schüler († 55 S.). Dieses Wort hat mich noch mehr in Erstaunen gesetzet. Ich habe selbst in den pfälzischen Schulen studiret; wie ich oben (64. 67 §) gemeldet habe. Ich habe mich hernach in gestandenen Jahren sehr genau um die Lehrart derselben erkündiget; wie ich am angezogenen Orte ebenfalls erwähnet habe. Ich habe auf Ihre kühnen Versicherungen mein Nachforschen erneuert und verdoppelt. Allein das Zeugniß, worauf Sie pochen, habe ich nimmer gefunden. Erst vor etlichen Jahren wurde ein Gelehrter, der in unsern lateinischen Schulen gebildet worden, in einer vornehmen Gesellschaft um die Zahl der Kuhrfürsten gefraget; und er antwortete zum öffentlich-

en Gelächter, es wären derer nicht mehr als sieben. Vor nicht gar langer Zeit habe ich, in Gegenwart anderer, einem der bäßten pfälzischen Studenten dieselbige Frage vorgestellet; und er hat diese Zahl nicht bässer gewußt. Als ich ihn weiter fragete, wie die Kuhrfürsten, die ihm bekannt wären, hießen: nannte er unter andern auch die Khurfürsten von Bamberg und von Spanien. Noch dieses Jahr habe ich zween erwachsene Studenten, einen aus der fünften, den andern aus der sechsten Klasse, über die Götterlehre geprüfet. Ich schlug ihnen das Lehrbuch des Herrn Damm auf, und zeigete ihnen verschiedene Bildnisse der heydnischen Gottheiten. Sie versicherten aber gleich bey dem ersten Anblicke, daß sie dieselben nicht kenneten, noch jemals was von dieser Sache in den Schulen gelehret worden wären. Allein ich setzete ferner an, und legte ihnen den Mars in seiner Kriegsrüstung vor. Er stund mit Spiese und Degen auf einem Wagen; und vor ihm saß Bellona mit fliegenden Haaren, mit einer Peitsche in der Hand, und regierte die Pferde. Ha! sagete hierauf einer von beyden, dieses Bild kenne ich. Es ist Elias, der gegen Himmel fährt. Eine
grose

grose Menge anderer jungen Leute habe ich zu verschiedenen Zeiten über eben diese Materie, über die Rechenkunst, über die Erdbeschreibung und mehr andere Stücke zur Rede gestellet; und sie legeten alle die gröste und gröbste Unwissenheit an den Tag. Zur Ursache gaben sie einhällig, weil sie von diesen Dingen niemals das geringste in den Schulen gehöret hätten. Und von allem dem habe ich erhabene Kenner zu Zeugen, vor deren Augen ich diese Prüfungen angestellet habe. Mit den wirklichen Lehrlingen war ich aber nicht zufrieden. Nebst den häufigen Gelehrten, zu denen ich mich vorhin gewandt hatte (67 §), habe ich nach Erscheinung der Anmerkungen mit derer vielen aufs neue gesprochen. Ich legete verschiedenen Räthen, Geistlichen, und anderen erhabenen Personen, die alle in den pfälzischen Schulen, und zwar nach dem Jahre 1750 († 56 S.), studiret haben, Ihre oben angezogene Stelle vor. Ich fragete sie, ob sie denn die Rechenkunst und Erdbeschreibung, sammt den übrigen darin genannten Stücken zu ihrer Zeit gelehret worden wären. Sie antworteten kurzum, nein; und betheuerten ihr Wort auf das kräftigste. Ja, sagete ich, es

steht

steht aber in diesen Anmerkungen, die ein Liebhaber der Wahrheit aller Welt Augen vorleget. Sie zogen die Achseln, und stunden voll Verwunderung da. Was sagen Sie zu allem dem, mein geehrtester Herr Biedermann? Bleibt es noch wahr, daß die pfälzischen Schüler diese Dinge schon in der ersten Klasse hören? Entschliesen Sie sich bald, mir jammernde Ausdrücke erdenken, und das Schicksal dieser jungen Leute beweinen zu helfen († 45 S.)?

78 §. „Man giebt aber jährlich öffentliche Probstücke von diesen Sachen,, († 55 S.). Fürs erste ist es eine offenbare Falschheit, daß schon die erste Klasse von allen diesen Sachen jährlich Probstücke ablege; wie sogar die dießjährigen Heidelberger und Mannheimer öffentlichen Aufsätze bezeugen. Woher versichern Sie uns denn, daß die Schüler besagter Klasse diese Dinge schon hören? Wie? Sollten diese Kinder schon im Stande seyn, ihre täglichen Ausgaben ohne Beyhilfe der Vervielfältigung, Theilung, Brüche u. d. gl. zu berechnen, wovon sie doch gemäs diesen Probeblättern nichts gelernet haben? Das wäre ja ein feiner Begriff von der Rechen-

enkunst. Haben sie von den Gränzen Hollands und Sardiniens, von dem thebanischen und punischen Kriege, von den Abbildungen der heydnischen Götter u. a. S. m. einen Unterricht bekommen? Das sind doch Dinge, wovon ich vormals nichts gewußt habe; und hievon fin e ich keine Spur in ihren Probstücken. Zum andern kostet es ja nicht viel, einige Probeblättchen drucken zu lassen. Wissen aber die Schüler, was darin verzeichnet steht? Legen sie nicht oft die lächerlichsten Proben davon ab? Noch diesen Herbst ist einer derselben in der öffentlichen Prüfung gefraget worden, welches Geschlechtes Jupiter sey; und er wußte nicht einmal, was das für ein Thier wäre. Vor einigen Jahren sollte einer seine Geschicklichkeit im Rechnen zeigen. Man gab ihm 100 fl unter 10 Brüder zu theilen auf. Nach langem Arbeiten und Schwitzen brachte er endlich ungleiche Theile heraus. Und dennoch bezeugeten die öffentlichen Probeblätter, dieser junge Rechenmeister hätte seine Kunst gelernet u. s. w.

79 §. Wir wollen doch endlich nach der wahren Beschaffenheit der Sachen sehen, wie alle

alle diese oft genannten Stücke in unsern Schulen gelehret werden. 1.) Lernet man durchgehends etwas von der Geschichte, das ist wahr; aber stückweise, ohne Zusammenhang, ohne Erdbeschreibung, welche das Aug der Historie ist, und grosentheils von Worte zu Worte auswendig. Was man stückweise in den Wissenschaften lernet, das gleicht einem Haufen dürres abgefallenes Laubes, welches man unter verschiedenen Bäumen sammelt, und auf ein ausgebreitetes Tuch zusammenträgt. Der geringste Wind zerjaget und zerstreuet es; und läßt dem Sammeler allmählich nichts mehr, als das blose Andenken seiner fruchtlosen Arbeit übrig. Jene Wahrheiten hingegen, welche man ordentlich, das ist, in einem Zusammenhange lernet, sind den Steinen einer festen Mauer ähnlich, die den Stürmen des Wetters und den Unbilden der Zeiten Trotz biethen. Wo die Gedächtniß viel zu arbeiten hat, da muß man ihr durch sinnliche Vorstellungen, so viel es möglich ist, zu Hilfe kommen. Diese fallen in der Geschichte gänzlich weg, wenn man nicht die Landkarten dazu zieht. Von diesen hängt die Lebhaftigkeit der Eindrücke, die Ordnung, Deutlichkeit, und Dauer der

Begriffe,

Begriffe, und folglich selbst die Aufklärung des Verstandes ab. Die Geschichte von Worte zu Worte auswendig lernen ist beynahe eben so viel, als wenn eine Atzel schwätzen lernet. Man drücket eine Menge Wörter in die Gedächtniß, die aber durchgehends mit keinen deutlichen Begriffen verbunden sind. So lang diese Wörter in ihrer gewöhnlichen Ordnung fortlaufen, weiß unsere Jugend die Geschichte. Störet man die Ordnung: so steht der Verstand sammt der Zunge stille. Ich habe die Probe gar oft mit jungen Leuten gemachet, welche ihre Geschichte auf diese Art in den Schulen gelernet hatten. That ich die Fragen mit eben den Worten, und in eben der Verbindung, wie sie in ihrem Lehrbuche stunden: so konnten sie bisweilen ganze Artikel ziemlich behend daher sagen. Bedienete ich mich aber im Fragen anderer Worte; oder fragete ich was aus der Mitte des aufgesagten Artikels heraus: so erstummeten sie, oder gaben zur Antwort, das hätten sie nicht gelernet. Noch das vorige Jahr habe ich einen Studenten mit dem Preise (goldenen Buche) in der Hand angetroffen, den er kurz vorher aus der Geschichtskunde davon getragen hatte. Die schönen rothen und

blau-

blauen Bänder, die an dem Buche herunter hiengen, machten Jedermann einen erhabenen Begriff von der Wissenschaft dieses jungen Menschen. Ich trat im Angesichte vieler Kenner hinzu, und prüfete ihn über eben die Geschichte, die ihn bekrönet hatte. Er antwortete aber zum Erstaunen der Anwesenden dergestalt: daß man hätte glauben sollen, der Preis wäre ihm zum Zeichen seiner Unwissenheit gegeben worden. Er ließ zwar einige Zaghaftigkeit blicken: vermuthlich aber war die Verkehrung der Ordnung, woran er gewohnt war, die Haupturſache davon. Was folget endlich nothwendiger Weise aus dieser mangelhaften Lehrart unsrer Schulen? Dieses, daß die Schüler das Bißchen, so sie mit groser Mühe aus der Geschichte gelernet haben, in kurzer Zeit vergessen, oder höchstens noch einige getrennte Stücke und verwirrte Namen auswendig behalten. Die Erfahrung ist mein Zeuge. 2) Wird bisweilen auch etwas aus der Erdbeschreibung gezeiget, aber nur von einigen Lehrern, und lang nicht von allen. Die Ursache wird sich unten (81 §) zeigen. Worin besteht diese Erdbeschreibung? In ein paar Lehrstücken von der Kugel, wovon nicht einmal

mal der hundertste einen deutlichen Begriff bekömmt; weil es ihnen gemeinlich an der gehörigen Kenntniß der Rechenkunst fehlet; jener Begriffe zu geschweigen, welche aus der Meßkunst hergeholet werden müssen. Und bey allem dem eilet man oft über diese Materie, wie ein Hahn über die heißen Kohlen her. Ich kann Beyspiele beybringen, wo man erst etliche Tage vor dem Probstücke, das man hierauf gab, die Kugel zur Hand nahm. Man las ein paar Knaben, deren Verstande man etwas zutrauete, aus dem grosen Haufen heraus. Man unterrichtete sie in der Geschwindigkeit in einigen Fragen, und zwar zum Theile auser der Schule insgeheim. Die Probeblätter wurden indessen gedruckt; und da hies es: In dieser Klasse hat man dieses Jahr die Erdbeschreibung gelernet. 3) Geht es mit der Rechenkunst nicht bässer zu. Das ist wieder kein Geschäfft, das alle Schulen angeht; und daher kömmt es, daß so viele junge Leute ihren Schullauf endigen, ohne jemals ein Wort von dieser Kunst gehöret zu haben. Jene Lehrer aber, die den Namen haben wollen, daß sie dieselbe vortragen, gehen mehrstentheils so schläferig, oder bässer zu reden

reden so geschickt damit um: daß ihren Schülern weder von dem allzustarken Rechnen, noch von dem, was sie davon behalten, der Kopf jemals wehe thut. Es währet oft kaum ein paar Monathe des Jahres, daß der Lehrer sich damit beschäfftiget; und zwar nicht mehr als einmal in der Woche, und jedesmal nur ein halbes Stündchen. Wenn man demnach alles zusammenrechnet: so kömmt oft eine sehr kurze Zeit für das ganze Jahr heraus, die dazu verwendet wird. Ich kenne Schulen, wo man von Anfange des Jahres bis zu Ende nicht mehr als acht bis neun Stunden damit zugebracht hat. Und das ist die Ursache, daß bisweilen drey und mehrere Jahre dahinlaufen, ehe man mit den gewöhnlichen fünf Rechnungsarten in ganzen Zahlen, über welche man selten hinausgeht, auch nur obenhin fertig wird. 4) Vergißt man des Briefeschreibens in unsern Schulen nicht gänzlich, welches ich auch nirgendswo behauptet habe. Nur so viel habe ich gesaget, oder wenigstens sagen wollen: daß die jungen Leute, wenn sie aus den untern Klassen kommen, diese Kunst durchgehends nicht verstehen. So leicht diese Sache zu seyn scheint, so wenige werden unter so vielen

vielen tausend Briefeschreibern gefunden, die wohl darin geübet sind. Dieß ist eine Wahrheit, die allen denjenigen bekannt ist, die viele Briefe lesen. Thut sich Jemand in dieser Kunst hervor: so merket man es gleich. Man schenket ihm seinen Beyfall. Es heißt: Der Mensch schreibt einen guten Brief. Woher kömmt es denn, daß unsere Schüler von diesem Lobe so weit entfernet bleiben? Die Ursache wird aus Folgendem erhellen. Ein jeder Brief ist seiner Natur nach eine kleine Rede. Die Redekunst hat allso einen nothwendigen Antheil daran. Auch hier muß eine richtige Ordnung der Gedanken, und besonders eine gute Schreibart seyn, worin Deutlichkeit, Anmuth und Nachdruck herrschen: eine Schreibart, die man bald erhöhen, bald erniedrigen, bald entflammen, bald mäsigen, kurz, nach allen jenen so verschiedenen Materien verändern muß, die in Briefen mehr, als sonst in irgend einem schriftlichen Aufsatze vorkommen. Betrachtet man nun die leeren Köpfe unserer Schüler, ihre Schwäche im Lateine, und ihre allzugrose Unwissenheit in der Muttersprache: so wird man leicht begreifen, daß man von ihren Briefen wenig Gutes zu hoffen habe; ohne die

die Lehrart und Geschicklichkeit der Schullehrer in diesem Stücke zu untersuchen. Ich will nichts von jenen Briefen recht guter Studenten melden, deren ich eine ziemliche Menge in deutscher und lateinischer Sprache zu verschiedenen Zeiten gelesen habe. Ist es nicht eine fast allgemeine Klage, daß unsere jungen Leute, wenn sie den Mantel ablegen, keinen guten Aufsatz zu machen wissen? Daß sie in den Amtsverrichtungen, zu welchen sie etwann bestimmet werden, erst dazu angeführet werden müssen; eben als wenn sie ihre Lebtage keinen Brief geschrieben hätten? Daß selbst so viele unter den Studirten, welche die lateinischen Schulen vormals mit dem grösten Ruhme durchgangen sind, im Briefeschreiben sehr schlecht erfahren sind u. s. w.? 5) Pflegt man der Jugend einige äsopische Fabeln um des Lateines willen zu erklären, welches die Schüler durchgehends bekennen. Aber von der wahren und so nothwendigen Götterlehre, worin ich meine Unwissenheit beklaget habe (*48 S.), und von der eigentlich die Rede war, lehret man ordentlicher Weise nichts. Man führe alle unsere lateinischen Lehrlinge, so viele derer in der Pfalz sind, Schule für Schule, in den

Schwetz-

Schwetzinger Schloßgarten: ich getraue mir zu wetten, daß nicht ein einziger darunter gefunden werde, der die heydnischen Gottheiten und Helden kenne, mit welchen dieser Lustort ausgezieret ist. Will man diesen Weg nicht machen: so schlage man ihnen das oben gelobte Lehrbuch des Herrn Damm auf. Ein jeder kann die Probe an dem ersten dem bäßten Studenten machen: ich bin kühn darauf. Man wird für gewiß finden, daß sich der Herr Liebhaber auch hier vergessen habe, da er saget: diese Dinge höreten die pfälzischen Schüler schon in der ersten Klasse († 45 S.).

80 §. Dieses ist nun beyläufig dasjenige, was in den pfälzischen Schulen gelehret wird. Haben Sie dieses vielleicht nicht gewußt, mein Herr Biedermann? Warum schreiben Sie denn so falsche Sachen in die Welt hinein? Hätten Sie sich als ein Fremdling nicht zuvor in der Pfalz bässer umsehen sollen? Haben Sie es aber gewußt: wie haben Sie denn schreiben können, man lerne die deutsche Sprache, die Rechenkunst, Erdbeschreibung, Wappenkunst und dergleichen in den Schulen? Von mir gestehe ich es: wenn ich mit der Wahr-

Wahrheit so umgegangen wäre, ich würde mir ein Gewissen daraus machen. Ich hoffe, mein Herr! Sie werden dieses selbst einsehen († 54. 55 S.). Wie weit ist nicht die Sprache unserer eigenen Schullehrer, die aufrichtig reden wollen, von der Ihrigen unterschieden! Hören Sie doch das redliche Geständniß eines derselben an, welches er noch dieses Jahr in einem eigenhändigen Schreiben abgeleget hat. Ein auswärtiger Gelehrter befragete sich bey demselben, aus Gelegenheit unsrer Zwistigkeit, um die Lehrart der pfälzischen Schulen, und erhielt von ihm folgende Antwort: „Mein Herr! dero
„ Zweiffel in Kürtze auffzulösen, versicher-
„ ich ihnen dieses: daß der hauptzweck uns-
„ erer und aller schulen der Catholischen
„ seye, die Jugend vollkommen in latein-
„ ischer sprache zu stalten, wir bereden uns:
„ dieses seye daß weesen und die seele der
„ höheren wissenschafften, daß übrige aber
„ als rechnen, geschichte, griechische, hebra-
„ ische Sprach, Schreibkunst, zierlige teutsche
„ redensart sehen wir als eine zufällige sache
„ (an) u. s. f. Waß die teutsche Sprach an-
„ belanget; verstehen sie darunter eine feine
„ ausarbeitung dieser Sprache sowohl im
„ aus-

„ ausſprechen als ſetzung einer rede? dieſe
„ iſt zwar in keiner übung bishero geweſen,
„ dannoch nächſtkünfftiges Jahr wird ſie
„ eingeführet werden, ſo wohl in gebund-
„ ener, als gelöſter rede, wenn nur die ſchühl-
„ er nöthige und ihnen anzuweiſende Bücher
„ von ihren eltern erhalten „ u. ſ. w. Betrachten Sie die Schreibart dieſes Herrn;
erwägen Sie das Urtheil, welches er von der
lateiniſchen und deutſchen Sprache, und von
den übrigen Wiſſenſchaften unſerer Schulen
fället: ſo werden Sie endlich erkennen, wie
weit Sie die Wahrheit, ungeachtet Ihrer
beſondern Liebe zu derſelben, verfehlet
haben.

81 §. Sollte Sie aber dieſes alles wider
mein Vermuthen noch nicht gänzlich überführen: ſo bitte ich Sie, nur noch Folgendes,
aber mit ruhigem und unparteyiſchem Gemüthe zu erwägen; ich bin verſichert, Sie
werden andere Gedanken bekommen. Wer
eine Wiſſenſchaft mit dem gehörigen Vortheile ſeiner Schüler lehren will, der lang-
et mit einer unvollkommenen Kenntniß derſelben bey weitem nicht aus; nein, er muß
ſie gründlich verſtehen, wenn er ſchon ſeine
Lehre

Lehre in die blosen Anfangsgründe einschränket. Das ist eine Wahrheit, die nicht dem geringsten Zweifel unterworfen ist. Welche Wissenschaften werden nun, Ihrem Vorgeben nach, in unsern lateinischen Unterschulen gelehret? Die deutsche, lateinische, und griechische Sprache, die Rechenkunst, die Erdbeschreibung, die Wappenkunst, die geistliche und weltliche Geschichte, die Götterlehre, das Briefeschreiben, die Dicht- und Redekunst u. d. m. Und von wem soll alles das gelehret werden? Die Frage ist sehr wichtig, und verdienet die gröste Aufmerksamkeit. Von wem soll denn alles das gelehret werden? Mehrstentheils von jungen Leuten, die durch einen ganz kurzen Weg zu ihrem Lehramte gelangen. Es ist bekannt, daß sie gemeinlich nach gehörter Naturlehre, bisweilen auch früher, aus den Schulen gezogen werden. Hierauf beschäfftigen sie sich zwey Jahre lang mit geistlichen Uebungen, um sich zur Heiligkeit des Standes, in den sie getreten sind, vorzubereiten. Nach dem wenden sie sich wieder zum Studiren; und wiederholen in Zeit eines Jahres dasjenige kürzlich, was sie in den Schulen gelernet haben. Mit solcher Vorbereitung

be-

besteigen sie den öffentlichen Lehrstuhl. Auf dem soll nun ein jeder dieser Lehrer insbesondere, innerhalb fünf Jahren (nach welchen er wieder abzieht, und einem neuangehenden Platz machet), alle oben genannte Wissenschaften vortragen: Wissenschaften, die einen so weitschichtigen Umfang haben; Wissenschaften, zu deren gründlichen Kenntniß man nicht anders, als durch eine lange und vieljährige Uebung gelanget; Wissenschaften endlich, worunter viele sind, deren jeder auf wohlbestellten Schulen ein besonderer und beständiger Lehrer vorsteht. Sagen Sie mir um Gottes willen, mein Herr Biedermann! wie das möglich oder begreiflich sey. Das gebe ich Ihnen, das gebe ich der gelehrten Welt, und einem jeden vernünftigen Menschen zu bedenken. Ja, wenn unsere Schullehrer in allen diesen Stücken gehörigermaasen beschlagen sind: so ist die Pfalz jenes Wunderland, wo die Doctoren wider alle Gewohnheit vom Himmel fallen. Wollen Sie das nun nicht zugeben: so werden Sie ja öffentlich bekennen müssen, daß Sie ein leeres Geschrey von den pfälzischen Schulen gemachet haben: denn wie sollen die Schüler lernen, was ihre Lehrer selbst un-

mög=

möglich wissen können? Noch einmal denn, mein geehrtester Freund! helfen Sie mir doch jammernde Ausdrücke erdenken (†45 S.), und nicht allein das Schicksal der lateinischen Schulknaben, sondern den unersetzlichen Schaden des ganzen Vatterlandes beweinen, der aus dieser Quelle auf dasselbe strömet (*31 S.). Hier wäre zwar der Ort, etwas umständlicher von den Aenderungen zu reden, die in dieser höchst wichtigen Sache nothwendig wären: allein der Raum ist zu eng. Wir wollen indessen das Bäßte hoffen. Beglückte Zeiten, eilet herbey! Verweilet doch nicht, das gesegnete Licht, welches ihr in der Ferne blicken lasset, über unsern Gesichtskreis in seinem völligen Glanze auszubreiten. Ich hoffe aber bey allem dem nicht, daß sich unsere Schullehrer an dieser Beschreibung stosen werden. Sie werden es vielmehr für einen Gefallen ansehen, daß ich den fremden Federputz, womit sie Herr Biedermann so lächerlich hat auszieren wollen, aus dem Wege geräumet habe. Die wahre Zierde des Menschen besteht ja nicht in einem falschen Scheine der Wissenschaften, sondern in einem guten und ernsthaften Willen, seine Pflichten zu erfüllen. Hieran lassen es aber

diese.

diese Herren nicht ermangeln; wie ich schon in meiner Abhandlung gemeldet habe (* 36 S.). Sie thun gewiß, was sie können. Daß aber das Amt, so man ihnen aufträgt, ihre Kräfte übersteigt, davon darf man ihnen die Schuld keinesweges beymessen.

82 §. Nun sollte man glauben, unser Liebhaber müßte seinen Eifer für die pfälzischen Schulen endlich ganz befriediget haben; nachdem er in demselben durch Dickes und Dünnes so lang herumgeirret ist. Allein es fällt ihm noch ein wichtiger Gedanken bey. Er schicket deßwegen einen hinkenden Bothen nach, der uns denselben verkündigen soll. Ich habe in meiner Abhandlung gesaget, unsere Schulen mißhandelten die Redekunst; weil sie dieselbe nicht anders, als in lateinischer Sprache vortrügen (* 26 S.). Es wäre alles gut gewesen, wenn ich nur den lateinischen Schulen nichts zur Last geleget hätte. Diese müssen nun wieder gerettet werden, es koste was es wolle. Der Eifer hat aber den Herrn Biedermann dabey so übernommen: daß er nicht einmal im Stande gewesen zu überlegen, was ich gesaget habe. Er versteht fast alles überzwerch. Ich will darum, ihm

zu

zu Gefallen, die Sache hier noch einmal kürzlich erklären. Der Beweis meines oben angeführten Satzes war dieser: Die Redekunst erstrecket sich über alle Wissenschaften (* 25 S.): denn alle müssen deutlich und nachdrücklich vorgetragen werden (* 14 S.), welches dem äusern Theile der Redekunst eigentlich zukömmt (* 27 S.). Nun aber gehören viele Wissenschaften in das Gebieth der Muttersprache, das ist, sie müssen bey uns auf Deutsch abgehandelt und vorgetragen werden; wenn sie den gehörigen Nutzen im Lande haben sollen (* 21 S.). Allso muß die deutsche Beredsamkeit dabey zu Hilfe kommen, oder welches einerley ist, die Deutlichkeit und der Nachdruck, welche zum Vortrage dieser Wissenschaften nöthig sind, müssen aus der deutschen Sprache hergenommen werden. Die deutsche Beredsamkeit lernet man aber aus der lateinischen Sprache nicht: denn jede Sprache hat ihre besondern Regeln, Eigenschaften, Schönheiten, ihren besondern Reichthum und Nachdruck (* 27 S.). Lehret man allso die Redekunst blos in lateinischer Sprache, wie unsere Schulen thun: so wird ihr Gebrauch bey so vielen Wissenschaften eingeschränket, und deßwegen wird sie miß-

hand-

handelt. Ist Ihnen dieses nun klar und deutlich genug, mein Herr Biedermann? Ich glaube nicht, daß Sie mehr einen Anstand finden werden. Sie werden hieraus wohl sehen, daß ich die Wissenschaften, welche ich in das Gebieth der Muttersprache gesetzet habe (*21 S.), nicht zur Wesenheit der Redekunst gezogen habe; wie Sie sich († 58 S.) eingebildet haben: sondern umgekehret, daß ich die Redekunst, und zwar bey uns die deutsche, zur Verbreitung dieser Wissenschaften für nöthig gehalten habe. Diese Erklärung wird Ihnen ferner zeigen, daß ich keinesweges behauptet habe: daß man die Redekunst ohne diese Wissenschaften nicht wohl lernen oder verstehen könne; wie Sie wiederum fälschlich gemeynet haben († 59. 60 S.). Endlich werden Sie auch daraus überzeuget werden: daß diese Wissenschaften einen weit gröfern Nutzen aus der deutschen, als aus der lateinischen Redekunst ziehen († 60 S.). Denn der Vortheil des Landes erfodert, daß dieselben darin verbreitet und gemein gemachet werden (*21 S.). Dieses muß in deutscher Sprache geschehen; weil die wenigsten Einwohner der lateinischen kundig sind (*22 S.). Zu einem deutschen Vortrage

trage gehöret die deutsche Beredsamkeit; wie wir kurz vorher gesehen haben. Demnach ist die deutsche Redekunst bey diesen Wissenschaften unentbährlich; dieses kann aber von der lateinischen nicht gesaget werden (*I Th. 3. 9. 12. 14 §).

83 §. Doch, aller dieser Umschweife bedarf unser Herr Liebhaber nicht. Er schneidt die Sache kurz ab, und saget: „Endlich „thut man den Schulen Unrecht; wann „man sagt, es werde die Redekunst bloß „lateinisch gegeben „ († 60 S.). Das heißt mit klaren Worten behaupten, daß auch die deutsche Redekunst in den pfälzischen Schulen gelehret werde. Ein wunderbarer Satz! Die deutsche Sprache ist bisher in diesen Schulen ganz öd liegen geblieben, wie wir oben weitläufig dargethan haben; von der deutschen Redekunst steht kein Wort in den Schulbüchern; man hat die Nothwendigkeit derselben aus meiner Abhandlung eingesehen, und verspricht deßwegen, sie einzuführen († 61 S.): und dennoch soll sie bisher schon gelehret worden seyn. Das wird einem nachdenkenden Menschen unbegreiflich, ja unmöglich vorkommen. Was ist aber daran

geleg-

gelegen? Ein Mann, der mit der Redekunst so bekannt ist (†39 S.), muß ja krumm gerad machen können; sonst wäre es schlecht. Damit man aber nicht glaube, er rede dieses nur so in den Tag hinein: so kömmt er auch mit einem tüchtigen Beweise angezogen. „Es „ist kein Wort im ganzen Schulbuche, sag„et er, welches nicht zu deutsch ausgeleget, „oder von den Schülern ins Deutsch über„setzet wird„ († 60 S.). Dieses Deutsche mag aussehen, wie es immer will; die Herren Lehrer mögen bey ihren Auslegungen noch so unerfahren in ihrer Muttersprache seyn; die Uebersetzungen der Schüler mögen noch so fehlerhaft, verwirret und ebenteuerlich herauskommen; wenn man sich gleich um den Kern und Ausschuß der Worte, welchen Cicero die Mutter der Wohlredenheit nennet, um den Nachdruck und Reichthum, um die Deutlichkeit und Schönheit unsrer Sprache, worin doch ein wesentlicher Theil der Redekunst besteht, nicht im geringsten bekümmert: alles dieses thut nichts zur Sache. Wenn nur das Latein auf Deutsch ausgeleget, oder ins Deutsche übersetzet wird: so ist schon alles gut; so muß es wahr seyn, daß die deutsche Redekunst in unsern Schulen en gelehret werde. Warum denn? Herr Biedermann will es so haben.

84 §. Was er hier von der Menge der lateinischen Sprachverständigen, und von den Herren Predigern saget († 58. 61 S.)., das habe ich oben in der V und VI Frage hinlänglich beantwortet. Und hiemit könnten wir nun diesen weitläufigen Artikel endlich völlig beschliesen; wenn unser Herr Liebhaber nicht zu Ende desselben noch einen lustigen Streich begangen hätte, den wir nicht unberühret vorbeygehen lassen dörfen. Als er mit den pfälzischen Schulen ganz fertig war: fiel ihm noch etwas von den Predigern ein, welches in meiner Abhandlung im Hauptstücke von der Tonmessung vorkömmt. Er sah wohl, daß dieses Stück zum Artikel von den Schulen nicht gehörete; und daß er folglich wider die Ordnung des Vortrages verstosen würde, wenn er dasselbe an diesem Orte einrückete. Was Raths? Ein kluger Kopf weiß sich bald zu helfen. Er wirft die Schuld auf mich. „Ich habe mir alle Mühe „gegeben, saget er, mich an die Ordnung „zu halten; aber der Herr Verfasser mischet „Poeten, Prediger, Uebersetzer der Bibel,
„das

„ das h. Vatter unser, alles durcheinand„
„ er. Ich will deßwegen noch eine schöne
„ Stelle... den Predigern zu lieb hersetz„
„ ‚, († 61 S.). Wie? mein Freund! war„
en Sie denn verbunden, meinem vermeynt„
en Fehler nachzufolgen? Wie hängt das zu„
sammen: Der Verfasser der Abhandlung ist
unordentlich; deßwegen will ich es auch
seyn? Ja, wenn Sie meinem Werkchen Schritt
für Schritt nachgegangen wären: so hätte
Ihre Entschuldigung noch einigen Schein ge„
habt. Da Sie aber nur einige Stellen des„
selben hier und da angegriffen haben: so hab„
en Sie ja die schönste Gelegenheit gehabt,
Ihre Kriegsvölker in der bäßten Ordnung
anrücken zu lassen. Konnten Sie denn die
Vertheidigung der Prediger, die Sie hier
vorgenommen haben, nicht zugleich in dem
besondern Artikel von den pfälzischen Pred„
igern abmachen? Waren das vielleicht ver„
schiedene Gattungen von Predigern, die sich
nicht zusammen geschicket hätten? Doch, ich
werde die Ehre haben, Ihnen kürzlich zu
zeigen: daß diese Unordnung, deren Sie mich
so artig beschuldigen, blos in Ihrer Einbild„
ung, oder vielmehr in Ihren leeren Wort„
en bestehe. In dem oben genannten Haupt„
stücke

stücke von der Tonmessung habe ich wider die unnatürlichen Wortversetzungen geeifert (* 210 S.). Ich habe gesaget, dieselben wären nicht allein vor Zeiten sehr im Schwange gewesen; sondern sie wären es auch noch heutiges Tages in der Pfalz. Diese beyden Sätze dorfte und mußte ich doch mit einigen Beweisen bestärken. Den ersten bewies ich aus der Uebersetzung der Bibel, dem Gebethe des Herrn u. d. gl.; den zweyten durch das Beyspiel vieler pfälzischen Prediger und Poeten. Stehen nun nicht diese Dichter, Prediger, Uebersetzer der Bibel u. s. f. am rechten Orte? Heist das sowohl dieselben, als das heilige Vatter unser, ja alles unordentlich durcheinander mischen? Wie fein haben Sie das nicht gemachet, mein lieber Herr Biedermann! Nicht wahr, Sie haben geglaubet, Sie dörften nur so was daher sagen; man würde es nicht so genau beym Lichte betrachten; der Ehrentitel eines Liebhabers der Wahrheit machte alles gut? Und was thut doch alles dasjenige zu den pfälzischen Schulen, was Sie von dem Ende der 63ten Seite bis an die 65te vorbringen? Zeiget das nicht schon wieder eine Unordnung Ihres eigenen Werkes an? Doch, es ist einmal Zeit, dieses

Feld

Feld zu verlaſſen, und zum zweyten Theile der Anmerkungen zu ſchreiten. Vielleicht werden wir da was bäſſeres finden.

VIII Frage.

Iſt dasjenige gegründet, was der Herr Liebhaber wider meine Rechtſchreibung einwendet?

85 §. Herr Biedermann iſt in ſeinen Anmerkungen nicht ſo glücklich geweſen, daß er aus meiner ganzen Abhandlung einen Irrthum hätte machen können. Das Licht der Wahrheit iſt ihm an manchen Orten ſo ſtark in die Augen gefallen, daß er ihr keinen Widerſtand thun konnte. Er war deßwegen gezwungen, vieles gutzuheiſen. Allein es ſcheint, er habe geglaubet, es würde ihm nicht gar rühmlich ſeyn, wenn er dasjenige, was ihm unverwerflich vorkam, ſeinem Gegner als ein Eigenthum zuſchriebe. Was war denn zu thun? Es mußte unter die geſtohlenen Waaren geſchoben werden. Lucian von Samoſata hat ihm in ſeinem Lehrer der Redner vermuthlich die Anleitung zu dieſem Kunſtgriffe gegeben.

en. Wen soll ich denn bestohlen haben? Den ehrwürdigen Pater Weitenauer der Gesellschaft Jesu. Warum aber gerad diesen, und keinen andern? Warum nicht Gottscheden, Bödikern, Frischen, Wippeln, Aichingern, Braunen, Popowitschen, Hempeln, die kritischen Beyträge, und viele andere, die hundertmal mehr von der deutschen Sprache geschrieben haben, als Weitenauer in seinen paar orthographischen Zweifeln, die ohngefähr fünf Bögen in allem ausmachen? Aus den mehrsten dieser vortrefflichen Sprachlehrer habe ich häufige Stellen in meiner Abhandlung angezogen; ich habe sogar die Hauptstücke, Absätze und Seiten benennet, wo diese Stellen zu finden wären: woraus Herr Biedermann doch hätte abnehmen können, daß ich diese Herren gelesen habe. Das hilft aber alles nichts. Es muß Weitenauer seyn, in dessen Garten meine Blümchen gewachsen sind. „Man „halte die Zweifel dieses Paters, heist es, „gegen das Werkchen des H. Verfassers, „und man wird finden, daß sich der Herr „nur anderer Worte bedienet, ja manch= „esmal die Sache mit eben denselben Wort= „en vorträgt „ († 65 S.). Wie? mein

Herr

Herr Biedermann! giebt es denn nicht mehr als eine schwarze Kuh? Wenn Herr Weitenauer und ich in Worten bisweilen miteinander übereinkommen: folget deßwegen daraus, daß ich ihn ausgeschrieben habe? Finden sich denn nicht eben diese Worte in hundert andern Sprachlehrern? Ist es nicht sogar nothwendig, daß, wenn mehrere über einerley Materie schreiben, sie sich dann und wann derselbigen Ausdrücke bedienen? Nein, nicht einen einzigen Buchstaben habe ich aus Weitenauern entlehnet. Ich war mit meinem Werkchen beynahe ganz zu Ende gekommen, ehe ich denselben einmal habe kennen lernen. Ich habe mich dabey sehr verwundert und gefreuet, daß man endlich anfienge, Megalissens bittersten und gerechtesten Klagen auszuweichen. Gestehen Sie die Wahrheit, mein Freund! hat Sie nicht eben dieser Gedanken eingenommen? Stecket hierin nicht die einzige Ursache, warum Sie mir diesen Diebstahl aufbürden wollen?

86 §. Aber wollen Sie erlauben, daß ich Sie frage, wo Herr Weitenauer seine Blümchen hergenommen habe? Aus seinem eigenen Garten, werden Sie antworten. Diese

Antwort darf man Ihnen nicht verdenken. Wie wäre es aber, wenn ich Ihnen das Gegentheil zeigete? Wie hart Sie dieses auch ankommen mag: so bin ich doch versichert, daß Sie es geduldig annehmen werden. Wir wollen der Kürze halber nur einige Stücke vor uns nehmen. 1) **Weitenauers** allgemeine Grundsätze der Rechtschreibung (ortograph. Zweif. 3 S.), nämlich der Aussprache, Herleitung und Gewohnheit, hat der schöneckische Schuldiener Johann Christoph **Wolf** schon im Jahre 1749 in eben der Ordnung vorgetragen x). 2) Neben dem, daß beynahe alle unsere Sprachlehrer vom Unterschiede ähnlicher Wörter handeln: so finde ich die Beyspiele, die **Weitenauer** (12 u. f. S.) anführet, von Worte zu Worte in Gottscheden y), Aichingern z), Hempeln a), Popowitschen b) u. a. m. 3)
die

---

x) Unterricht zur Rechtschr. der deutsch. Sprache.

y) Sprachl. I Th. V Hauptst.

z) Versuch einer teutsch. Sprachl. 59 u. f. S.

a) Hochteutsch. Sprachl. 9 S.

b) Nothwendigste Anfangsgründe der teutschen Sprachkunst 24 S.

die Zahlwörter zween, zwo, zwey (Zweif. 16 S.) hat Gottsched in seiner Sprachkunst a.d. 149 u. 273 S. schon lang unterschieden. 4) Die Regeln zur Vermeidung des überflüßigen e in den Wörtern deme, ihme, seye, gehe, ware, Häuseren u.d.gl. (Zweif. 26 S.) hat ebenfalls Gottsched alle gegeben. 5) Die doppelten Mitlauter ff, ck, tz in Graff, straffen, wircklich, Hertz u. s. w. (Zw. 30 u. f. S.) werden von Gottscheden a. d. 83 S. verworfen. 6) Von dem Unterschiede zwischen den und denen, der und derer (Zw. 48 S.) handelt neben andern Popowitsch a. d. 24. u. 25 S. 7) Daß die Verkleinerungswörter bässer mit chen als gen (Zw. 49 S.) geschrieben werden, lehret Gottsched a.d. 193 S. 8) Und wo hat Weitenauer die Lehre von den fünf deutschen Abänderungen hergenommen? Aus eben diesem Sprachlehrer (Zw. 41 S.). 9) An der 45ten und 46ten Seite der orthographischen Zweifel werden etliche Fehler angemerket, die wider die Abänderungen begangen zu werden pflegen. Ich finde aber in unsern vornehmsten Sprachlehrern nicht allein eben diese Fehler, sondern mehrstentheils mit denselbigen Worten verzeichnet. Z. B. des Herrns,

Herrns, des Grafens, des Fürstens, bey Gottscheden a. b. 239 S. Der Frauen, der Schlangen, der Seiten in der einfachen Zahl, bey Hempeln a. d. 214. 225 S., und bey Aichingern a. d. 200 S. Dem Schwagern, Wiederkäufern, Lehrern, Predigern, bey Hempeln a. d. 282 S. Die Stalen, Apostlen, Schwestren, bey Aichingern a. d. 223 S. Die Vättere, Richtere u. d. gl. bey Bödikern a. d. 146 S., und bey Aichingern a. d. 222 S. Die Officiers, Fräuleins, Mägdchens, bey Aichingern a. d. 223 S., und bey Gottscheden a. d. 229 S. u. s. w. 10) Es läuft wider die richtige Abänderung der Beywörter, wenn ich, voll süsen Weines, sage (Zw. 53 S.). Eben diesen Ausdruck hat Gottsched a. d. 258 S., und Aichinger a. d. 232 S. 11) Mein tragendes Amt, die besitzenden Güter, die zu besorgende Gefahr, ist fehlerhaft gesprochen (Zw. 59 S.). Dieselbigen Beyspiele und Worte hat Aichinger a. d. 288 S., und Hempel a. d. 604 u. 1052 S. 12) An dem 50ten § saget Weitenauer, lateinische Wörter dörften in einer deutschen Schrift mit keinen lateinischen Buchstaben geschrieben werden. Zur Ursache giebt er:

weil

weil man sonst auch die hebräischen und griechischen Wörter mit hebräischen und griechischen Buchstaben schreiben müßte. Diese Regel sowohl als die beygefügte Ursache steht ganz ~~in der kritischen~~ Beyträge VI B. a. d. 621 S. Ich könnte noch hundert dergleichen Stellen anführen, wenn es der Raum zuließe. Ja es wäre leicht zu zeigen, daß nicht allein alle Regeln, sondern fast alle Beyspiele, die Weitenauer giebt, sich in andern Sprachlehren finden, die insgesammt vor seinen Zweifeln an das Licht getreten sind. Und was wird ihm auf diese Art zum Eigenthume übrig bleiben? Ich will hiedurch sein Werkchen gar nicht verachtet haben. Nein, es hat seinen Werth; besonders, da es sich mehrentheils nach dem heutigen guten Geschmacke richtet, und die Hoch-Deutsche am Ober-Rhein gebräuchliche Schreib-Art unserer lieben Schulbücher fast auf jedem Blatte verdammet. Allein niemals wird diesem ehrwürdigen Vatter der Gedanken beyfallen, daß ich ihn bestohlen habe. Dazu ist er zu belesen, zu gelehrt, zu redlich.

87 §. Nun bringet Herr Biedermann sieben Wörter auf die Bahn, die ich entwed-

weder selbst unrichtig schreiben, oder wenigstens unrechtmäsig vertheidigen soll. Und hierin besteht der ganze Sturm, den er auf meine Rechtschreibung waget. Gesetzet nun, er hätte diesen Streich glücklich ausgeführet: was hätte er groses dabey gewonnen? Allein wir werden sehen, daß er hier schon wieder nichts als einen blinden Lärmen gemachet habe. Das Wort sind, worüber er schon einmal († 18 u. f. S.) eine so lange Brühe gemachet hat, steht hier wieder oben an. Er kann es unmöglich verdauen, daß ich das seynd unter die Sprachfehler gezählet habe. Die Ursache ist sonder Zweifel, weil unsere geehrtesten Schulbücher dadurch Noth leiden. Welchen Beweis führet er denn wider mich an? Er fraget mich, warum ich Vatter und nicht Vater schreibe; da doch das letztere bey den Sachsen aufgenommen sey († 67 S.). „Wann Sie mir eine vernünftige Antwort ertheilen wollen; so „werden Sie sagen: was bekümmert mich „das? Die Sachsen seynd mir nicht in allen „Stücken eine Regel... Man kann mir „nicht beweisen, daß eines besser gesprochen sey, als das andere. Viele gelehrten „Leute stimmen mir bey... Eben diese Ant„wort

„ wort geht von Worte zu Worte auf das
„ seynd,, († 68 S.). Sie sind wohl gütig, mein Herr Biedermann! daß Sie sich die Mühe gegeben haben, mir diese Antwort auf die Zunge zu legen. Allein ich nehme die Freyheit, nur etwas weniges daran auszustellen, ehe ich sie ausspreche. Wahr ist es, daß ich den Sachsen nicht in allen Stücken blindlings nachfolge. Die Verwerfung des Wortes gelahrt dienet nebst andern zur klaren Probe (* 99 S.). Allein eben darum hätten Sie meinem Vatter das sächsische Vater nicht als einen sonderbaren Beweis entgegensetzen sollen. Daß man aber nicht darthun könne, daß Vatter bässer sey, als Vater: darin kann ich Ihnen nicht beypflichten. Vernehmen Sie meine Gründe. Die Uebereinstimmung der Gelehrten entscheidt einmal in diesem Stücke nichts: denn es giebt noch immer einige unter ihnen, auch sogar unter den Sprachlehrern, welche nach der Mundart sehr vieler Provinzen Deutschlandes Vatter sprechen und schreiben. Was saget aber die Sprachähnlichkeit dazu? Ganz Deutschland, sammt allen Gelehrten, spricht Vetter (Cognatus), und Gevatter, Gevatterschaft. Das erstere leiten viele Sprachforscher,

er, worunter Gottsched, Frisch u.a.m. sind, von Vatter her; wiewohl es Herr Wachter viel wahrscheinlicher von wetten, welches vormals auch verbinden hies, herleitet. Gevatter aber und Gevatterschaft stammen unwidersprechlich und ohne allen Zweifel von Vatter ab; womit auch die lateinische und französische Benennung, Compater und Compere, vollkommen übereinstimmet. Also sprechen eben diejenigen, die in einem Falle Vater sagen, in andern Fällen Vatter; und sind darum mit sich selbst nicht einig. Allein wir sprechen immer und beständig Vatter. Lenket das nicht den Sieg auf unsere Seite? Giebt das nicht dem tt einen starken Ausschlag? Geht aber auch alles dieses von Worte zu Worte auf das seynd? Keinesweges. Die Sprachähnlichkeit spricht ihm das Wort nicht. Vielweniger giebt ihm die Trennung der Gelehrten einigen Schutz. Alle diese, alle schreiben sind, nicht seynd; wie wir schon oben (27§) angemerket haben. Selbst Pater Weitenauer hält es in diesem Stücke mit ihnen. Nun ist aber die Uebereinstimmung der Gelehrten eine Sprachregel, von der man ohne die erheblichsten Gründe nicht abgehen darf (*98 S.). Haben en Sie etwann einige dergleichen Gründe? Suchen Sie doch fleisig nach. Finden Sie aber keine: so traue ich Ihrer Billigkeit so viel zu, daß Sie Ihre Meynung ändern werden.

88 §. Nachdem Herr Biedermann das ltebe seynd solchergestalt in Sicherheit gebracht hat: machet er sich hinter mein neugebackenes bässer. Er ist aber schon wieder zu hitzig in seinem Angriffe, und sieht darum nicht alles, was er hätte sehen sollen. Erstlich saget er, ich hätte die Herleitung dieses Wortes aus Gottscheden entlehnet († 70 S.). Allein steht denn Frischens Wörterbuch, Luthers Sendbrief, und die noch lebende pfälzische Mundart, worauf ich mich an der 105ten Seite meiner Abhandlung berufen habe, auch in Gottscheden? Zweytens bürdet er mir einen Schluß auf, den ich nicht gemachet habe. „Ein alter Poet hat „basten mit Fantasten gereimet: also „muß man bässer schreiben,„ († 69 S.). Habe ich auf diese Art gefolgert? Nein, dieses hat allein zur Probe dienen sollen, daß das baß, wovon ich bässer herleite, schon bey den Alten gebräuchlich gewesen sey; wie die

104te

104te Seite meiner Abhandlung ausdrücklich bezeuget. Und eben das ist von den alten Büchern zu verstehen, woraus ich den Beweis meines bässer soll hergenommen haben († 69 S.). „Man findet aber auch „tausend andere dergleichen ungeschickte „Reimen, z.B. stohn und gohn, man und „han u.d. m.: allein was beweist dieses„? Diese Reime beweisen eben das, was der vorige beweist, nämlich daß die Wörter stohn, gohn u. s. w. vor Alters ebenfalls üblich gewesen seyn. Es folget aber nicht daraus, daß sie darum heutiges Tages noch gut seyn: denn eben sowohl diese, als das baß, sind veraltet und auser dem Gebrauche.

89 §. Alles dieses, wie wir sehen, giebt dem bässer noch nicht den geringsten Stos. Allein der folgende Einwurf wird, nach der Meynung des Herrn Liebhabers, dem ganzen Streite abhelfen. „Dieses Wort, „saget er, läuft wider die Aussprache. Ich „berufe mich auf das Gehör des ganzen „Deutschlandes, ob der Selbstlauter in bess- „er einen solchen Ton habe, wie z.B. in „Gewässer, Fässer u.d.gl.„ († 69. 70 S.). Ja, wenn mein bässer der allgemein-
en

en Außsprache offenbar zuwider wäre: so wollte ich es noch wirklich abschaffen. Wider diese soll man nicht leicht was einführen. Man muß sie einigermaasen als den ersten Grund der Rechtschreibung ansehen; und aus dieser Ursache ist das gottschedische dreyzig, wiewohl es der Sprachähnlichkeit sehr gemäs ist, von allen übrigen Sprachlehrern mit solcher Standhaftigkeit verworfen worden. Dieser Einwurf ist mir bey Niederschreibung des bässer selbsten eingefallen. Ich habe ihn wohl überdacht, aber dabey auch Wörter genug gefunden, in welchen das ä nicht anders als ein einfaches e klingt. Dahin gehören zählen, wählen, schälen, quälen, hägen, säen, näher, Räder, Zähren, Hälfte und noch hundert andere. Hat das ä dieser Wörter eben solchen Ton, wie in Gewässer, Fässer, häßlich, ärgern, Bär u. d. gl.? Lautet es nicht vielmehr, wie das einfache e in gehen, sehen, Keller, Seele u. a. m.? Aber auch umgekehret klingt das e bisweilen nicht anders, als ein ä. Die Wörter leben, geben, fehlen, Leder, Nebel und unzählbare andere bezeugen es. Soll man deßwegen diese mit einem ä, und jene mit einem e schreiben? Aus dem erhellet,

daß

daß auch die Ausſprache meinem bäſſer nicht
ſchabe. „ Aber wenn ich auch zugebe, fährt
„ Herr Biedermann weiter fort, daß
„ beſſer von baß herkomme c): ſo folget
„ doch noch nicht, daß man bäſſer ſchreiben
„ müſſe.

---

c) In dieſem Geſtändniſſe iſt unſer Liebhaber
doch etwas billiger, als ein gewiſſer öffentlicher
pfälziſcher Schullehrer, welcher in einer Rede-
übung (Declamatio), die er den vorigen Sommer
wider meine Abhandlung hat halten laſſen,
die Herleitung dieſes Wortes folgender Geſtalt
widerleget: „Ich mußte neulich lachen. Wor-
„ über? Ueber eine neue Berggeburt eines jung-
„ en Sprachforſchers. Dieſer ſagt nebſt andern
„ ungereimten Seltſamkeiten, beſſer müſſe man
„ mit einem ä ſchreiben. Warum? Es käme von
„ baß her. Es ſcheint, dieſer luſtige Einfall muß
„ dem Herrn bey dem Baßſtreichen zugeflog-
„ en ſeyn„. Ein artiger und ſinnreicher Gedanken für einen öffentlichen Lehrer! Seine
Schüler werden vermuthlich mit ihm recht herzlich gelachet, und über dieſe glückliche Widerlegung in die Hände geklatſchet haben. Sie haben
Urſache dazu gehabt; und unſere Leſer werden
ſich nicht einhalten können, deßgleichen zu thun.
Ich hätte Sie um einen Gefallen zu bitten, Herr
Biedermann! Vielleicht kennen Sie dieſen
Herrn. Sagen Sie ihm doch ins Ohr: die Herleitung von baß ſtehe ſogar in unſern Schulbüch-

„ müsse. Die Probe ist klar und überzeug-
„ end. Niemand schreibt ädel, verbünden,
„ fünden, Mähl, mässen, frässen u. s. f.;
„ wiewohl diese Wörter herkommen von
„ Adel, Bund, Fund, mahlen, Maaß,
„ Fras„ († 70 S.). Diese Probe ist aus
dem 7ten § der orthographischen Zweifel gezogen. Sie ist aber noch lang nicht so klar
und überzeugend, als Herr Biedermann
meynet. Hätte er sich die Zeit genommen, der
Sache ein wenig nachzudenken; hätte er sich
nebst Weitenauern auch mit andern Sprachlehrern bekannt gemachet: so hätte er es vielleicht selber eingesehen. Dieser Pater saget ja
nicht, daß die Wörter edel, verbinden u. s.
S.   w.

---

ern, nämlich in dem orthographischen Verzeichnisse, welches man aus Gottscheden abgeschrieb-
en hat. Dieses hat derselbe gewiß nicht gewußt:
denn sonst würde er feinere Senten aufgespann-
et haben. Allein itzt wird er eine desto bequem-
ere Gelegenheit haben, seine Schulknaben mit
der Baßgeige öfters zu belustigen. Sie müssen
aber diese Entdeckung weiter nicht mißbrauchen.
Schliesen Sie nur nicht daraus, daß ich meine
Herleitung selbst aus den Schulbüchern entlehnet habe. Ich habe ja die Quellen angezeiget, woraus ich sie geschöpfet habe (* 104, 105 S.).

w. von Adel und Bund herkommen; sondern, daß sie mit denselben in Verwandtschaft stehen, welches wahr ist. Der Vatter steht ja auch mit seinem Sohne, und die Schwester mit ihrem Bruder in Verwandtschaft: stammen darum die erstern von den letztern her? Man höre, was Herr Gottsched von dieser Herleitung saget: „ Das Wort edel, als ein
„ Beywort, ist unstreitig viel älter, als das
„ Nennwort, welches den abgesonderten Be-
„ griff des Adels angezeiget... Endlich hat
„ neulich ein Gelehrter aus guten Gründen
„ erwiesen: daß natürlicher Weise das Ver-
„ mischte (concretum) viel älter seyn müsse,
„ als das Abgesonderte (abstractum); folg-
„ lich edel viel eher für die Wurzel anzu-
„ sehen sey, als der Adel. Es ist auch viel
„ gegründeter, daß die Mark von merk-
„ en, und der Satz von setzen herkomme,
„ als umgekehret „ (Sprachk. I Th. II Hauptst. 12 §). Eben so spricht Herr Popowitsch in Ansehung der Zeit=und Hauptwörter. Er leitet die letztern durchgehends von den erstern, und selten jene von diesen her (Sprachk. 461 S.). Aus allem dem kann man leicht abnehmen, wie ungewiß die Herleitungen seyn, die Herr Biedermann für klar und ungezweifelt ausgiebt. 90 §.

Von der Rechtschreibung.

90 §. Der letzte Einwurf unseres Herrn Liebhabers wäre der einzige, der in Betrachtung gezogen zu werden verdienete; wenn er ihm einen Nachdruck zu geben gewußt hätte. Er beruft sich auf den allgemeinen Gebrauch, gemäs welchem man besser schreibt († 70 S.). Diesem Einwurfe bin ich in meiner Abhandlung (* 105. 106 S.) schon begegnet. Es war demnach vergeblich, denselben hier blos zu wiederholen. Hätte er sich dessen mit Nutzen wider mich bedienen wollen: so hätte er die Gründe widerlegen müssen, die ich für hinreichend gehalten habe, vom allgemeinen Gebrauche abzugehen. Allein daran hat er sich nicht gewaget: die Ursache kann man sich leicht einbilden. Worin bestehen denn diese Gründe? 1) Darin, daß wir die alte Rechtschreibung nicht hätten verlassen dörfen; daß wir folglich noch immer Menner, Vegel, Birger, thete und tausend andere Seltsamkeiten schreiben müßten: wenn es niemals erlaubet wäre, vom allgemeinen Gebrauche abzuweichen. 2) Daß wirklich viele Sprachlehrer vor mir davon abgewichen sind. Zum Beyspiele habe ich zwar den einzigen Herrn Gottsched in Ansehung seines schmäuzeln angeführet; ich hätte

hätte aber noch eine grose Menge andrer nennen können, die sich dieselbige Freyheit genommen haben. Hempel schreibt hatt, Wippel hinn, Aichinger Näderinn, Popowitsch Geschlächt, Steinbach hältt, schiltt, giltt u. d. gl., ein anderer Sprachlehrer Mondtag, mit dem es auch Weitenauer hält u. s. w. Alles dieses läuft wider den allgemeinen Gebrauch. Was folget daraus? Daß ich bey Einführung meines bässer in die Fusstapfen dieser Sprachlehrer getreten sey. Verdiene ich den Namen eines Sonderlinges: so stehe ich wenigstens mit ihnen in einer Reihe. Indessen bin ich, nach dem Beyspiele dieser berühmten Männer, weit davon entfernet: daß ich meine Neuerung Jemanden aufdringen will. Es kömmt in diesem Stücke hauptsächlich auf die Nachfolge der Gelehrten an. Diese wissen, daß der Gebrauch ein Tyrann ist, der viel unrechtmäßiges Gut besitzet. Dasselbe muß man ihm nun freylich entreißen: aber auf einmal und mit stürmender Hand läßt sich es nicht thun. Der Widerstand würde viel zu gros seyn. Man muß deßwegen hierin gemach zu Werke gehen; wie der Herr von Leibnitz ermahn-

et

et d). Und auf diese Weise sind in unserm Jahrhunderte sehr viele Wörter empor gekommen, die vorhin nicht anders, als das besser, ausgesehen haben. Man gehe nur fünfzig Jahre zurück, und sehe zu, wie oft man das å in den Wörtern Aehre, åmsig, Aernte, Aerz, Aermel, åhern, ergåtzen, eräugen, einhällig, Gråuel, Håcken, håucheln, Håller, Hålfte, Jänner, Knåbelbart, Lårmen, låuten, nåmlich, Råthsel, schålen, schållen u. a. m. finden wird. Hat man demnach Ursache, über das båsser so gewaltig zu stutzen?

91 §. Diesem Worte habe ich das allso in meiner Abhandlung an die Seite gesetzet. Ich habe es von all und so hergeleitet; und diese Meynung habe ich mit vielē, und guten Gründen bestättiget (* 107 S.). Es scheint aber, Herr Biedermann sey nicht völlig davon überführet worden. Also leitet er viel natürlicher, wie er saget, von als und so her. „Das „als hat gar oft die Bedeutung von halt: „z. B. es ist halt so, heißt eben so viel, als: „es ist also„ († 71 S.). Aber woher wiss-

---

d) Krit. Beyt. I B. 378 S.

en Sie, mein Herr Liebhaber! daß als gar oft diese Bedeutung habe? Können Sie einen einzigen Sprachforscher aufweisen, der Jhnen hierin beypflichte; oder haben Sie selbst einige starke Gründe für diese Meynung gefunden? Warum haben Sie dieselben nicht angeführet? Warum haben Sie jene Wörter nicht hergesetzet, worin das als die Bedeutung von halt hat? Sie wollen dieses zwar in dem Worte also zeigen: das ist aber ja eben der Punkt, wovon die Frage ist. Wo haben Sie denn gelernet, daß sich eine Sache durch sich selbst beweisen lasse? Hat Jhnen das vielleicht Jhre grose Einsicht in die Redekunst eingegeben (†39 S.)? Und wie können Sie durch ein einziges Wort darthun, daß das als nicht nur einmal, sondern gar oft die Bedeutung von halt habe? Wo sind denn die übrigen Wörter, worin diese Bedeutung Statt hat? Es werden vermuthlich jene seyn sollen, die mit all zusammengesetzet sind. Gut! Gott ist allmächtig, wird demnach eben so viel heisen, als: Gott ist halt mächtig. Das läßt sich nun auf den algäuischen Fluren noch ziemlich wohl hören. Was wird aber aus der Allmacht selber herauskommen? Die halt Macht.

Nacht. Und wie wird es klingen, wenn ich sage: Er ist allein geblieben? Er ist halt ein geblieben. Sind das etwann Ihre Gedanken, Herr Biedermann? Für gewiß weiß ich es nicht. Entscheiden Sie selber. So viel ist indessen auser Zweifel, daß sich eben so viel Spuren von dem halt in diesen Wörtern zeigen, als in also. Doch wir wollen blos bey diesem letztern Worte stehen bleiben. Ist es denn richtig, daß es sich durch halt so erklären lasse? Was ist dieses halt für ein Wort? Es ist ein pöpelhafter Ausdruck, den alle gute Schriftsteller verabscheuen. Und was heist es? Es heist eben so viel, als: ich halte dafür, etwann, vielleicht u.d.gl. e). Wie werden Sie nun folgenden Schluß erklären: Es giebt Geschöpfe; allso giebt es einen Schöpfer? Die Erklärung wird diese seyn: Es giebt Geschöpfe; vielleicht giebt es einen Schöpfer oder ich halte dafür, daß es einen gebe. Wie klingt das? Wo ist der Zusammenhang und die Folge? Und wie wird dieser Sinn lauten: Also halte

---

e) S. Frischens Wörterb. — Popowitschens Sprachl. u. a. m.

halte ich dafür? Sie werden ihn so auslegen müſſen: Ich halte dafür, daß ich dafür halte. Wer ſpricht ſo, mein Herr Biedermann? Iſt Ihre Herleitung noch ſo natürlich, als Sie geglaubet haben? Sie haben ſich halt übereilet. Treten Sie deßwegen der meinigen getroſt bey. Doch was ſage ich, der meinigen? Dieſe Herleitung iſt ſchon lang bekannt geweſen, ehe ich meine Abhandlung geſchrieben habe. Ich habe ſeit dem gefunden, daß Wachter, Friſch und Steinbach dieſelbe ausdrücklich lehren. Von ſo groſen Sprachkennern iſt meine Meynung unterſtützet!

92 §. „Aber dadurch hat der Herr doch „noch nicht bewieſen, daß man allſo müſſe „ſchreiben. 1 weil es gegen die Gewohnheit „aller Gelehrten, wie der Herr ſelbſt ge„ſteht... 2 weil die Mitlauter zu ſehr ge„häufet werden, ohne daß es die Ausſprache „erfordere,, († 71 S.). Was die Gewohnheit der Gelehrten, oder den allgemeinen Gebrauch, betrifft: darauf habe ich oben (90 §) weitläufig geantwortet. Der zweyte Grund, den Sie hier anführen, hält keinen Stich. Es ſollte Ihnen als einem Sprach-

ver-

verständigen doch bekannt seyn, daß die Aussprache nicht der einzige Grund der deutschen Rechtschreibung ist. Werden denn nicht die Stammbuchstaben durchgehends beybehalten, wenn sie schon die Aussprache nicht erfodert? Wir schreiben z. B. bewußt, gefaßt, bekannt u. d. gl. Erfodert hier die Aussprache ein doppeltes ſ in den zweyen erstern Wörtern, und ein doppeltes n in dem letztern? Keinesweges: denn die Aussprache dieser Wörter erfodert weiter nichts, als zween Mitlauter nach den Selbstlautern u und a, welche letztere kurz sind; dieses geschähe aber ja noch, wenn man bewuſt, gefaſt, bekant schriebe. Warum behalten wir diese doppelten Mitlauter dennoch bey? Weil es Stammbuchstaben der Wörter wiſſen, faſſen, und kennen sind. Da nun die Wurzel des Wortes allſo ein doppeltes l hat; wie ich bewiesen habe: so darf es ja nicht verstoſen werden, wenn es schon der Aussprache wegen nicht nöthig wäre. Allein ich kann sogar beweisen, daß auch die Aussprache dieses ll erfodere. Die erste Syllbe in allſo ist unstreitig kurz; und im Buchstabiren muß dieses Wort in die Syllben all-ſo zerleget werden. Nun ist es eine allgemeine

gemeine Sprachregel, daß nach kurzen Selbstlautern ein doppelter oder zween Mitlauter, und nach langen ein einfacher folge (* 93 S.). Schreibt man demnach al=so: so wird die erste Syllbe nicht anders als aal, das ist, lang und gezogen klingen, welches der Aussprache gänzlich zuwider ist.

93 §. An der 109ten Seite meiner Abhandlung habe ich behauptet, Monath müsse gleich den Wörtern Heurath, Heimath, Zierath, mit einem th geschrieben werden. Die Sache hat ihre Richtigkeit: denn dieses Wort wird aus Mon (Luna), und der Endsyllbe ath zusammengesetzet. Hat nun eben diese Endsyllbe in Heimath, Zierath und den übrigen ein th: so erfodert ja die Sprachähnlichkeit, daß dieselbigen Buchstaben in Monath erscheinen. Hiemit ist Herr Biedermann nicht zufrieden. Ich weiß aber, die Wahrheit zu gestehen, fast selber nicht, was er will. „Mein Herr!
„ ruft er mir zu, unter den Wörtern Heur-
„ ath, Heimath u. s. w., und unter Mon-
„ at ist ein Unterschied... Man spricht Heur-
„ äthen, Zieräthen; nicht aber Monath-
„ en, sondern Monäten„ († 72 S.).

Was

Von der Rechtschreibung.

Was denn mehr, Herr Biedermann!? Wollen Sie dadurch die angegebene Zusammensetzung des Wortes Monath läugnen; oder geben Sie dieselbe Ihres Einwurfes ungeachtet zu? Für das erste haben Sie nicht den geringsten Grund; durch das andere aber würden Sie selbst eingestehen, daß die Sprachähnlichkeit das th erfodere. Warum wollen Sie es denn ausschliesen? Wegen der Aussprache? Geht denn diese der Sprachähnlichkeit immer vor? Hierüber hätten Sie Ihre Gedanken deutlich erklären, und sie mit etlichen gründlichen Anmerkungen, die Sie zu Anfange Ihres Werkchens versprochen haben († 3. 4 S.), begleiten sollen. Doch, ich will Ihnen zeigen, daß in Monathen nicht einmal die Aussprache dem th im Wege stehe. Nach dem deutschen Tonmaaße ist die Syllbe lang, mit der man in der Aussprache steigt; jene hingegen kurz, mit der man fällt. So ist z. B. in Leben die erste Syllbe lang, die zweyte kurz; weil man mit dem Tone von der ersten auf die zweyte gleichsam hinunterfällt. In geschwind aber ist die erste kurz, und die zweyte lang; weil man jene tief, diese hoch ausspricht. Aus dieser Ursache haben einige unserer Dichter den lang-

kurzen

kurzen Fus (Trochæum) den fallenden, und den kurzlangen (Jambum) den steigenden genennet f). Nun nehme ich ganz Deutschland, und Sie selbsten, zum Zeugen: ob man nicht in Heurathen und Zierathen von der ersten Syllbe auf die zweyte mit dem Tone hinunterfalle. Jedermann wird sich dessen durch sein eigenes Gehör leicht überzeugen können. Ist es aber dem also: so ist die zweyte Syllbe dieser Wörter unstreitig kurz; und Sie haben dieselbe mit dem langen Tonzeichen (—) übel bemerket. Es ist zwar wahr, daß das a in Monathen etwas geschwinder ausgesprochen werde, als z. B. in Heurathen: das machet aber darum nicht, daß es in diesem letztern Worte nicht wahrhaftig kurz bleibe. So eilet auch die Zunge über die zweyte Syllbe in bändigen viel geschwinder her, als in grosmüthig: dennoch wird Niemand läugnen, daß die Syllbe müth kurz sey. Sie selbst läugnen dieses nicht; indem Sie grosmüthig für einen Langekürzten (Dactylum) ausgeben

(†

---

f) S. Gottscheds Kern der deutsch. Sprachf. IV Th. 11 Hauptst. — Brauns Anleit. zur deutsch. Dichtk. VIII Hauptst. 1 §.

Von der Rechtschreibung.

(† 97 S.). Hindert nun die Kürze des Selbstlauters a in Heurathen u. d. gl. das th nicht: so wird sie es auch in Monathen nicht hindern können. Zuletzt muß ich noch erinnern, daß die Rechtschreibung dieses Wortes keine Erfindung von mir sey. Eine grose Menge unsrer bästen Sprachlehrer und Schriftsteller hat dasselbe schon lang vor mir auf diese Art geschrieben. Hier können Sie also wenigstens icht sagen, daß ich in Verbässerung der pfälzischen Sprache von dem Meinigen zu viel hinzugesetzet habe († 66 S.).

94 §. Eben so wenig können Sie mir diesen Vorwurf in Ansehung der Wörter denn und wenn machen. Sie sind schon längst in Deutschland eingeführet; und selbst Ihr theuerer P. Weitenauer hat sie in seinen Schutz aufgenommen. Warum bestrafen Sie mich denn hier eines Irrthumes? Stecken denn in den Zweifeln von der deutschen Sprache auch Irrthümer? Doch, wenn es mit aller Gewalt gefehlet seyn soll: so sey es in Gottes Namen. Haben Sie nur die Güte, und sagen mir die Ursache meines Fehlers, damit ich sie auch andern erzählen könne.
„Denn und wenn kann uns der Herr nicht
„auf-

„ aufdringen. Oder wie wollte es der Herr „ machen? Wir glauben, dann und wann „ sey eben so schön, und warum sollte es nicht „ so gut seyn,, († 72 S.)? Genug, Herr Biedermann! ich fühle die Stärke Ihres Beweises. Es hat zwar ein berühmter Schriftsteller unseres Jahrhunderts den Ausspruch gethan, durch Fragen bewiese man nichts: Soll vielleicht Fragen und Beweisen ein Ding seyn († 58 S.)? Allein der bezaubernde Strom Ihrer Wohlredenheit ersetzet alles. Ja, für diesesmal bin ich vollkommen überführet. Ich erkenne meinen Irrthum, meinen grosen und schweren Irrthum. Ich bereue, daß ich den Pfälzern das denn und wenn habe aufdringen wollen; wiewohl keine Spur von diesem Aufdringen in meiner Abhandlung zu finden ist. Ich sehe nun sonnenklar ein, daß das dann und wann eben so schön ist; ob ich schon das Gegentheil mit guten Gründen dargethan habe, welche Sie nicht einmal berühret haben (* 112 S.). Ich begreife endlich die Vortrefflichkeit Ihrer neuen Sprachregel, um welche Deutschland bisher nichts gewußt hat. Jede Provinz, wenn ihre Mundart auch noch so schlecht wäre, hat das bäßte Recht, fest

dar-

darüber zu halten. Die Gelehrten werden ihr mit den allerstärksten Gründen nicht beykommen können. Sie darf ihnen nur herzhaft antworten: Was wollet ihr? Wir glauben, daß wir eben so gut und schön sprechen, als ihr; und damit können jene heimgehen. O, welchen Dank ist Jhnen die Pfalz nicht schuldig, mein lieber Herr Biedermann! daß Sie derselben durch Jhre gründlichen Anmerkungen ein so herrliches Licht aufgehen lassen!

95 §. „Der Herr dichtet den Pfälzern „ wahre Fehler an, die sie nicht haben. Z. „ B. Burgere, Burgermeistere, Fraw, „ Ewer u. s. f. Welcher gelehrte Pfälzer „ schreibet auf solche Art„ († 73 S.)? Wie? Herr Biedermann! ist denn Fragen und Beweisen schon wieder ein Ding († 58 S.)? Sie wollen der Pfalz, ja der ganzen Welt, meine Jrrthümer gründlich vor Augen legen: und Jhren ganzen Beweis schliesen Sie in eine Frage ein. Hätten Sie mit Grunde von dieser Sache sprechen wollen: so hätten Sie sich in den Schriften unserer Landesleute viele Jahre lang, fleisig, und mit einer aufrichtigen Liebe zur Wahrheit umsehen müssen.

en. Alsdann hätten Sie mit Einsicht und mit einem lehrreichen Tone fragen können: Welcher gelehrte Pfälzer hat die oben genannten Fehler jemals aus seiner Feder fließen lassen? Ich werde nun die Ehre haben, Ihnen Ihren Zweifel kürzlich aufzulösen. Was die mit einem überfließigen e verlängerten Wörter, als **Bürgere** u. d. gl. betrifft: so kommen dieselben sehr häufig in den Schriften unsrer Kanzeleyen und Rechtsgelehrten vor. Ich nehme wirklich eine derselben vom Jahre 1748 zur Hand, worin ich die **Aemtere, Empfängere, Güthere, Geldere** finde. Ich schlage eine andere vom Jahre 1766 auf; und da erblicke ich sogleich die **Zöllere** dreymal hintereinander. Ich nehme noch eine von eben dem Jahre vor mich; in dieser stellet sich mir das Wort **Prägere** bey dem ersten Anblicke dar. Und wie oft findt man nicht die **Glaubigere,** die **Klägere,** die **Beständere** u. a. m.? Was brauchet es viel Wesens? Haben Sie nur die Güte, und sehen diese Schriften selber ein: so werden Sie ohne sonderliche Mühe eine Menge dergleichen Wörter entdecken. Haben Sie aber dazu vielleicht eben so wenig Zeit und Geduld, als Sie zur Bestreitung aller meiner

Irr-

Irrthümer haben (†4S.): so lesen Sie wenigstens die Verordnungen, die unsern öffentlichen Zeitungsblättern öfters angehenket werden; und Sie werden Stoff genug finden, sich zu beruhigen. Wo werden wir aber das garstige w in Fraw und ewer auftreiben? Dazu können uns die Briefe so mancher Gelehrten behilflich seyn, wo ich es selbst mehr als hundertmal mit eigenen Augen gelesen habe. Sind Sie aber hiemit nicht zufrieden; soll ich es Ihnen auch in gedruckten, und zwar in recht gelehrten Schriften zeigen: so kann ich damit ebenfalls aufwarten. Dieses w findt sich in den so lieben, so lehrreichen, so vollkommenen pfälzischen Schulbüchern. Himmel! wird Ihr Herz ausrufen, soll das möglich seyn? Erschrecken Sie aber nur nicht zu viel, und trösten sich damit, daß Sie ein Liebhaber der Wahrheit sind. Im Lehrbuche für die zweyte Klasse, welches im Jahre 1758 zu Mannheim gedrucket worden, steht das Wort Ewer an der 227ten und 228ten Seite. Es wird vielleicht ein Druckfehler seyn? Nein, es kömmt achtmal kurz nacheinander vor. Es heißt: Ew. Hochgräfliche Gnaden, Ew. Hochwohlgebohrnen Excellenz, Ew. Hochedelgebohrn, Ew. Hochedlen,

T Ew.

Ew. Hochwürden, Ew. Hochehrwürden u. s. w. Daſſelbige w findt ſich auch in dem Lehrbuche der erſten Klaſſe an der 229ten Seite. Dieſe Schreibart wird unſern jungen Leuten zum Muſter vorgeleget; wie weit muß ſie ſich dadurch in der Pfalz nicht ausbreiten! Was ſagen Sie dazu, Herr Biedermann? Iſt es nun wahr, daß ich den Pfälzern Fehler andichte, die ſie nicht haben? Werden Sie ferner fragen: Welcher gelehrte Pfälzer ſchreibt auf ſolche Art? O der gründlichen Anmerkungen!

96 §. Mit einer gelehrten Unterſuchung des Wortes Pöpel beſchließt endlich unſer Herr Liebhaber den Artikel von der Rechtſchreibung. Dieſes Wort kömmt eben ſo gewiß von Populus her, als Papſt von Papa herkömmt. Da man nun in dieſem wider die alte Gewohnheit ein p eingeführet hat, welches auch des Wortes Papiſt wegen einigermaaſen nöthig war: ſo habe ich kein Bedenken getragen, jenes ebenfalls mit einem p zu ſchreiben. Erſtlich zieht Herr Biedermann dieſe Herleitung in Zweifel, wobey er aber Unrecht hat. Er hätte ſich ſeines Irrthumes ſelbſt überzeugen können, wenn er ſich nur

die

die Mühe gegeben hätte, unsere Sprachforscher um Rath zu fragen. Gottsched,
Frisch u. a. m. pflichten mir ausdrücklich
bey. Der letztere führet sogar alte Schrift-
en an, worin Pöpel mit einem p erscheint.
Was H. Biedermann dawider einwendet,
ist nicht von der geringsten Erheblichkeit.
„ Es scheint nicht, saget er, daß diese Her-
„ leitung von unsern Sprachlehrern für un-
„ gezweifelt erkennet werde; indem sie sich
„ nicht entschliesen können, Pöpel zu schreib-
„ en,, († 73. 74 S.). Es ist ja bey unsern
Sprachlehrern auch eine ausgemachte Sache,
daß besser von baß, also von alles und so,
dennoch von denn und noch u. s. w. ab-
stamme; und dessen ungeachtet haben sie sich
noch nicht entschlossen, bässer, allso, denn-
noch u. a. m. zu schreiben. Die Bestärkung
seiner Meynung, welche er aus dem gottschedischen Schmäucheln zieht († 73 S.),
ist ohne allen Grund. Wie soll es das Ansehen haben, daß ich dieses Wort verwerfe;
da ich es doch überall selber schreibe? Es
findt sich an der 10ten, 16ten und 5 sten
Seite meiner Abhandlung ausdrücklich. Wer
gründliche Anmerkungen machen will, der
muß sich nicht übereilen.

    T 2   97 S.

97 §. „ Doch, sollte auch diese Ableitung „ unwidersprechlich seyn; so hat der Herr „ dannoch seinen Handel noch lange nicht ge- „ wonnen „ († 74 S.). Warum nicht, mein Herr Biedermann? „ Der Herr hält durch „ diese Schreibart eine Regel, und verletzet „ zwo. Erstlich weichet er ab von dem all- „ gemeinen Gebrauche der Gelehrten. Zwey- „ tens widerstrebet er der allgemeinen Aus- „ sprache durch ganz Deutschland „. Was den allgemeinen Gebrauch betrifft: darauf dienet dieselbige Antwort, die ich oben bey meinem bässer und allso gegeben habe. Mit der Aussprache aber verhält es sich gewiß nicht so, wie Sie vorgeben. Wir wissen, daß das b zwischen zweenen Selbstlautern gleich einem gelinden w klingt. Die Wörter lab=en, geben, lieben, Hobel, Zuber u. d. gl. können zur Probe dienen. Sie lauten in guten Ohren fast nicht anders, als lawen, gewen, liewen, Howel, Zuwer. Nun ist es zwar wahr, daß einige den Ton dieses w in Pöb=el hören lassen: allein bey vielen hundert andern, die ich dieses Wort in verschieden=en Gegenden Deutschlandes habe sprechen hören, habe ich immer ein ganz deutliches p wahrgenommen. Ja ich habe viele, theils

vor=

vornehme, theils gelehrte, und in ihrer Muttersprache wohl erfahrne Personen mitten in
der Pfalz angetroffen, die mir bekennet hab-
en: daß sie besagtes w die Tage ihres Lebens aus Niemandes Munde gehöret hätten.
Hieraus folget, daß die Aussprache wenigstens noch getheilet sey; weit gefehlet, daß
mein Pöpel der allgemeinen Aussprache
von ganz Deutschland widerstreben sollte.
Nun entsteht erst die Frage, welcher von
beyden Theilen recht spricht. Jenen, glaube
ich, wird man den Vorzug nicht streitig mach-
en können, deren Aussprache mit der Herleitung übereinstimmet, das ist, die Pöpel
sprechen, wie ich es schreibe.

98 §. „Die Regel von der Herleitung
„ leidet doch manchesmal eine Ausnahme.
„ Dann dieser zufolge müßte man Tonner
„ für Donner, Daibel oder Deibel, oder
„ gar der Difel für Teufel, Brot anstatt
„ Brod, Pychse anstatt Büchse, Drak für
„ Drachen, und Myle oder Mole anstatt
„ Mühle u. b. gl. m. schreiben,, († 74. 75
S.). Es geschieht freylich oft, daß verschiedene Sprachregeln zusammenstosen, und sich
nicht wohl vereinigen lassen; wobey denn
bald

bald diese, bald jene weichen muß, nachdem es dem Eigensinne des tyrannischen Gebrauches einfällt. So hat z. B. in Sprache die Herleitung den Vorzug vor der Aussprache; in höher hingegen, welches von hoch herkömmt, muß jene dieser die Oberhand lassen u. s. w. Gesetzet nun, daß die Wörter Donner, Teufel, Büchse u. s. f. der Herleitung zuwiderliefen: so würde dadurch nichts entschieden; weil wenigstens die Aussprache erfodert, daß sie auf diese Art geschrieben werden. Allein alles dieses thut meinem Pöpel nicht wehe. Dieses unschuldige Wort erreget ja keinen Streit zwischen den eifersüchtigen Regeln der Herleitung und Aussprache; indem es beyde, so viel an ihm ist, mit dem Bande der Einigkeit zu verknüpfen suchet. Uebrigens muß ich gestehen, mein Herr Biedermann! daß Sie sich in Herleitung der oben genannten Wörter als einen starken Sprachforscher gezeiget haben. Mein! sagen Sie mir doch: woher wissen Sie, daß die Wörter Donner, Brod, Büchse, Drachen, Mühle von dem Lateinischen und Griechischen herstammen? Sollten denn unsere alten Deutschen weder den Donner, noch das Brod zu nennen gewußt haben, bis sie

es

Von der Rechtschreibung.

es von den Römern und Griechen gelernet haben? Oder haben sie vielleicht gar vorhin nicht donnern hören, noch Brod gegessen, bis sie mit diesen Völkern bekannt geworden? Diese Wörter haben aber doch mit dem Griechischen und Lateinischen eine Aehnlichkeit? Es ist wahr; aber was beweist das? Hat denn nicht auch Nase mit Nasus, Ohr mit Auris, Arm mit Armus, Fus mit $\pi\upsilon\sigma$, Mutter mit $\mu\eta\tau\eta\rho$, Vatter mit $\pi\alpha\tau\eta\rho$, Tochter mit $\vartheta\upsilon\gamma\alpha\tau\eta\rho$, Sack mit $\sigma\alpha\kappa\kappa\sigma\sigma$, u. a. m. eine Aehnlichkeit? Wird man darum behaupten können, daß wir alle diese Wörter von den Römern und Griechen herhaben? Wie? sollten unsere lieben Urältern für ihre Nasen im Gesichte, für die Ohren am Kopfe, für die Füse, womit sie giengen, ja für ihre Aeltern und Kinder keine Namen gehabt haben, bis sie dieselben von diesen ausländischen Lehrmeistern empfangen haben? Was soll ich erst von den Sprachen so vieler andern Völker sagen, womit die unserige in vielen tausend Wörtern übereinkömmt? Becker ist dem phrygischen Beccos ähnlich. Brod, Sonne, Haus, Hand, Apfel, Silber u. d. gl. heist bey den Tartarn Broe, Sune, Hus, Handa, Apel, Silvir. Berg wird im Goth-

Gothischen durch Bairg ausgedrücket. Unsere Thüre nennen die Griechen Θύρα, die Gothen Daur, die Schweden Dörr, die Britten Door. Das deutsche Aug zeiget eine sehr deutliche Uebereinstimmung mit dem lateinischen Oculus, mit dem gothischen Augo, mit dem schwedischen Oega, mit dem tartarischen Oegzen, mit dem spanischen Ochos, und mit dem wälschen Occhio u. s. w. Von welchem dieser Völker haben wir nun diese Wörter gelernet? Oder sind wir vielleicht bey allen zugleich in die Schule gegangen? Erhellet nicht vielmehr aus allem dem ganz deutlich, daß dieselben aus einer alten gemeinschaftlichen Quelle in die deutsche, griechische, lateinische, und die übrigen Sprachen geflossen seyn g)? Und Sie sagen, es sey auser Zweifel, daß wir den Donner, die Büchse, die Mühle u. d. gl. von den Griechen und Römern geerbet haben. Noch eins, Herr Biedermann! Warum sollte man die zwey letztern dieser Wörter in Pychse und Myle verwandeln, wenn man sie von
dem

---

g) Sieh Kirchmaieri Disp. de Lingua vetustissima Europæ — Ferner Gottscheds Sprachk. II Th. III Hauptst. I Abschn.

dem griechischen πυξισ und μύλη herleiten wollte? Ist es denn so ausgemachet, daß das griechische υ bässer durch ein y, als durch ein ü ausgedrücket werde? Ich bin versichert, daß Sie stecken bleiben würden, wenn Sie es gründlich beweisen sollten. Sie würden viele grose Männer zu bestreiten und zu widerlegen haben, welche das Gegentheil halten h).

IX Frage.

Ist dem Herrn Liebhaber sein Artikel von der Wortforschung und Wortfügung bässer gerathen?

99 §. „Hier hat der Herr Verfasser viele „Stücke wohl angemerket... Es „ist wahr: er kann die meisten Fehler, die „er aufgezeichnet hat, in alten und auch in „einigen neuern pfälzischen Büchern auf„weisen. Aber sollte er deßwegen den Pfälz„ern eine allgemeine Unwissenheit vorwerf„en? Sehen wir nicht jährlich die schönsten „Schriften in der Pfalz ausgehen, wo alle „diese

---

b) S. Gottscheds Sprachk. 39 u. f. S.

„ diese Schnitzer vermieden werden,, u. s. f. († 75. 76 S.)? Nirgendswo habe ich den Pfälzern eine allgemeine Unwissenheit in der deutschen Sprache vorgeworfen; wie ich oben in der III Frage hinlänglich gezeiget habe. Daß aber jährlich die schönsten Schriften in unserm Vatterlande herauskommen, wo alle diese Schnitzer vermieden werden: dieses ist ein Ausspruch, dessen Wahrheit auf dem blosen Ansehen unsers Liebhabers beruhet. Und wie schwer ist dieses Ansehen? Wir haben es bisher vor aller Welt Augen oft abgewogen; und den Leser in den Stand gesetzet, davon zu urtheilen. Mein geehrtester Herr Biedermann! können Sie uns denn zumuthen, daß wir Ihnen ohne den geringsten Beweis glauben sollen († 38 S.)? Sie haben es ja nur so gesaget († 22 S.). Warum haben Sie doch diese schönen Schriften nicht namhaft gemachet: damit Jedermann hätte sehen können, ob Sie mit Einsicht und Grunde sprächen? Nimmt man die Schriften jener dünngesäeten Liebhaber unsrer Muttersprache aus, wovon ich im Vorhergehenden oft Meldung gethan habe (* 8 S.): so bin ich kühn darauf, daß Sie mir keine einzige aufweisen können, die von Fehlern frey

frey ist. Ist Ihr Ausspruch wahr; so muß gewiß die Uebersetzung der lateinischen Rede des Herrn geheimen Rathes Harrer, die doch erst nach meiner Abhandlung an das Licht getreten, mit jener Reinigkeit der deutschen Sprache prangen, welche Sie für so gemein ausgeben: denn diese Uebersetzung preisen Sie besonders an; Sie nennen Sie zierlich und prächtig; Sie stellen sie zum Muster vor († 36 S.). Wir wollen nun dieselbe ein wenig durchgehen, um der Welt zu zeigen, wie leicht es sey, ihr was vorzumalen. Ich hoffe, der Herr Verfasser werde es nicht übel aufnehmen. Seiner Schrift wird immer das Lob bleiben, daß sie vor tausend andern den Vorzug verdiene. Folgende Fehler finden sich in derselben: 1) Von Harrer (Harrern); 2) geheimten Rathe (geheimtem); 3) kaiserlichen, öffentlichen, gewöhnlichen, dermaligen (hier sollte überall ein m anstatt des n stehen); 4) den 2ten Tag Jenners (des Jänners); 5) unserer Vorfahrern (Vorfahrer); 6) des Aeltern, Jüngern u.s.f. (mit kleinen Anfangsbuchstaben); 7) der Herzogen (Herzoge); 8) dessen letztern (dieses); 9) der Stiftern (Stifter); 10) des Herzogen (Herzoges); 11) mit diesen

dieſen unſerm Begehren (dieſem); 12) ſ. ye (ſey); 13) reitzen (reizen); 14) der Künſten (Künſte); 15) ohne guten Sitten (gute); 16) heidniſch (heydniſch); 17) zwiſchen Menſchen und Thiere (Thieren); 18) das herrlichſte, edelſte (mit groſen Anfangsbuchſtaben); 19) den Haß gegen die Chriſten (wider); 20) ihr Gewerbſchaft (ihre); 21) beweiſet (beweiſt); 22) gegen die Dienſtbarkeit (wider); 23) gemeincliche Handlungen (dieſes Wort iſt gar nicht üblich); 24) eröfnen (eröffnen); 25) einem jedem Stande (jeden); 26) einer Sache müßig gehen (entbähren); 27) die Verſtände (hat keine vielfache Zahl); 28) damit ſie befeuchtet und anfüllet (befeuchte, anfülle); 29) das Gewürze (ohne e); 30) ſtrittig (bäſſer ſtreitig); 31) vortreflich (mit einem ff); 32) ſie haben das Recht zugeſtattet (geſtattet); 33) er ware (war); 34) damit er vertheidiget, vertilget, verwirret, zergliederet (vertheidige, vertilge u.ſ.f.); 35) dem Betruge ſpotten (des Betruges); 36) beſchäftiget (beſchäfftiget); 37) die klugſten (klügſten); 38) Vorrang (Vorzug); 39) es übriget noch eine (es iſt... übrig); 40) die begeiſtriſchen Säfte

Säfte (geistischen); 41) weltgerühmt (weltberühmt); 42) die unzählbar Menge (unzählbare); 43) den Adel der Gelehrtheit, und jenen der Geburt (jenen, der von der Geburt herkömmt); 44) sie entschlagen sich deren, welche u.s.w. (derer). Ich würde zu weitläufig werden; wenn ich alles hersetzen wollte, was veraltetes, uneigentliches, dunkeles und unrichtiges in dieser Schrift vorkömmt. Uebrigens ist der H. Uebersetzer in sehr vielen Stücken so weit von dem lateinischen Muster abgewichen: daß sein Werk mehr einer Urschrift, als einer Uebersetzung gleicht. Hieraus werden Sie leicht schliesen können, mein Herr Biedermann! wie eitel und ungegründet Ihr Urtheil sey.

100 §. Ich will noch kürzlich etlicher Schriften erwähnen, die gewiß von Ihnen unter die Zahl derjenigen gesetzet werden müssen, welche jährlich in der Pfalz mit einem so herrlichen Schmucke der Sprachreinigkeit erscheinen: denn sie sind aus jener Leute Feder geflossen, die unsere Jugend zur Kenntniß der deutschen Sprache führen († I Th. V §). Wird man aber von öffentlichen Sprachlehrern was schlechtes zu erwarten haben?

haben? Diese Schriften sind zwey Trauerspiele, deren eines 1769, das andere 1770 auf der Mannheimer Schulbühne aufgeführet worden. Jenes heist Jakob der jüngste unter den machabäischen Helden; dieses das triumphirende Christenthum. Im ersten kommen diese Blümchen nebst vielen andern vor: „Ich stirb; ich geh; ich stell;
„ ich konnt; ich dien; ich hab; seh, leb, sag,
„ nehm, mahn, ersterbe (lauter gebiethende
„ Arten der einzeln Zahl); ein Krone, ein
„ Freud, ein Minut, ein Boßheit, ein List,
„ ein Stimm u. d. m.; mein Brust, mein
„ Seel, dein Mutter, mein Lippen, kein
„ Gefahr u. d. gl.; ohn mich; dem vergifteen Dolch, dem verhärten Herzen; die ausgeschämte Stirn; dem Jud, dem Tyrann;
„ das Gebott; er hat nicht holzne Keil;
„ schleppt ihn in Kerker; bahnt Weg zur
„ Hölle hin; anheut, alldorten, ebnder;
„ eurer Feinden; dem kosenden Monarch;
„ itzt weiß es niemand nicht; o Blick voll
„ Tod; jener, dem sein Bemühen nach dem
„ Sterben geht; er sehnt nach dem Grabe;
„ wo bist? was sagst? siehst? was denkst?
„ wen suchest? bist nicht mehr da? u. a. d. gl.;
„ er ist treuloß worden; so viel Tod; er
„ schütt;

„ schütt, er hat veracht; wo ist er hinkomm-
„ en; es ist alles zugericht; er bringet in
„ Tempel; ich werd zum Thron erhebt; er
„ ist kein Mitleid werth; wie thut mir leid;
„ mein Herz zerschmelzt; eurer Strafes
„ Ruthe; daß ihr Teufeln seyet; fort mit
„ dieser Bestien; kerbet Donner auf dies
„ Geschlechte „ u. s. w. Ist das nicht ein
recht feines Deutsch? Was dünket Sie, Herr
Biedermann? Dörfte man nicht mit dem
Herrn Verfasser ausrufen:

Ach Götter! schauet doch ein neues Trauerspiele?

101 §. Das triumphirende Christenthum
streitet, in Ansehung der Schönheit unsrer
Muttersprache, mit dem vorigen Werkchen
um die Wette. Welche Richtigkeit, welche
Reinigkeit, welcher Glanz stecket nicht in
folgenden Ausdrücken! „ Die Lieb, die hält
„ das nämlich Band; der Demant blicket
„ meine Gnaden auf euch; das Kreuz glänzt
„ in die Wolken; welch blasse Sorg; damit
„ er es nicht sehen kann; damit er bricht;
„ ich will, daß du lässest; kann sie noch grös-
„ er werden, die Güte? er hat den Tod ver-
„ dient, der Kosrous; im ewgen Tod; der
„ Stern bebet sein Licht herab; was tobt
„ her-

"herfür; annoch, dahier; mich glaubt er
"gar ohne Muth; wie wärest, Tod! so süs;
"laß ihn; kannst du sie erzählen, die schwarze
"That; er gieng halt zu Grund; das Blut
"von Rach entzündet empört sich; in dieser
"heikeln Sache; ich schwöre vor Göttern;
"sie bellen gegen ihn; mit schalken Augen;
"sie winken von selbst; ihr gehet gleich Sol-
"daten (eine Anrede an die Soldaten); daß
"man klag; du hoher Stolz, du mach;
"es gilt um meinen Kragen; was Ursach
"willst du sterben; die Thränen die rollen;
"ich erhalt; als lang ich lebe; halt noch
"kurze Zeit ein; er hat sich zum Throne
"gestürmet; sein Auge funkelt Tod; er geht
"auf einen Christen; sie sammelten die ab-
"gehaune Glieder, und weinten Schmerz
"darauf; ewger Lenz soll vom Himmel steig-
"en; er hat einen Seufzer geseufzet„. Mit
noch tausend andern Schönheiten, deren
immer eine reizender ist als die andere, pranget dieses Trauerspiel. Ach, mein Freund!
haben wir nicht die billigste Ursache, einen
tiefen Seufzer zu seufzen: daß jährlich so
viel schöne Schriften in der Pfalz ausgehen,
wo alle diese Schnitzer vermieden werden (†
76 S.)?

102 S.

Zeugniß dörfen Sie auf kein Hörensagen gründen: denn daraus würden Sie eine schlechte Probe gezogen haben. Es muß auf Ihrem eigenen Gehöre beruhen; Sie müssen in den besagten Probstücken öfters selbst zugegen gewesen seyn, und die Fertigkeit der Jugend in der deutschen Sprache bewundert haben. Und bey allem dem haben Sie nicht mehr als zehn Schulknaben kennen lernen, welche die Sprachregeln, die in meiner Abhandlung stehen, inne hatten. Sollte Ihnen denn nicht ein groser Haufen dieser jungen Sprachkenner bekannt geworden seyn; wenn es wahr ist, daß unsere Muttersprache schon seit so langen Zeiten in den pfälzischen Schulen gelehret worden? Wie schwer ist es nicht, Herr Liebhaber! die Wahrheit dergestalt zu verbergen: daß nicht bisweilen etliche Stralen ihres glänzenden Lichtes auch wider unsern Willen hervorbrechen!

103 §. Ist es aber gewiß, daß sich wirklich zehn Schulknaben in der Pfalz befinden, die alles das wissen, was Sie ihnen zueignen? Es wäre zu wünschen, daß es dem so wäre: allein wie sollen wir uns auf Ihr Urtheil verlassen können; nachdem Sie selbst
eine

eine so überzeugende Probe von Ihrer Kenntniß der deutschen Sprache durch Ihre Anmerkungen abgeleget haben? Und woraus sollen diese Knaben so viel Deutsch gelernet haben? Aus Weitenauers Zweifeln, antworten Sie († 76 S.). Aber eben das entkräftet Ihr Zeugniß. Dieses Werkchen ist eben so wenig zu einem Lehrbuche für junge Leute tauglich als meine Abhandlung. Will man denselben eine gründliche Kenntniß der deutschen Rechtschreibung, Wortforschung und Wortfügung beybringen: so muß man ihnen alle diese Stücke in dem nöthigen Umfange, und nach einer ordentlichen Lehrart vortragen. Allein dieses geht beyden Schriften ab. Was mich betrifft: so habe ich mir in meiner Abhandlung nichts anders zum Zwecke vorgesetzet, als meinen geehrtesten Landesleuten die Nothwendigkeit der Mutterspache vor Augen zu legen, und zugleich zu zeigen, wie weit sie bisher von der gehörigen Kenntniß derselben entfernet gewesen; hiezu habe ich aber nicht nöthig gehabt, eine ordentliche Sprachlehre zu verfassen, die doch mit der Hilfe Gottes bald folgen wird. Aber sind Sie nicht ungehalten darüber, mein Herr Biedermann! daß der Lehrer,

Aus gleicher Ursache schreibe ich mit vielen Fras, Gefräs u. d. gl.; obschon andere Sprachregeln dadurch verletzet werden, welches bey dieser Art Wörter unvermeidlich ist. Zudem ist die Regel von Unterscheidung der Wörter so allgemein nicht, daß sie nicht häufige Ausnahmen habe; wie die Wörter **Weg** Via und **weg** apage, **Rost** Rubigo und **Rost** Craticula, **grauen** horrere und **grauen** canelcere, und hundert andere bezeugen.

105 §. Von der 77ten bis an die 79te Seite greifen Sie, wie ich sehe, die Wörter **Märtyrer** und **Einwohner** recht herzhaft an. Allein ich bedauere, daß Sie sich so viel vergebliche Mühe gegeben haben. Sie handeln in diesem weitläufigen Artikel von lauter Verwandelungen der einfachen Zahl in die vielfache, welche doch hier keine Statt haben. Sie haben sich fälschlich eingebildet, ich hätte einfach **Martyrer, Einwohner;** und vielfach **Märtyrer, Einwohner** geschrieben. Nein, diese letztern Ausdrücke habe ich bisher auch in der einzeln Zahl gebrauchet; und hieburch fällt das mühsame Gebäud Ihrer Beweisthümer auf einmal über

über einen Haufen. Ich weiß nicht, wie Sie auf diesen irrigen Gedanken gerathen sind. Wenigstens habe ich Ihnen in meiner ganzen Abhandlung nicht den geringsten Anlaß dazu gegeben. Können aber die Doppellaute ä und ö bey den Hauptwörtern der ersten Abänderung schon in der einfachen Zahl Platz haben? Daran ist kein Zweifel; wie aus den Wörtern Gärtner, Jäger, Spötter, Taglöhner u. a. m. erhellet. Was würde man jenem nun antworten, der diesen Wörtern die lächerlichen Ausdrücke Aertikel, Böhrer, Apöstel u. d. gl. entgegensetzen wollte? Dieses: daß die erstern gebräuchlich seyn, die letztern nicht. Es kömmt allso bey den Wörtern Märtyrer und Einwöhner, ohne viele Umschweife zu machen, blos auf die Frage an, ob sie der Gebrauch rechtfertige. Was nun das letztere derselben betrifft: so muß ich gleich aufrichtig gestehen, daß es ungewöhnlich sey. Seit dem ich Ihren Einwurf gelesen, habe ich fleisig nachgesuchet, aber nirgendswo gefunden: daß ein einziger guter Schriftsteller Einwöhner schreibe. Da man nun hier keine vernünftige Ursache hat, von dem allgemeinen Gebrauche der Gelehrten abzugehen: so muß es unstreitig

Ein-

Einwohner, sowohl in der einzeln als mehrern Zahl heisen (*98 S.). Sehen Sie, Herr Biedermann! wie glücklich Ihr Irrthum für mich gewesen; indem er mich angespornet hat, die Wahrheit aufzusuchen und zu finden. Sollte schon die gelehrte Welt keinen Vortheil aus Ihren Anmerkungen ziehen: so werde ich dieses doch immer bekennen, daß ich Anlaß daraus genommen habe, zwo Hälften eines Buchstaben in meiner Schreibart zu ändern. Wie steht es aber mit dem Worte Märtyrer? Dieses ist bey einer grosen Menge unserer vornehmsten Schriftsteller schon von langen Zeiten her im Gebrauche. Im übrigen ist es nicht bässer als Martyrer. Ein jeder dieser Ausdrücke hat seine Anhänger unter den Gelehrten; kein Theil aber hat hinlängliche Gründe, den andern zu verdammen. Eben so ist die Schreibart in den Wörtern Krote und Kröte, bahnen und bähnen, schwatzen und schwätzen u. a. d. gl. bey den Sprachverständigen noch sehr getheilet. Fraget man nun einen derselben, warum er z. B. eher schwätzen als schwatzen schreibe: so wird er antworten, dieses klinge bässer in seinen Ohren; übrigens

ens könne man in Sprachen nicht von allem Ursache geben i).

106 §. An der 146ten u. f. S. meiner Abhandlung habe ich von den Abänderungen der eigenen Namen gehandelt. Ich habe dabey der lateinischen Endungen Jesu Christi, Mariä, Matthäi u. d. gl., die von den Sprachlehrern in geistlichen Schriften und Reden noch geduldet werden, keine Erwähnung gethan. Dieses rechnet unser Liebhaber unter meine Irrthumer. Er bestrafet mich nicht allein, daß ich diese Ausnahme nicht gemachet habe; sondern es dünket ihn auch, ich nähme dieselbe gar nicht an († 79 S.). Ich muß ihm aber kürzlich antworten, daß seine Muthmaaßung nicht den geringsten Grund habe. 1) Habe ich selber an der 120ten Seite meiner Abhandlung den heiligen Petrus, nicht Peter oder Petern, geschrieben. 2) Kommen die Ausdrücke Jesu Christi, Christo, und andere dergleichen, in den Schriften, die ich aus dem Französischen übersetzet habe, sehr häufig vor. Diese Uebersetzungen hätten dem Herrn Lieb-

---

i) Gottsch. Sprachk. II Th. IX Hauptst. 5 S.

Liebhaber zum Theile leicht bekannt werden können. Unsere Zeitungsblätter haben sie kund gemachet; man hat sie bey ganzen Gemeinden, die er gar wohl kennet, über Tische vorgelesen; und selbst in der Pfalz sind viele Stellen daraus von Leuten, denen er einen grosen Theil seiner Anmerkungen widmet, in öffentlichen Schriften angeführet worden. Dem sey nun, wie ihm wolle: so wird er sich doch wenigstens jetzt durch diese Proben seines Irrthumes überzeugen lassen. Aber sagen Sie mir, mein Freund! seit wann ist der Gebrauch in der gelehrten Welt eingeführet, daß man durch blose Muthmaasungen gründlich beweise? Und welch ein seltener Irrthum ist das nicht, wenn man eine Ausnahme aus Enge des Raumes, oder andern billigen Ursachen ausläßt: das ist, wenn man nicht alles schreibt, was man hätte schreiben können, oder was andere geschrieben haben! Wie viel Irrthümer würde man nicht auf solche Art in den berühmtesten Schriftstellern aufweisen können! Selbst die orthographischen Zweifel, zu denen Sie mich in die Schule schicken († 80 S.), wären nicht frey davon. In der angezogenen Stelle saget Weitenauer, man solle die lateinischen Endungen Matthäi, Marco, Johannis u.d.gl. gedulden, weil man die Zuhörer sonst ärgern würde. Nun will ich probiren, daß der Herr Pater durch diese Regel in einen grosen Irrthum gefallen sey. Wie so? Weil er keine Ausnahme davon gemachet hat, die man doch billig machen könnte. Denn setzet man diesen Namen der Heiligen noch ein Bey- oder Hauptwort vor: so können sie gar wohl in der ersten Endung unverändert stehen bleiben. Z. B. das Evangelium des heiligen Johannes, bey dem Evangelisten Markus, vom Apostel Paulus u. s. w. An diesen Redensarten würde sich gewiß Niemand stosen k). Der berühmte Stadtprediger von Sulzbach, das ist, Herr Aichinger, woraus P. Weitenauer seine Regel gezogen l), hat diese Ausnahme ebenfalls nicht gemachet. Was folget daraus? Daß Sie ihm einen Irrthum dafür anschreiben müssen. Das Verzeichniß dieser vermeynten Irrthümer würde unendlich gros werden, wenn ich

---

k) Brauns Anleit. zur deutsch. Sprachk. 313 S.

l) Aichingers Versuch einer deutsch. Sprachl. 53 S.

ich zu andern Sprachregeln, denen hier und da etliche Ausnahmen und Anmerkungen abgehen, schreiten wollte. Hätten Sie wahre Irrthümer oder vielmehr Fehler, die wider die Abänderungen der eigenen Namen laufen, aufsuchen wollen: so hätten Sie derer einen merkwürdigen in den orthographischen Zweifeln selber finden können, ohne sich so sehr zu plagen, um einen Schatten in meiner Abhandlung zu erhaschen. Weitenauer lehret an der 51ten und 52ten Seite, daß alle eigene Namen, die entweder deutsch, oder den deutschen nicht unähnlich sind, zur zweyten Abänderung gehören; wenn sie weder ein kurzes e am Ende haben, noch mit einem zischenden Buchstaben s, ß, sch, x, z geendet werden. Dem zufolge könnten die Namen Gottsched, Alexander, Hempel u. d. gl. in der zweyten Endung ein es, in der dritten ein e haben; in der vierten aber bekämen sie gar keinen Zusatz. Wie schön würde es nun nicht klingen, wenn ich sagete: Alexanderes Pferd, Hempele gebühret viel Lob, die Ausländer preisen Gottsched! Ist es nicht zu unsern Tagen eine ausgemachte Sache, daß diesen Wörtern in der zweyten Endung ein bloses s, in der dritten

und

und vierten aber theils ein n, theils ein en zukomme? Sie selbst haben die Namen Petern, Paulen, Karlen, Johannen, Gottscheden, Weitenauern u. a. m. nach diesem Schlage, und wider Weitenauers eigene Regel, gebildet († 80. 83. 95 S.).

107 §. Meine Worte, die Sie an der 81ten Seite Ihrer Anmerkungen anführen, haben Sie übel verstanden, oder wenigstens übel ausgeleget. Ich habe ja nicht gesaget, daß die Pfälzer die Gewohnheit hätten, schwärziste, nässiste u. d. gl. zu sprechen; wie Sie mir aufbürden wollen. Das Wort Gewohnheit, dessen ich mich in der angezogenen Stelle bedienet habe, bezieht sich blos auf den Gebrauch, das unschuldige e mehrentheils aus seinem gehörigen Platze zu verdringen. Dem zufolge habe ich behauptet, daß man bey uns das e in der Mitte der Beywörter der dritten Staffel zu verbeisen, und demnach nicht schwärzeste, nässeste u. s. w., sondern schwärzste, näßste zu sprechen pflege; welches eine offenbare Wahrheit ist, die Niemand, als etwann ein Ausländer, läugnen kann. Ich habe aber hinzugesetzet, daß wir dieses e nicht allein im
Sprechen,

Sprechen, sondern auch in den Schriften, bisweilen in ein i verwandelten; welches ebenfalls seine Richtigkeit hat. Für das erste nehme ich mein eigenes Gehör, und alle diejenigen zu Zeugen, welche ich dieses Fehlers halben oft ermahnet habe. Wem diese Verwandelung fremd vorkömmt, der erwäge nur, daß eine andere sehr ähnliche bey uns viel häufiger im Schwange gehe, von welcher sich ein aufmerksames Ohr leicht überzeugen kann. In ältern Zeiten sagete man: eine schöni, eine weisi, eine grosi u.d.gl., anstatt des heutigen schöne, weise, grose; wie aus den Schriften des neunten Jahrhunderts bekannt ist. Eben diese Ausdrücke höret man noch heutiges Tages in der Pfalz; und zwar nicht allein bey dem gemeinen Manne, sondern auch bey manchen vornehmen und studirten Personen, deren einige ich selbst davon abgewöhnet habe. Was aber unsere Schriften betrifft: so hält es auch nicht schwer, Beyspiele dieses Buchstabenwechsels darin zu zeigen. In vielen derselben, die bekannt genug sind, kömmt z. B. das Wort obrister sehr häufig vor. Der Ausdruck mehristen steht in dem pfälzischen Lehrbuche der zweyten Klasse, welches man für

einen

einen Druckfehler halten könnte; wenn nicht die gewöhnliche Gleichgiltigkeit der Schreibart im Wege stünde. Aus unsern Andachtsbüchern könnte ich auch Muster beybringen; wenn ich nicht wüßte, daß Sie sich darüber ärgern würden. Ich habe dieselben noch vor kurzem einigen Gelehrten vorgeleget. Um mehrere dergleichen Blümchen in andern Werken ausfindig zu machen, brauchet man eben keine grose Belesenheit. Uebrigens habe ich diese fehlerhafte Schreibart der ganzen Pfalz nirgendswo vorgeworfen († 82 S.).

108 §. Wie bündig haben Sie nicht bewiesen, mein Herr Biedermann! daß der Unterschied zwischen zween, zwo, zwey bey uns bekannt sey! Sie sagen, die Knaben in den lateinischen Schulen wüßten denselben schon lang: allso unsere Gelehrten gewiß auch († 82 S.). Der Schluß ist gut; allein den Vördersatz hätten Sie beweisen sollen. Wollen Sie uns denn schon wieder zumuthen, daß wir Ihnen ohne allen Beweis Glauben beymessen sollen († 38 S.)? Woher sollen denn die guten Knaben diesen Unterschied wissen? Aus den Schulbüchern? Ja, er steht zwar in dem Verzeichnisse zweifelhaft

elhafter Wörter, welches man, wie wir oben erwähnet haben, aus Gottscheden abgeschrieben hat. Ist dasselbe aber zum Scheine, oder des Lernens wegen eingerücket worden? Hätte man das letztere zum Zwecke gehabt: so müßte man in den Schulbüchern allenthalben genau auf diesen Unterschied gesehen haben, welches aber keinesweges geschehen ist. Ich beweise es. Im ersten Theile der Anfangsgründe der lateinischen Sprache steht zwey Ausgäng a. d. 6 S.; duo, duæ, duo zwey a. d. 14 S.; zweyer Ausgäng a. d. 19, 24, 25 S.; zwey Consonantes a. d. 40 S.; zwey Buchstaben a. d. 106 S. Und im zweyten Theile zwey Kriegsh. lden a. d. 6 S.; innerhalb zwey Tagen a. d. 9 S.; zwischen zwey Linien a. d. 15 S.; zwey Aegyptier a. d. 43 S.; zwey Träum a. d. 45 S.; zwey Söhn en a. d. 57 S.; zwey Kegel a. d. 102 S. Kurz, in diesem ganzen Werkchen ist das zween und zwo nicht ein einzigesmal angebracht. Im Lehrbuche der ersten Klasse finde ich zwey Ausgäng a. d. 16 S.; zwey Monat a. d. 50 S.; zwey Diebinne a. d. 58 S.; zwey Unzen a. d. 70 S.; zwey Buchstaben a. d. 131 S.; zwey Accusativi a. d. 186 S.; zwey Reis-

ende

ende a.b. 312 S.; zwey Landschaften a. b. 317 S.; zwey Puncten, zwey Sylben a. b. 441 S.; noch einmal zwey Sylben a.b. 444 S.; zwey Monat a.b. 468 S.; zwey Röck a.b. 469 S. Hieraus sieht man, daß das zwey die Stelle unseres dreyfachen Zahlwortes auch in diesem Werke allenthalben vertritt, die 37te Seite ausgenommen, wo ein einzigesmal zwo steht. Im Lehrbuche der zweyten Klasse lese ich *duae* zwey a. b. 25 S.; zwey Endungen a. b. 33 S. u.s.w. Dieses ganze Buch durch kömmt zwo nicht einmal, zween aber nur an der 145ten Seite vor. So schlecht haben die lieben Schulbücher den Unterschied zwischen zween, zwo, zwey beobachtet; und man wird von den armen Schulknaben fodern, daß sie es bässer machen? Ist es nicht nothwendig, daß sie durch diese fehlerhaften Muster immer auf irrige Begriffe gerathen? Doch, in Schulen, wo man an die deutsche Sprache nicht denket, werden sich die Knaben eben so wenig, als ihre Lehrer selbsten, um solche Kleinigkeiten bekümmern.

109 §. Hier folget wieder ein Irrthum von einer ganz besondern Art, der in der That

That sehr lächerlich ist. Es eräuget sich in vielen pfälzischen Schriften, besonders aber in unsern lehrreichen Schulbüchern, ein starker Mißbrauch, welcher mit den Zeitwörtern vorgeht; indem man gar oft kommen, gangen, geben u. d. gl., anstatt gekommen, gegangen, gegeben darin findt. Diesem Fehler zu steuern, habe ich an der 173ten Seite meiner Abhandlung die Regel gesetzet: daß die einfachen Zeitwörter in der völlig vergangenen Zeit immer ein ge vorne haben müßten. Diese Regel ist unstreitig; und selbst Herr Biedermann heist sie gut. Dessen ungeachtet entdecket er mit seinen scharfen Augen einen Irrthum, den ich dabey begangen haben soll. Warum? Entsetzet euch nicht, meine Leser! es kömmt ein häßliches Ungeheuer heran… Warum denn? Weil ich nicht ebenfalls von den zusammengesetzten Zeitwörtern gehandelt habe. Da haben wir den abscheulichen Bock! Ihr Kunstrichter! urtheilet über den Nachdruck und die Gründlichkeit der biedermännischen Anmerkungen. Wer wird uns aber lehren, wie es sich mit dem oben genannten ge in den zusammengesetzten Zeitwörtern verhalte? Ein Gottsched, ein Braun, ein Hempel, oder sonst

ein

ein vornehmer Sprachlehrer? Ach nein! Unser Liebhaber hätte zu wenig Belesenheit, und zu viel Parteylichkeit gezeiget, wenn er eine Stelle aus den Werken dieser berühmten Männer angezogen hätte. Das geliebte Büchlein des Herrn Paters Weitenauer d. G. J. muß schon wieder herhalten. Und wie heist die Lehre, welche wir daraus zu erwarten haben? „Die Sylbe ge
„ wird ausgelassen, wenn das Wort nicht
„ ursprünglich deutsch ist, oder ein unab-
„ sonderliches Wörtlein vor sich hat, das ist,
„ ein solches, welches niemals hinter sein
„ Zeitwort gesetzet wird,„ u.s.w. Diese Regel ist bekannt und gut; aber glauben Sie nicht, mein Freund! daß sie in der Gestalt, wie sie hier vorgetragen wird, von eben dem Irrthume begleitet werde, den Sie mir vorwerfen? Weitenauer saget nicht, welche Zusätze trennbar, und welche untrennbar sind. Die Frage ist ziemlich wichtig: denn ich finde, daß z. B. die Wörtlein voll, um, über bald vorne, bald hinten stehen. Man vollzieht den Befehl des Herrn, und giest das Glas voll. Eine Rotte Spitzbuben umringt den Wandersmann, und bringt ihn um. Der Schiffmann setzet die Leute über;
aber

aber der Gelehrte übersetzet Bücher. Woher kann ich nun wissen, in welchem Falle sie sich von den Zeitwörtern absöndern lassen, in welchem nicht? Ein allgemeines und untrügliches Kennzeichen ist dieses: Wenn der Ton auf den Zusatz fällt, so ist er trennbar; fällt er aber auf das Zeitwort, so läßt er sich nicht trennen. Man spricht z. B. ānfangen, ānsētzen, ānbringen, běfēhlen, běkōmmen, běfrāgen u. d. gl. Daraus schliese ich, daß die Syllbe an trennbar, be aber untrennbar sey. Nach eben der Richtschnur lassen sich die Zusätze voll, um, über, sammt allen übrigen, abmessen. Weil nun Weitenauer hievon nicht das geringste gemeldet hat: so müssen Sie ihn eines groben Irrthumes bestrafen; er mag zur Entschuldigung beybringen, was er immer will.

110 §. An der 84ten Seite der Anmerkungen heist es, ich hätte die ganze Pfalz wegen den Fehlern einiger Ungelehrten beschuldiget; und kurz darauf wird die übele Art zu zählen angeführet, die ich unseren Landesleuten vorgeworfen habe. Daß ich der ganzen Pfalz die Fehler einiger Ungelehrten jemals aufgebürdet habe, ist eine bloße Erdicht-

dichtung des Herrn Liebhabers; wie ich oben hinlänglich gezeiget habe. Daß man aber nicht etwann glauben möge; es wären blos einige Ungelehrte in der Pfalz, die der andere anstatt der zweyte zählen: so will ich kürzlich erinnert haben, daß diese Art zu zählen in unsern Schulbüchern stehe. In dem Lehrbuche der zweyten Klasse an der 87ten Seite heist es so: „Die erste Person hat „den Vorzug vor der andern und dritten, „und die andere vor der dritten „. Eben dieses kömmt auch an der 56ten u.a. S. vor. Herr Biedermann! haben Sie unter den Fehlern der Ungelehrten vielleicht auch diesen verstanden: so haben Sie die pfälzischen Schulbücher beschimpfet, welches man Ihnen, ohne einen Wiederruf zu erhalten, schwerlich wird nachlassen können († 105 S.).

111 §. Ein neuer Irrthum soll in der Regel stecken, die ich an der 175ten Seite meiner Abhandlung gegeben habe: daß nämlich die unrichtigen Zeitwörter in der gebiethenden Art der einfachen Zahl keine am Ende leiden. Diese Regel ist von mir nicht ersonnen worden; sondern ich habe sie aus unsern vornehmsten Sprachlehrern gezogen.

Solche

Solche grose Männer werden demnach von dem Herrn Liebhaber, in Betreffe dieses Irrthumes, mit mir in eine Reihe gesetzet. Er behauptet im Gegentheile, besagtes e könne man nach Willkuhr hinzusetzen, oder weglassen. Vermuthlich wird er diesen Schritt ohne die triftigsten Beweise nicht gewaget haben. Wir wollen sie vernehmen. Einen derselben nimmt er aus meinen eigenen Worten her, da ich gesaget habe: daß man glauben könnte, bitte stehe ebensfowohl in der gebiethenden Art, als habe († 85 S.). Es ist zu wissen, daß ich diese zwey Zeitwörter aus einem Muster einer schlechten und undeutschen Schreibart gezogen habe (* 166 S.). Hat man aber von Leuten, die eine so ungeschickte Feder führen, lauter Richtigkeiten zu erwarten? Wird man bey den häufigen Fehlern, die sie gewöhnlichermaassen auf das Papier fliesen lassen, gleich wissen, was sie haben sagen wollen? Ja, wenn das Wort bitte so blos, wie es im angezogenen Muster steht, in den Schriften solcher Sprachverderber erscheint: so hat man billiger Weise zu zweifeln, ob sie es in die gebiethende oder in die anzeigende Art haben setzen wollen. Man wird eines so leicht als

das

das andere glauben können. Sehen Sie, Herr Biedermann! das war der Sinn meiner Worte. Hätten Sie die bloſe Wahrheit zum Gegenstande gehabt: so würden Sie denselben leicht gefunden haben. Wenigstens hätten Sie für gewiß glauben können, wie Sie auch vermuthlich wirklich geglaubet haben: daß ich dieses bitte, wider meine eigene Regel, für keine gebiethende Art habe ausgeben wollen. Was halten Sie selbst dafür? Verdienet dieß den Namen eines gründlichen Beweises?

112 §. Hat vielleicht dasjenige, was Sie aus den Poeten wider mich anführen, etwas mehr Gewicht? Wir wollen es auf die Wage legen. Sie ziehen Stellen aus einigen Gedichten an, worin die gebiethende Art der unrichtigen Zeitwörter bald mit, bald ohne das End-e erscheint († 85 S.). Allein was beweist dieses? Ist es nicht bekannt, daß sich die Poeten zuweilen Freyheiten herausnehmen, welche eben mit den Sprachregeln nicht am bäßten übereinstimmen? Wie oft machet der Verseʒwang nicht, daß sie ein Wort unrechtmäſiger Weise verlängern oder verkürzen? Welch eine Menge Sprachfehler

müſte

müßte man nicht billigen, wenn man alles das gutheisen wollte, was auch in unsern berühmtesten Dichtern vorkömmt! Ich will nur ein paar Muster zur Probe hersetzen:

> Achtmal hat nun, als ich zähle,
> Phöbe volle Hörner kriegt. Flemming.
> Er war den Weichselstrom diesseits herüber gangen. Besser.
> Wenn ich von allem nun nichts gründliches versteh,
> Und mich in jeder Art der Poesie vergeh. Gottsched.
> Nun wer sich solch ein Mann mit Recht will lassen nennen,
> Der muß kein Narr nicht seyn. Rachel.
> Achillens Ehre stieg zwar aus Homerus Kunst,
> Aeneas ganzen Ruhm gebahr ihm Marons Gunst.
> Pietsch.
> Der streichet pralend raus, was ihm u. s. w. Kanitz.

Was deucht Ihnen von diesen Stellen? Sind die Wörter kriegt, gangen, versteh, raus, sammt den übrigen gezeichneten, darum keine Fehler, weil sie von grosen Dichtern gebrauchet worden? Nein, mein Freund! das war der rechte Weg nicht. Zu den Sprachlehrern hätten Sie ihre Zuflucht nehmen, und durch derer Ansehen Ihre Meynung bestärken sollen. Allein hier hätten Sie schlechten Trost gefunden: dieß werden Sie zweifelsohne aus **Weitenauern** ersehen haben.

Was saget dieser hierüber? „In der ge-
„ biethenden Art können alle unrichtige Zeit-
„ wörter des e gar wohl entbehren, gleich-
„ wie man ihnen größten Theils dasselbige
„ schon längst abgesprochen. Die Gleichheit
„ der Ursachen und die Gleichförmigkeit der
„ Sprache erheischen es bey allen: welche
„ löbliche Gewohnheit auch wirklich die Ober-
„ hand gewinnet „ (a. d. 46 §). Mein!
warum haben Sie dieses Ihr geliebtes Hand-
büchlein, welches sonst bey Ihnen alles in
allem ist, für dießmal im Stiche gelassen?
Sollte ich mich wohl irren, wenn ich glaubete: daß die Stelle, welche Sie in Hagedornen angetroffen haben, die einzige Ursache dieses grosen Opfers gewesen sey? Wie
spricht denn dieser Poet? Stumpfer Redner, schweige du. Ach! dieser Spruch war
in Ihren Augen gar zu schön. Nichts hätte
sich trefflicher hieher schicken können. Darum haben Sie ihn mit solchem Nachdrucke
vorgetragen. „ Wo spricht er also? setzten
„ Sie hinzu. Antwort: in der Fabel von
„ dem Fuchse ohne Schweif „ († 85 S.).
Vermuthlich haben Sie selbst über diesen artigen Gedanken gelachet. Was würden Sie
erst gethan haben, wenn sich der oben genannte

nannte Schullehrer mit seiner Baßgeige dabey hätte hören lassen?

113 §. An der 182ten Seite meiner Abhandlung habe ich mich des Ausdruckes, den 27 März, bedienet. "Das kann ich nicht verstehen, saget Herr Biedermann. Wie viel giebt es dann Märzen" u.s.w. († 86 S.). Wie? verstehen Sie denn nicht, was alle Deutsche ohne Ausnahme verstehen? Das ist ja eine Redensart, die von einer Gränze Deutschlandes bis zur andern im Schwange geht: eine Redensart, die von allen unsern Dichtern, Rednern, Sprachlehrern, Schriftstellern, kurz, von allen Gelehrten aufgenommen worden; und Sie verstehen sie nicht? und Sie wollen sie unter meine seltsamen Irrthümer zählen? Wissen Sie denn nicht, daß sogar Pater Weitenauer mit dem gemeinen Haufen diesen Ausdruck genehmige; da er a.d. 70ten Seite, den 1 April, den letzten Heumonat, schreibt? Verstehen Sie dieses auch nicht? Warum haben Sie denn Ihre Feder nicht schon längst wider die orthographischen Zweifel gespitzet? Warum haben Sie dem Verfasser derselben nicht zugerufen: "Herr Pater! das ist ein Irrthum;

„ thum; dieses kann ich nicht verstehen; wie
„ viel giebt es dann Aprile und Heumonate,,?
Doch, wir wollen unsere lieben Schulbücher
aufschlagen: wenigstens werden Sie derer
Sprache verstehen. Wie sprechen denn diese?
Den 18 October, den 30 December u.
d. gl., saget das Lehrbuch der ersten Klasse
a. d. 354ten und 356ten Seite. Und im Lehrbuche der zweyten Klasse finde ich a. d. 229,
230, 237, 244 u. 253ten Seite dieselbigen
Ausdrücke. Diese verstehen Sie nun ohne
allen Zweifel; aber was machen Sie daraus? Höchstens solche Fehler, die noch von
vielen entschuldiget werden († 57 S.).
Könnte sich denn mein 27ter März nicht
auch einige Hoffnung machen, ein so gelind-
es Urtheil von Ihnen zu empfangen? Nein,
das leidt Ihre Liebe zur Wahrheit nicht;
das ist ein Irrthum, und zwar einer von
jenen, aus welchen Jedermann leicht wird
urtheilen können, ob Sie zu viel geredet,
oder ich zu viel geschrieben habe († 4. 66 S.).
Ich muß es gestehen: solche Gründlichkeit
hätte ich in Ihren Anmerkungen nicht gesuchet.

114 §.

und Wortfügung.

144 §. „Sollte ich auch diesen Einwurf „nichts gelten laßen; so müßte es doch heiß„en den 27 Märzen. Warum? Weil das „Wort März ohnwidersprechlich zur drit„ten Abänderung gehöret„. Nein, mein Freund! es ist die Frage nicht, wie es heißen sollte, sondern wie es wirklich heiße. Hat der Gebrauch, welcher sich auf die allgemeine Aussprache gründet, den Ausspruch gethan: so haben die Sprachstreitigkeiten ein Ende. Si volet Usus, saget hierüber Horaz, quem penes Arbitrium est, & Vis & Norma loquendi. Wie viel Wörter und Redensarten sind nicht in unserer Sprache, die anders seyn sollten, und dennoch dieser Regel zufolge ein unverletzliches Ansehen haben! Aus dieser Zahl sind z. B. verwichsen, des Nachts, zwanzig, die Generalstaaten, gegessen, der nächste u. a. m., wofür man zweifelsfrey verwachsen, der Nacht, zweenzig, Generalstaate, geessen, näheste sagen sollte. Denn das erste kömmt von Wachs her; das zweyte ist des weiblichen Geschlechtes, wozu sich das Geschlechtswort des nicht schicket; das dritte ist aus zween und zig entstanden, wie die übrigen Zehner vier=zig, fünf=zig, sechs=zig u. s. w. zeigen;

ell; das vierte gehöret nicht zur dritten Abänderung, wie aus Staatsmann, Staatskunst u. d. gl. erhellet; das fünfte läuft, des eingeschalteten g wegen, wider die Aehnlichkeit aller übrigen Zeitwörter der ganzen deutschen Sprache; das sechste endlich hat in der ersten Staffel nahe, in der zweyten näher, weßwegen es das h auch in der dritten behalten sollte. Wenn allso der Ausdruck, den 27ten März, noch so fehlerhaft wäre, wovon wir doch das Gegentheil im folgenden Absatze zeigen werden: so könnte man ihn jetzt doch nicht mehr verdringen, weil ihn ganz Deutschland schützet; wie wir kurz zuvor gesehen haben. Wie steht es aber mit Ihrem 27ten Märzen? Ist diese Redensart richtig? Sie wollen sie durch die blosen Gesetze der Abänderung rechtfertigen. Laßt uns sehen, ob das angeht. Das Märzen muß entweder in der zweyten, oder in der vierten Endung stehen. Behaupten Sie das letztere: so würde Ihr Ausdruck den 27ten *Martium* heisen. Was folgete daraus? Daß man Ihnen mit Ihren eigenen Worten, und zwar billig, zurufen könnte: Wie viel giebt es denn Märzen? Nehmen Sie aber das erstere an: so müßte man aus gleicher Ursache

sache auch den 2ten Jänners; den 3ten Hornungs, den 4ten Aprils u. d. gl. sagen können. Ist das richtig gesprochen? Gewißlich nicht. Diese Monathe erfodern ja das bestimmte Geschlechtswort; wie schon ihre erste Endung zeiget. Denn Niemand saget: Jänner hat 31 Tage, Hornung ist der kürzeste Monath im Jahre u. s. w.; sondern der Jänner, der Hornung. Hieraus erhellet meines Erachtens, daß diese Ihre Verbässerung der gewöhnlichen allgemeinen Redensart auf keinen guten Füsen stehe. Sehen Sie zu, ob Sie keine tauglichere finden.

115 §. „Ich halte dafür, sagen Sie weit„ er, es werde der 27te Tag darunter ver„ standen. Es muß demnach heißen: den „ 27ten des Märzen„. Bald kommen Sie auf den wahren Grund der Sache. Ja, was Sie da muthmaasen, das hat seine völlige Richtigkeit, und ist so gewiß: daß Sie Ihren Ausspruch mit aller Zuversicht hätten thun können. Nicht allein das Wort Tag, sondern auch das Wort Monath wird darunter verstanden. Beyspiele, die dieses beweisen, findt man in deutschen Urkunden von verschiedenen Jahrhunderten. Folgende können

en zur Probe dienen: am XVI Tag des Monaths May, den 20 Tag Decembris, den 3 Tag des Monaths Julii u.d.gl. Allein diese Ausdrücke kommen selten vor. Wenn man nicht nach Kirchenfesten, welches das gebräuchlichste war, sondern durch Monathe rechnete: so ließ man, schon von langen Zeiten her, beyde Wörter Tag und Monath gemeinlich aus.. Dem zufolge ist die Redensart, den 27ten März, eine blose Uebergehung (Ellipsis), und heißt eben so viel, als: den 27ten Tag des Monathes März, in welcher Satzordnung das Wort März auch keiner Abänderung bedarf. Dergleichen Uebergehungen hat die deutsche Sprache eine grose Menge. Z.B. guten Morgen, Glück zu, Ihr Diener, wo hinaus? je länger, je lieber u.a.m. Eine sehr merkwürdige stecket auch in der heutigen Jahrsrechnung, welche Ihnen gewiß eben so unbegreiflich vorkommen muß, als die obige Art, die Tage der Monathe auszudrücken. Denn was heißt das wohl: im Jahre tausend siebenhundert siebenzig, wie wir jetzt schreiben? Was hat dieses Jahr an sich, das die Zahl 1770 ausmachet? Sind es die Monathe, Tage, Stunden, oder andere Theile, woraus es besteht?

steht? Nichts dergleichen. Vor Alters schrieb man z. B. so: im Jahre, da man nach Christi Geburt tausend vierhundert vierzig Jahre zählete (im jar, do man zalt nach Christi vnnsers herrn gepurtte dhausend vierhundert vierzig jare). Dieses war sehr wohl und deutlich gesprochen. Man warf aber endlich die Worte: da man nach Christi Geburt... Jahre zählete, Kürze halber weg; und solchergestalt ist nichts mehr, als der heutige Ausdruck übrig geblieben. Ist man nun nicht berechtiget, diese abgekürzte Jahrsrechnung zu verdammen: so wird man es eben so wenig seyn, den 27ten März sammt seinen Gesellen ins Elend zu verstoßen. Im übrigen steht es Jedermann frey, sowohl die Tage der Monathe, als die Jahre nach der längern Art auszudrücken; wenn er nur die gewöhnliche kürzere nicht verwirft. Selbst Herr Gottsched, der zuweilen den 30 des Christmonathes u. d. gl. schreibt, machet kein Bedenken, auch den 21 April, den 30 Jänner u. s. w. zu schreiben m). Eben so werden Sie die Freyheit haben, die obigen

---

m) Sieh die Vorreden seiner Sprachk. zur 3ten, und seiner Weltweish. zur 7ten Auflage.

obigen Ueberg=hungen guten Morgen u. s. w. zu ergänzen, und alles, was darunter verstanden wird, umständlich hinzu zu setz= en. Seyn Sie nur so hart und unbillig nicht, daß Sie demjenigen einen Irrthum an den Kopf werfen, der Ihnen hierin nicht nach= folgen will.

116 §. Ihrer Uebereilung setzen Sie noch keine Gränzen, wie ich sehe. Sie geben a. d. 87 S. Ihrer Anmerkungen schon wieder eine Probe davon. Wo habe ich doch ein Wört= chen davon gesaget, daß die Redensarten: da= bey bin ich auch gewesen, davon habe ich auch gehöret u. d. gl., nicht gut wären? daß ich es anders haben wollte? daß man gerad sprechen sollte: da bin ich auch bey gewes= en u. s. w.? Habe ich diese Redensarten, welche ich verworfen haben soll, nicht im Gegentheile ausdrücklich gutgeheisen; da ich im letzten Beyspiele meiner Verbässerungen (* 189 S.) das da mit dem aus verbund= en, und gesetzet habe: daraus will ich auch trinken? Diese Stelle haben Sie verschwieg= en. Haben Sie dieselbe vielleicht nicht ge= sehen? Sie steht doch hart an denen, welche Sie angeführet haben. Das ist bedenklich.

Ich

Ich habe allſo gemäs den dreyen Muſtern, die ſich an der angezogenen Seite meiner Abhandlung finden, ſehr deutlich behauptet: daß man die Wörtchen dabey, davon u. d. gl., wenn die Rede mit denſelben anhebt, eben ſowohl unzertheilt ſtehen laſſen, als trennen könne. Dieſe Trennung nennen Sie ungereimt. Und warum? Streitet ſie vielleicht mit einer feſtgeſetzten Regel, oder gar mit der Natur unſerer Sprache? Nein, ſagen Sie, die Deutlichkeit wird dadurch verletzet. Gut! aber wie probiren Sie dieſes? Der Beweis iſt dießmal in der Feder geblieben. Was Raths? Wir wollen unſere Leſer freundlich bitten, ſie möchten die Augen zuthun, und gutherzig glauben: daß Sie mir meine Irrthümer recht gründlich bewieſen haben. Uebrigens habe ich die Ehre, Sie zu verſichern, daß dieſe ungereimte Trennung meine Erfindung nicht iſt. Sie war ſchon zu uralten Zeiten im Brauche. „Da wer „viel von zu reden „ ſagete Franz von Sickingen vor 247 Jahren n). Sie iſt auch heute zu Tage ſehr gewöhnlich. Viele tauſend

---

n) Beiträge zur Sittenl. Oeconomie u. ſ. w. I St. 123 S. Mannheim 1770.

enb Personen kann man, auch mitten in der Pfalz, täglich sprechen hören: da sey Gott vor, da komme ich lang mit aus u. d. gl. Sind diese Redensarten undeutlich?

X Frage.

Zeuget die Vertheidigung der pfälzischen Aussprache von der Gründlichkeit der biedermännischen Anmerkungen?

117 §. Aller guten Dinge sind drey. So dachte unser Herr Liebhaber, als er sich entschloß, die pfälzische Aussprache zu retten. Zwo Syllben und ein Wort machen das ganze Heer aus, womit er zu Felde zieht. Die Endsyllbe en, womit man in der Pfalz die Hauptwörter der vierten Abänderung zu schliesen pflegt, machet den Vortrab. „Mein! wo sagt doch ein Pfälzer, die „Fabelen, Regelen, Windelen u. s. f. „Dieses habe ich noch niemals aus dem „Munde eines einzigen gehöret. Daß die „Pfälzer mehrentheils so sprechen sollen, „das widerleget die tägliche Erfahrnuß„ († 88. 89 S.). Ich habe nicht gesaget, daß

unsere Landesleute mehrentheils die Fab=
eln, Regelen u. d. gl. sprächen. Ich habe
ja ausdrücklich hinzugesetzet, daß sie das
Mittel=e aus diesen Wörtern oft ausstiesen;
und allso auch Fablen, Reglen, Schultren,
Windlen sageten (* 144 S.). Diese letztern
Ausdrücke müssen Jhnen nothwendigerWeise
zu Gesichte gekommen seyn. Und dennoch
lassen Sie sie aus, und flicken das Wort mehr=
entheils blos an die erstern, wo es nicht hin=
gehöret. Auf was kömmt es denn eigentlich?
Auf die Syllbe en, in welche wir das n,
welches den Wörtern der IV Abänderung
zum Schlusse dienen sollte, durchgehends
verwandeln (* 143 S.). Haben Sie nun
diese Endsyllbe, sowohl in Fabelen als Fab=
len u. d. gl., noch niemals aus dem Munde
eines einzigen Pfälzers gehöret: so kömmt
das daher, weil Sie ein Ausländer sind,
der auf unsere Mundart noch wenig Acht ge=
geben hat. Nichts ist in unserm Vatterlande
bey allen Ständen gewöhnlicher, als diese
Aussprache. Unter hunderten werden Sie
kaum einen antreffen, welcher deutlich Reg=
eln, Gabeln, Kugeln, Eicheln, Kamm=
ern u.s.w. spricht. Nur ist dieses dabey zu
merken, daß sie das en, welches sie dergleich=

en Wörtern am Ende anhenken, nicht scharf und hell genug klingen lassen. Dieses thun sie aber, unserer Mundart gemäs, in allen Wörtern, die sich mit diesen zweenen Buchstaben schliesen. Findt man auch Beyspiele dieses Schnitzers in unsern Schriften? Daran fehlet es gewißlich nicht. Die hochgelehrten Schulbücher, welche die deutsche Sprache bisher in der Pfalz so sehr verherrlichet haben, sollen anstatt aller zur Probe dienen. In den Anfangsgründen der lateinischen Sprache lese ich die Reglen, Kugelen, Formulen, in der Vorrede; die Insulen a. d. 40 S.; noch einmal Insulen im zweyten Theile dieser Anfangsgründe a. d. 11 Seite u. s. w. Im Lehrbuche der ersten Klasse finde ich die Reglen und Formulen a. d. 80 S.; die Insulen a. d. 368 S.; die Reglen a. d. 452 u. 454 Seite. Das Lehrbuch der zweyten Klasse zeiget uns die Mandelen a. d. 50 S.; die Reglen a. d. 379 Seite u. s. w. Ich hoffe, mein Herr Biedermann! diese Stellen werden Ihnen eine Genüge leisten. Es wäre leicht gewesen, Ihnen mehrere dergleichen aus hundert andern pfälzischen Schriften vor Augen zu legen.

118 §.

118§. Hierauf rücket die Syllbe fuff, in den Wörtern fuffzehn und fuffzig, in völliger Schlachtordnung an. In meiner Abhandlung habe ich gesaget: daß ich von diesen abscheulichen Ungeheuern ebenfalls noch etwas zu sprechen hätte; wenn ich mich nicht schämete, dieselben den Ausländern blos zu stellen (*166 S.). Die Hauptsache dieses Artikels war: daß fuffzehn und fuffzig sehr niederträchtige Ausdrücke wären, und demnach mit allem Fleise von uns vermieden werden sollten. Es schien nicht wohl möglich zu seyn, daß man an dieser Erinnerung was auszusetzen, oder gar einen Irrthum darin finden würde. Allein weil Herr Biedermann gewohnet ist, allenthalben einige starke und gründliche Einwendungen zu machen, die andern nicht eben so geschwind und so glücklich beyfallen würden: so wußte er auch an diesem Orte seine Mauerbrecher geschickt anzubringen. „Alle an die Pfalz „gränzende Länder, saget er, ja die Sachsen „sogar selbsten sprechen durchgehends fuff‑ „zehn und fuffzig. Welche seynd dann „endlich die Ausländer, vor welchen Sie „sich schämen, diese pfälzischen Ungeheuer „blos zu geben„ (†89. 90. S.)? Hätten Sie

Sie sich eingehen lassen, daß ich vielleicht was erhebliches von diesen zweenen mißstalteten Ausdrücken zu sagen hätte: so bin ich versichert, daß Sie diesen unkräftigen Nebensprung nicht gemachet hätten. Was hätte ich denn davon zu sagen gehabt? Dieses: daß man den Lehrlingen in den lateinischen Schulen diese angebohrne garstige Aussprache nicht abgewöhne; daß ihre Lehrer sich derselben selbst bedienen; daß sie einer Menge vornehmer und studirter Leute anklebe; daß sie sogar mit vielen unsrer Prediger die Kanzel besteige u.d.gl. Das lautet nun freylich nicht gar rühmlich. Aber eben darum habe ich mich geschämet, den Ausländern davon zu reden, bey deren vielen sich wenigstens die öffentlichen Schullehrer und Gelehrten die löblichste Mühe geben, dieses pöpelhafte Wesen von ihren Zungen zu verbannen.

119 §. Das gaßende Hinkel machet endlich den Nachtrab und Schluß des tapfern Heeres, welches der pfälzischen Aussprache zu Hilfe kommen, und meine Irrthümer auf dieser Seite bekämpfen sollte. Was habe ich denn diesem armen Thierchen Leids gethan? Ich habe seine Bestandtheile beschrieben; ich habe

habe seinen Ursprung gezeiget; ich habe die Vorstellung gemachet, daß es nicht ferner bey uns zu dulden wäre (* 121. 122 S.). Habe ich Unrecht dabey gehabt? Nein, hierin liegt auch mein Irrthum nicht. Worin denn? In dem, daß ich gesaget habe, ich hätte es noch nirgendswo anders, als hier zu Lande, nennen hören. Doch was sage ich, hier zu Lande? Diese Worte scheinen unserm Herrn Liebhaber etwas zu weitläufig: denn man könnte die ganze hiesige rheinische Gegend darunter verstehen; gleichwie ich sie auch wirklich darunter verstanden habe. Was thut er allso? Er streicht sie aus, und setzet, in der Pfalz, dafür († 90 S.). Gilt das aber? Das ist die Frage nicht. Das gute Hinkel sollte einen Irrthum erlegen, es möchte sich dazu anstellen, wie es immer wollte. Hier zu Lande konnte es nicht: es mußte sich allso in der Pfalz dahinter machen. Aber gesetzet, ich hätte blos von unserm Kuhrfürstenthume gesprochen. Gesetzet, ich hätte mich darin geirret, und dieses Thier wäre in allen Provinzen Deutschlandes eben so bekannt, als bey uns: was folgete daraus? Wäre es darum keine Mißgeburt, die des Landes zu verweisen ist? Das war

ja doch mein Hauptſatz; jenes aber, daß ich
es nirgendswo anders gehöret habe, nur ein
Nebenſatz. Heiſt das nun, meine Irrthümer gründlich widerlegen? Müſſen Sie nicht
bekennen, mein Herr Biedermann! daß es
Ihnen an gutem Stoffe gefehlet habe, um
Ihre Anmerkungen damit auszufüllen?

XI Frage.

Gereichet dem Herrn Liebhaber dasjenige zur Ehre, was er von der
Tonmeſſung ſaget?

120 §. „Ich geſtehe es aufrichtig: ich bin
„ganz müde, mich länger in
„dieſem Werkchen aufzuhalten„ († 90 S).
Ich glaube es Ihnen gar gern, mein allerliebſter Freund! Sie können ja Ihre Luſt
unmöglich in einem Werkchen finden, worin ſo viele Wahrheiten vorkommen, die Sie
nicht gern ſehen, die Sie verabſcheuen, die
Sie hundert Klaftern tief in die Erde vergrüben; wenn Sie die Kräfte dazu hätten.
Seyn Sie verſichert, ich bedauere Sie wegen aller der Mühe, wodurch Sie ſich bisher
ſo ſehr, und doch vergebens, abgemattet haben.

en. Hätten Sie mich doch nur um Rath gefraget, ehe Sie eine so schwere Arbeit auf sich genommen haben: ich würde Ihnen gewiß als ein aufrichtiger Freund gesaget haben, was Sie zu thun hätten. Ich würde Ihnen vor allen Dingen auf meinen Vorspruch gezeiget haben, welchen Horaz den Dichtern seiner Zeit so nachdrücklich eingeschärfet hat. Jetzt erkennen Sie endlich Ihren Fehler, aber fast zu spat; da Sie unter der Last hingesunken sind, und sich kaum mehr zu helfen wissen. Und was, ach! was haben Sie am Ende davon?... Ich bitte Sie um alles in der Welt, legen Sie jetzt wenigstens die schwachen Waffen nieder, und begeben sich zur Ruhe... Allein ich predige vergebens. Herr Biedermann, wie müde er auch ist, sammelt seine letzten Kräfte; und waget noch einige empfindliche Streiche.

121 §. „Erstlich lasse ich meinen Leser „rathen, saget er, was das für Dinge seyn: „Langkurze und Langgekürzte„ u. s. w. († 91 S.). Durch diese Wörter habe ich in meiner Abhandlung die Trochäen und Daktylen ausgedrücket (* 204. 206 S.). Herr Biedermann ist wider dieselben sehr auf-

aufgebracht. Er schilt darauf, was er kann (†91. 92 S.); und wenn man es beym Lichte betrachtet, so hat er nicht die geringste Ursache dazu. Es ist einmal eine bey allen unsern Sprachlehrern ausgemachte Sache: daß es immer erlaubet sey, ausländische Wörter durch einheimische zu ersetzen; wenn man nur die Sprachähnlichkeit, den Wohlklang, und die Deutlichkeit dabey in Acht nimmt. Dieses hat man wirklich in diesem und dem vorigen Jahrhunderte in der Mathematik, Weltweisheit, Zergliederungskunst, ja fast in allen Wissenschaften, mit dem bäßten Erfolge gewaget. Da nun die **Langkurzen** und **Langgekürzten** nach diesem Muster vollkommen gebildet sind: so sehe ich nicht, wodurch sie den Bann verdienen sollten. Sie scheinen zwar unserm Herrn Liebhaber nicht deutlich genug zu seyn: allein ich behaupte, daß sie einem Deutschen viel deutlicher seyn müssen, als selbst die **Trochäen** und **Daktylen**. Ihre blosen Namen werfen schon ein groses Licht auf ihre Bedeutung hin; und so lang man jene behält, wird man diese nicht leicht vergessen. Woher weiß ich aber, was ein **Trochäe** oder **Daktyl** bedeute; wenn ich kein Griechisch verstehe? Ja selbst die

die Kenntniß dieser Sprache kann mich auf die wahre Bedeutung dieser Wörter nicht führen. Das erste hat seine Benennung vom Laufen, das zweyte vom Finger. Bin ich nun dadurch in den Stand gesetzet, auch nur von weitem zu errathen: das jenes ein zweysyllbiger Fus von einer langen und kurzen Syllbe, dieses ein dreysyllbiger von einer langen und zwoen kurzen sey? „Gottsched, „Klopstock, Braun u. a. m. haben sich „aber bisher dieser Ausdrücke nicht bedien„et,„ († 92 S.). Was denn mehr? Dieses beweist die Unrichtigkeit derselben eben so wenig, als man die Unrichtigkeit der Wörter Kunstrichter, Sprachlehrer, Schulfuchs u. d. gl. aus jenen Schriftstellern darthun kann, die Kritiker, Grammatiker, Pedant dafür brauchen. Zudem haben sich die genannten Lehrer, anstatt der Langkurzen und Langgekürzten, doch anderer Wörter bedienet, die ebenfalls blos deutsch sind. Gottsched nennet den Jambus einen steigenden, den Trochäus einen fallenden, den Daktylus einen springenden, und so weiter o). Theils eben diese, theils ähnliche

---

o) Kern der deutsch. Sprachl. IV Th. II Haupstst.

liche Benennungen finden sich in Braunen p). Warum sind Sie doch auf diese deutschen Namen nicht eben so feuerig losgegangen, als auf die meinigen? Doch, das hat seine gute Ursache. Sie haben nicht einmal gewußt, daß dieselben in den Werken jener Schriftsteller stehen, welche Sie anführen; sonst würden Sie gewiß auf die Verdeutschung aller der lateinischen Füse nicht so stark gedrungen haben, wovon Sie uns ein Verzeichniß liefern (†92 S.). Alle diejenigen, welche im deutschen Syllbenmaase nothwendig und üblich sind, hat Gottsched am angezogenen Orte deutsch gegeben. Eben dieselben hätte ich auch nach dem Schlage der **Lang-kurzen** und **Langgekürzten** leicht verdeutschen können. Warum habe ich aber ein tiefes Stillschweigen hievon gehalten († 92 S.)? Ein vernünftiger Leser, der sich nicht erhitzet, wird die Ursache dessen ohne langes Nachsinnen finden. Diese Füse kommen in dem Gedichte, das ich beurtheilet habe (*203 S.), nicht vor. Ich habe allso keine Gelegenheit gehabt, davon zu reden.

122 §.

---

p) Anleit. zur deutsch. Dichtk. VIII Hauptst.

122.§. Doch, was halte ich mich so lang mit diesen **Langkurzen** und **Langgekürzten** auf? Es sind nicht meine, sondern euere Waaren, ihr hochansehnliche und gelehrte Glieder der deutschen Gesellschaft zu Leipzig! Ihr seyd angefochten; um euere Ehre ist es zu thun. Nehmet euere **Tulipen,** euere **Wasserlilien,** euere **Hahnenfüse** hin; und vertheidiget sie selber, wenn ihr könnet. Sehet euch um einen Oedipum, der euer räthselhaftes Geschmeis der Welt begreiflich mache. Ihr habet die Sache zu weit getrieben; ihr seyd in Schwachheiten gefallen; ihr habet diese und andere dergleichen deutschen Benennungen in euere Werke eingerücket, und für gut verkaufet q). Warum seyd ihr nicht damit zurückgeblieben? Warum habet ihr sie nicht bässer geprüfet? Warum habet ihr nicht vorgesehen, daß dermaleinst ein junger Kunstrichter aufstehen, und diese euere seltenen **Gartenzierden** mit Füsen treten würde? Ihr habet zwar Waffen genug in den Händen, um die kleine Verwägenheit dieses Herrn zu strafen; o ja, das ist allzubekannt: allein ich

bitte

---

q) Krit. Beyträge II B, 401 S.

bitte euch um eurer Grosmuth willen, machet es gnädig. Messet euere Streiche nicht so empfindlich an, wie ihr bey Abfertigung etlicher Kunstrichter aus der Schweiz gethan habet. Euer Gegner wußte nicht, daß diese reizenden und entzückenden Blümchen in euerem Garten prangeten. Er hat geglaubet, weil er sie in Weitenauern nicht gefunden hat, sie kämen von mir her: denn sonst würde er sich gewiß nicht so weit herausgelassen haben.

123 §. Nach diesem so ernsthaften Handel bekommen wir auch etwas zum Lachen. Die zwo Durchsichten, mit welchen sich unser Herr Liebhaber überaus lustig machet, geben den vollkommensten Stoff dazu her. „Ich glaubte anfänglich, saget er, Durch-
„sichten wären Fenster; aber nachgehends
„hat man mir gesagt, ein gewisser Herr
„habe die Perspectiven also verdeutschet.
„Diese Durchsichten, welche den 9 des A-
„prils feil gebothen wurden, hätte ich mir
„um ein Haar gekaufet, um diese reizende
„Blümchen (die Langkurzen und Langge-
„kürzten) desto besser zu betrachten„ († 91 S.). Damit unsere Leser doch auch wissen,

en, was es für eine Bewandtniß mit dieser Sache habe: so will ich sie kurz erklären. Das vorige Frühjahr brachte Jemand einen Kasten voll mathematischer Instrumenten zu mir, und ersuchte mich, ich möchte ihm einen Aufsatz davon machen; weil er sie öffentlich feil biethen wollte. Ich willfuhr ihm; und er ließ sie den 9 April durch die hiesige Zeitung folgendergestalt bekannt machen: „Bey J. „J. sind verschiedene mathematische, zur „Markscheidekunst gehörige Instrumenten „um einen billigen Preis zu haben. Es sind „folgende Stücke: 1) Ein Feldwinkelmess= „er mit doppelten Durchsichten und einer „Magnetnadel. 2) Ein mathematisches „Besteck„ u.s.w. In dieser Quelle hat Herr Biedermann seine lustigen Durchsichten aufgefischet. Kunstverständige wissen gleich, daß die sogenannten Dioptræ, womit die Feldwinkelmesser versehen sind, unter diesem Worte verstanden werden; er aber hat geglaubet, es wären Fenster. Kann man wohl einen feinern Gedanken haben? Wer hat doch die Tage seines Lebens gehöret, daß die Fenster unter die mathematischen Instrumenten gehören? Hier sieht man, in welche Swachheiten man fällt; wenn man

seine

seine unzeitige Lust, Anmerkungen zu machen, zu weit treibt († 91. 92 S.). Doch, er hat seinen Irrthum selbst erkennet und wiederrufen. Andere haben ihm aus dem Traume geholfen und gesaget, ich hätte die Perspectiven allso genennet. Allein dieser Unterricht war ebenfalls irrig. Für dieses lateinische Wort hat man das deutsche Ferngläser schon lang eingeführet, welches vollkommen gut ist. Zum andern findt man an den wenigsten Feldwinkelmessern Ferngläser. Ich sehe allso nicht, mit welchem Grunde man auf den Gedanken habe kommen können, daß von diesen die Rede wäre. Doch, wir wollen dem Herrn Liebhaber die Freude lassen, daß er glaube, er hätte hier mit Perspectiven zu thun. Es kömmt ihn eine heftige Begierde an, dieselben zu kaufen. Aber wie theuer? Um ein Haar († 91 S.). Das ist in der That ein schlechtes Geboth. Allein weil er eine so auserordentliche Lust dazu hat, so soll er sie um diesen geringen Preis haben. Wir wollen setzen, er hätte sie wirklich vor sich liegen. Laßt uns im Verborgenen zusehen, was er damit anfangen wird. Er nimmt eine um die andere in die Hand. Er dreht und wendet sie von einer Seite zur

and=

andern. Er läßt babey die **Langkurzen** und **Langgekürzten** nicht aus den Augen. Endlich machet er sich mit seinen so wunderbaren und ungewöhnlichen Instrumenten über diese reizenden Blümchen her, um sie desto bässer damit zu betrachten († 91 S.). Erbarmet euch doch, meine Herren! über diesen jungen Mathematiker, der sich aus Liebe zur Wahrheit die Augen schier ausgucket. Rufet ihm zu, und benehmet ihm seinen Irrthum. Herr Biedermann! was fangen Sie um Gottes willen an? Diese Blümchen, in welche Sie so verliebet sind, liegen ja kaum eine Spanne weit von Ihrer Nase; und Sie wollen sie mit Perspectiven betrachten? Wissen Sie denn nicht, daß diese Instrumenten blos für entfernete Sachen gemachet sind? Zu so nahen Gegenständen, als Sie da vor sich haben, sind die Vergröserungsgläser bestimmet. Lassen Sie sich derer eins bringen: so werden Sie gewiß bässer sehen u. s. w. Allein für diesesmal rufen wir vergebens. Er höret nicht. Der Ausspruch ist gethan. Was er gesehen hat, ist ein räthselhaftes Geschmeis. Es bleibt uns nichts mehr übrig, als die Hoffnung:

Z   daß

daß er sich diese Warnung in Zukunft zu Nutzen machen werde.

124 §. Es ist Zeit, daß wir zur Hauptsache, nämlich zur pfälzischen Dichtkunst schreiten. Es scheint, meine Beweise, wodurch ich den übeln Zustand derselben gethan habe, seyn dem Herrn Liebhaber ziemlich überführend vorgekommen. Aus zwölf verschiedenen Gedichten habe ich Auszüge gemachet, und ihre Fehler gezeiget. Eilf davon läßt er gänzlich im Stiche; vermuthlich, weil er kein hinreichendes Mittel zu ihrer Rettung gefunden hat. Das zwölfte aber, den August im Jenner, nimmt er in seinen Schutz; und giebt sich alle erdenkliche Mühe, demselben eine Stelle unter den edeln und vortrefflichen Gedichten zu verschaffen. Ich gestehe es: eine herzliche Wehmuth überfiel mich, als ich sah, daß er sich entschlossen hat, die Vertheidigung eines solchen Werkes auf sich zu nehmen. Dieses Stück war mir zu wohl bekannt. Ich hatte es zum öftesten durchlesen und geprüfet. Ich wußte demnach zum voraus, daß er mit schlechtem Ruhme aus dem Kampfplatze weichen würde. Allein ich muß bekennen, daß ich
dieß-

dießmal selbst schuld an seiner Unternehmung bin. Ich habe dem Gedichte etliche Lobsprüche beygeleget; und diese haben ihn verleitet. Ich habe gesaget, es wäre weit bässer gerathen, als die übrigen insgesammt; besonders wäre es denselben an der Güte der Rechtschreibung überlegen (*203. 209 S.). Dieses hat bey ihm allzuhohe Gedanken davon erwecket. Er glaubete, das ganze Gedicht müßte schön, und deßwegen mit grosem Unrechte von mir angefochten worden seyn.

125 §. Er steigt zuerst in das Innere dieses poetischen Werkes hinein, und saget: „Es scheint, als habe der H. Kunstrichter „über das innere Wesen dieses Musters „jene Gesinnungen, welche alle der Dicht- „kunst Erfahrene darüber gefasset haben. „Es ist nämlich dieses Gedicht voll der „schönsten Züge und feinsten Gedanken „ († 93. 94 S.). Sie irren sich gar zu stark, mein Herr Biedermann! da Sie glauben, ich fände so viel schöne und erhabene Züge in diesem Werke. Ich habe die Ehre, Sie des Gegentheiles gänzlich zu versichern. Es kommen sehr viele lächerliche, ungereinte und ebenteuerliche Gedanken in demselben

vor. Die Hauptregeln, welche das Innre eines Gedichtes betreffen, werden darin häufig übertreten. Unser Dichter hat die Wahrscheinlichkeit zum öftesten auser Acht gesetzet; an die Einheit, welche Horaz vorschreibt r), hat er sich nicht gebunden; und von der Einrichtung eines guten Hirtengedichtes, wie das seinige seyn soll, hat er keinen ächten Begriff gehabt s). Ich bin im Stande, alles dieses mit den augenscheinlichsten Proben zu erweisen. Nichts hält mich hier davon ab, als die engen Schranken dieser Blätter. Ich kann mir demnach unmöglich einbilden: daß alle der Dichtkunst Erfahrene ein so günstiges Urtheil über diese Schrift gefället haben sollen. Ist das nicht ein schmäuchelhafter und ungegründeter Ausspruch? Woher wissen Sie um diesen allgemeinen Beyfall der Gelehrten? Hat man Ihnen, oder sonst Jemanden, aller Orte her darüber zugeschrieben? Haben die

---

r) Denique sit quodvis simplex duntaxat & unum. *De Art. poet.*

s) S. Gottsch. Versuch einer krit. Dichtk. II Th. I Abschn. IX Hauptst.

die deutschen Gesellschaften ihre Meynungen zum Vortheile derselben öffentlich bekannt gemacht? Ich will wetten, nein. Wo sind allso alle jene Kunstrichter, auf deren Urtheil Sie pochen? Was gilts, es sind ein paar Freunde unseres Dichters, die in der Pfalz wohnen, und sich um den deutschen Parnaß niemals viel bekümmert haben?

126 §. So schlecht der August im Jenner in seinem innern Wesen zusammenhängt: so wenig Staat kann man mit dem äusern machen. Dieses leßtere habe ich zwar in meiner Abhandlung ziemlich klar dargethan. Ich habe gezeiget, daß dieß Gedicht voll Fehler, sowohl wider das Syllbenmaas als wider die übrigen Sprachregeln stecke. Allein mit keinem von beyden ist Herr Biedermann zufrieden. Laßt uns sehen, wie glücklich er seine Sache hinausführe.

127 §. Erstlich behauptet er, wider die Sprache seyn nur einige kleine Fehler hier und da anzutreffen († 94 S.). Wie wunderbarlich sind nicht die Urtheile vieler Menschen! Wie gelind und gütig spricht man nicht von seinen Freunden; wie streng und scharf

hingegen von seinen Gegnern! Die ungeheuersten Balken sind bey jenen ganz kleine Splitter; bey diesen ist die kleinste Mücke ein Elephant. In meiner Abhandlung findt der Herr Liebhaber einen schweren Maltersack voll Irrthümer; in seines Freundes Gedichte kaum ein paar kleine Fehler. Wir wollen sehen, ob die liebe Wahrheit hier in Ehren gehalten werde. Ich will die Schnitzer nicht wiederholen, die ich in meiner Abhandlung schon gezeiget habe (* 207 u. f. S.). Ich bitte meine Leser, dieselben nachzuschlagen und zu urtheilen, ob sie so gering seyn, als Herr Biedermann sie ausgiebt. Man brauchet den August im Jenner nur selbst vor sich zu nehmen; und auf jeder Seite werden sich Fehler von allen Gattungen haufenweise darstellen. Folgendes finde ich wider die Rechtschreibung:
„ Jenner, ein Hirten-Gespräche, Thierkreyß,
„ durchlauchtigste, verhühlen, verstossen,
„ reitzen, seegnen, Sächsisch, Hochzeitlich,
„ verlohren, erzehlen, verguldet, das Alpen-
„ Gebürg, Schaafe, das wollene Kleide, das
„ Pfälzer Land, ungefehr, schliessen, die
„ Fruhe, das Tach, ein Liedgen, Nestgen,
„ Täubgen, leyren, den Weyren, eine Seith-
„ en

„ en (Chorda), das Götter Paar, ich öfne,
„ aussenher, das Chur-Pfälzische Hauß,
„ Strauß, ein Opfer Altar, ein guldenes
„ Band, Carl, würklich, Churfürstlich, an-
„ getretten, das Götter-Geblüt, betten
„ (orare),„ u.d.gl. Wider die **Wortforschung** und **Wortfügung**: „ Bey Virgil, in
„ Tityri Grott, der Morpheus, von Aug-
„ ustus, ich säe die Auguste und August,
„ in Theodor lebt ihr, wir verliern August,
„ in Diane Reiche, die Aest der Bäumen,
„ der Früchten, den Mäuleren, die Chör,
„ die Röhr, die Bühl, der Berge (Mons),
„ der Stiere (Taurus), die Wort, der Nam,
„ die Nordwind, die Höh, das Geschreye,
„ den Tage, das Grabe, den Steine, ein
„ Herze, die Dück, die Nas, der Hirte,
„ deine Blitz, den Schmucke. Lilien anfang-
„ en (die Lilien fangen an); von (den)
„ gestrigen Zähren, denen Haiden, von dero
„ Blicken, in Hochzeitlichem Wonne, ein Lust,
„ all Gütigkeit, ihro (seine) Durchläucht,
„ sie hat sich in Lüften verlohren; das Helle
„ vermengt sich mit Dunklem (dem Dunk-
„ eln), in (den) kürzesten Meilen, für (des)
„ Bräutigams Wohl; sie tragen das Glück
„ in (die) Ferne; ich hechle mit zausendem
„ (ein-

„ (einem zausenden) Rechen; ich öfne (dich)
„ Fenster; (ein) ewiger Frühling; ihr werd-
„ et (eine) ewige Grüne empfangen.—. Du
„ hast den Phöbus bewegt (bewogen); er
„ fechtet (ficht); hör, er zerrisse mich gest-
„ ern; (sie) will bekleiden; sie zoge; leb (es
„ lebe) Augusta; wer belebt hab (habe);
„ Götter! (ihr) sollt leben; euch werde (ich)
„ gebieten; Himmel! abwende (wende ab);
„ wenn (ich) mich verschleiche; leck, bewahr,
„ schirm —. Dorten, jemalen, ehnder, hier
„ stäubt er (hier liegt er begraben); Pomone,
„ erst neulich beschoren, flechtet den Zopf;
„ der Neckar, vor kurzem erfroren, wäscht
„ den Kopf; der Rhein, von der Eisdeck
„ gelüftet, ruft; dieses gesungen: er heil-
„ igte Körner; die Wälder klingen ein Braut-
„ lied; der Rhein wünscht vom Zephyr um-
„ hüpfet zu seyn; den Weyren das Hüpfen
„ geben; Aurora bietet dem Augustmonat
„ Farben; die Nordwind befreyn meine
„ Wangen durch ihre schmeichelnde Wische
„ von Zähren; die Heerden brüllen vor Freud
„ in die Höh; ich will dich daran gemahnen;
„ eines Dings vergeßlich seyn; wäßrende
„ Thäler; eine hochstimmende Leyer,„. und
hundert andere dergleichen. Darf ich Sie nun
frag=

Von der Tonmessung.

fragen, mein geehrtester Herr Biedermann! ob das lauter kleine Fehler seyn? Würde ich hier dem Dichter auch Schnitzer auf, die keine sind († 94 S.)? Was werden Sie der vernünftigen Welt doch antworten? Sind vielleicht alle diese Sprachschnitzer, auch die gröbsten und ungeheuersten darunter, lauter Druckfehler († 95 S.)? Wie schön haben Sie den August im Jenner durch dieses Mittel nicht vertheidiget! Freylich schleichen bisweilen manche Druckfehler in die Schriften, besonders wenn sie etwas gros ausfallen, unvermerket ein t). Bey Schriftstellern, die eine reine Feder führen, sind sie leicht zu erkennen: geht das aber auch in jenen Werken an, wo man so viel Unbeständigkeit und Gleichgiltigkeit in der Schreibart antrifft; wo die vornehmsten und allergemeinsten

Sprach-

---

t) Die Probe habe ich noch jüngst an einem ganz neuen Werke gesehen, dessen Verfasser sich sehr viel Mühe gegeben hat, alle Fehler auszumärzen, und dennoch folgende übersehen hat: gespien, verschrien, angebethen, es dünket allen, man gräbet, Polycarpen, Ungewissenheiten, erkennen zu geben, entsprosset, nebst ewigen andern.

Sprachregeln auser Acht gesetzet werden; kurz, wo alles von Fehlern wimmelt?

128 §. Von der gräulichen Unordnung, die allenthalben in diesem Gedichte herrschet, habe ich noch nichts gesaget. Die ebenteuerlichsten Wortversetzungen kommen darin so häufig vor: daß es das Ansehen hat, der Dichter habe es sich recht angelegen seyn lassen, damit er dem Balde und Froschmäusler in diesem Stücke beykäme. Z. B. „August mich belebet; Ceres wispelt der „Juno ins Ohr diese Wort; sie auf euch „zoge die Sächsische Sonne; Amynt! wenn „Fackel der Hesper anzündet; schon in Lüft„en sie hat sich verlohren; nein, er noch „lebt,„ u.d.gl. Aus dieser geräderten Sprache entsteht nun oft solche Dunkelheit: daß man kaum weiß, was der Verfasser sagen will. Zum Beweise dessen habe ich in meiner Abhandlung, Kürze halber, nur folgenden Vers angeführet:

Göttinn! du fliehest?... sie haltet ihr Haynen!

Ich habe meinen Lesern den Sinn desselben, den ich selbsten eine Zeit lang vergebens gesuchet hatte, zu errathen überlassen (* 222 S.).

S.). Ich hätte gedacht, Herr Biedermann würde uns diesen Knoten auflösen: allein er hat für gut befunden, ihn mit Stillschweigen zu übergehen; vermuthlich, weil er noch selbst darüber studiret. Wir wollen ihm zur Uebung noch ein paar andere hinzusetzen: damit wir ihm Gelegenheit geben, sich mit diesem lieben und reizenden Gedichte ferner zu belustigen.

1) Heut gehet auf denen Sächsischen Haiden
 Euerer Morgenröth göttlicher Schein.
2) Noch einmal will von Auguste das Wort...
3) Kündige Fama, erzehlen die Bäche
 Die von Augustus vergüldete Zeit.
4) Sag: es soll alles an Träume gemahnen
 Die ihres Glückes vergeßliche Nacht,
 Daß auch im Schlafe als Hirten Gotts Ahnen
 Zwey, den August, die Auguste betracht.
5) Du bunde Rose, du wirst deine Blitz;
 Herbstlichen Schmucke, ihr lachende Reben,
 Werdet empfangen von strahlendem Glitz,
 Von der Auguste gepurperten Wangen.

129 §. Wider das Syllbenmaas hat unser Dichter eben so stark gesündiget, als wider die übrigen Sprachregeln. Dieses habe ich in meiner Abhandlung mit unumstößlichen Proben dargethan (* 204. u. f. S.). Ich

habe

habe zur einzigen Regel des deutschen Syllbenmaaßes das gute Gehör gesetzet, nach welchem alles abzumessen sey. Ich habe behauptet, wir müßten in gebundener Rede eben den Maaßstab für die Länge und Kürze der Syllben beobachten, den wir in der ungebundenen zu beobachten pflegen. Nichts ist gewisser als diese Regel. Denn wonach sollte man sich in den Versen sonst richten? Woher wüßte ich, ob eine Syllbe lang oder kurz wäre? Aus dem Unterrichte der Poeten? Woher haben denn diese denselben gezogen? Nirgendswo anders her, als aus dem Gehöre, aus der gemeinen Aussprache, nach welcher der Schäfer bey seinem Stabe eben so richtig von dem Maaße der Syllben urtheilet, als der größte Dichter bey allen seinen Büchern. So geht es in allen lebendigen Sprachen. Bey den Griechen und Römern war das gemeine Volk, welches gewiß von keinen Regeln wußte, in diesem Stücke eben so gelehrt, als ihre bäßten Poeten. Cicero bezeuget dieses von seinen Landesleuten ausdrücklich u). Dieses

wäre

---

u) Quotusquisque est, qui teneat Artem Numerorum ac Modorum? At in his si paulum modò offensum est, ut aut Contractione

Von der Tonmessung.

wäre aber unmöglich gewesen, wenn nicht der Pöbel und Dichter sich nach einerley Maaßstabe, nämlich dem Gehöre, gerichtet hätten. Wir wollen nun auch das Urtheil der deutschen Schriftsteller hierüber vernehmen. „Die tägliche gemeine Aussprache, „saget Herr Gottsched, kann alle Menschen, welche ihre eigene Muttersprache reden, lehren, welche Sylbe lang oder kurz „ist, ehe noch die geringsten Regeln davon „gegeben worden; wenn sie nur ein scharfes Gehör zu Rathe ziehen wollen. Und „so haben die ersten griechischen und römischen Dichter in ihren Sprachen die rechte „Länge und Kürze der Sylben bemerket. „Ein gebohrner Deutscher also, der aus einer Landschaft ist, wo eine gute Aussprache „herrschet, hat den Maaßstab aller Sylben in seinen Ohren „. x) Welche Lehre finden wir hievon in den kritischen Beyträgen? „Das Tonmaaß der einsylbigen Wörter, so wie aller zusammengesetzten, in der „deutsch-

---

brevius fieret, aut Productione longius, Theatra tota reclamant.

x) Vorüb. der lat. u. deutsch. Dichtk. I Abschn. I Hauptst. §. 3 S.

„ deutschen Dichtkunst darf nicht im gering„
„ sten von der Aussprache abweichen, welche
„ es von Natur auch in ungebundener Rede
„ besitzet. Ueber die Tonsetzung gebühret
„ das Urtheil nicht der Zunge, sondern dem
„ Gehöre„ y). Herr Braun ist derselbig,
en Meynung. „Die Aussprache, saget er,
„ ist die Hauptregel des deutschen Syllben,
„ maaßes. Diese einzige, einfache und sehr
„ natürliche Regel machet bey uns die ganze
„ Prosodie aus. Wer ein gutes Gehör hat,
„ der hat diese Regel schon in seinen Ohren,
„ und darf sich weiter um das Syllbenmaaß
„ nicht mehr bekümmern„ z). Soll sich
allso dieser Lehrer widersprechen, da er im
folgenden Absatze saget: „Manche Wörter
„ können in der gebundenen Rede ein ganz
„ anderes Syllbenmaaß annehmen, als sie
„ in der ungebundenen haben„ († 99 S.)?
Keinesweges. Er erkläret noch in eben dem
Absatze ausdrücklich: daß diese Anmerkung
mit dem Vorigen auf eines hinauslaufe;
daß die Aussprache immer die Hauptregel
uns-

---

y). Im V Bande a. b. 55 u. 56 S.

z) Anleit. zur deutsch. Dichtk. II Hauptst. 8 S.

unseres Syllbenmaases bleibe. Er will demnach durch die angezogenen Worte, die freylich etwas bestimmter hätten abgefasset werden können, allein dieses sagen: daß manche Wörter ein anderes Syllbenmaas in den Versen annehmen können, als sie, nicht zwar in jeder, sondern in dieser oder jener ungebundenen Rede haben; gleichwie eben dieses Syllbenmaas sich auch nach dem Unterschiede der Verse ändern kann, welches letztere er durch verschiedene Beyspiele beweist. Er fraget z. B., ob die letzte Syllbe in sterbliche und dergleichen Wörtern lang oder kurz sey. Hierauf antwortet er, nicht zwar mit ausdrücklichen, doch mit gleichbedeutenden Worten: daß die Gröse besagter Syllbe nur nach der Verhältniß gegen andere Grösen gemessen werde; daß also ihr Maas blos von der folgenden Syllbe abhange. Ist diese lang, so ist jene kurz: ist diese kurz, so ist jene lang. Diese Antwort geht aber eben so wohl die ungebundene als gebundene Rede an. Sage ich z. B. die sterblichen Menschen: so ist die letzte Syllbe in sterblichen kurz; weil die folgende Mensch lang ist. Sage ich aber, die Sterblichen vergehn: so ist die genannte letzte Syllbe lang; weil die erste des folgenden Wortes

ver

ver kurz ist. Sollte übrigens das Syllbenmaas der ungebundenen Rede sich in der gebundenen so verändern, wie es unser Liebhaber hier zu seinem Vortheile wünschet, so würde selbst der wesentliche Unterschied der Versarten zu Grunde gehen. Wer könnte mir sagen, was steigende und fallende Verse wären? Käme die Bestimmung nicht blos auf die Willkuhr des Lesers an? Könnte er nicht z. B. diese zween Verse aus Dachen:

> Preis der Tage, Wunsch der Frommen,
> Meine Freude, sey willkommen!

steigend aussprechen und so lesen:

> Prēis dēr Tāgē, Wūnsch dēr Frōmmēn u. s. f.?

Vergebens würde man ihm zurufen: Herr! Sie lesen übel; Sie thun meinen Ohren wehe; Sie verkehren das Syllbenmaas; Tage, Frommen, meine u. d. gl. sind ja keine Kurzlange, sondern Langkurze. Ja, würde er antworten, in ungebundener Rede ist das wohl wahr, aber nicht in gebundener. Wisset ihr denn nicht, daß das Syllbenmaas in dieser bisweilen anders klinge, als in jener?

130 §. Nachdem wir nun solchergestalt gezeiget und festgesetzet haben, daß die gemeine

seyn; daß einige derselben überaus hart, die übrigen aber ganz unerträglich seyn (* 204 S.). Ich verweise meine Leser zu den angezogenen Stellen. In dem einzigen Verse:

Du hast, so dünkt mich, den Phöbus bewegt.

beruft sich Herr Biedermann selbst auf das Gehör. Er saget, das Wörtchen du sey des Nachdruckes wegen lang. Das ist wahr, gleichwie ich es auch nicht geläugnet habe; ob er mir schon das Gegentheil mit ausdrücklichen Worten aufbürdet († 97 S.). Was folget aber aus der Länge dieses Wortes? Machet es darum mit den zweyen folgenden einen guten Langgekürzten aus? Nein, „ wenn man gute, wohlklingende und sanft= „ laufende daktylische Verse machen will: „ so hüte man sich vor gar zu vielen einsyllb= „ igen Wörtern, und vor allen harten Syllb= „ en„ b). Doch wir wollen unserm Liebhaber diesen Langgekürzten, des gezeigten Nachdruckes halben, hingehen lassen: wie wird es aber mit den übrigen stehen, in welchen dieser Nachdruck bey den einsyllbigen Anfangswörtchen keine Statt findt? Dahin gehören

---

b) Gottsch. Vorüb. a. d. 114 S.

hören folgende: in dieses Feld, noch einmal, es schwört der Himel, will auch mit Thau, und wünscht vom Zephyr, die sie sonst u. d. gl. (*205 u. f. S.). Welcher Nachdruck stecket hier in den Wörtern in, noch, es, will, und, die? Aus welcher Ursache wird man sie allso im Sprechen erhöhen können? Wer seiner natürlichen Aussprache nicht die äuserste Gewalt anthun will, dem wird und kann es gewiß niemal einfallen, daß er mit dem Tone in denselben steige. Man mache den Versuch an jedem unparteyischen Leser, wie ich schon in meiner Abhandlung erinnert habe (*204 S.). „Die beste Probe der daktyl=
„ ischen Verse ist, saget Herr Gottsched,
„ wenn man sie den Kindern und Unstud=
„ irten zu lesen giebt. Wenn nun diese sie
„ hurtig, wie Daktylen, fortlesen können,
„ und sich nirgend stoßen: so sind sie gut „
c). Wie ist es möglich, mein Herr Biedermann! daß Sie in einer so klaren und offenbaren Sache sich länger widersetzen können? Das sind ja nicht die einzigen Fehler wider das Syllbenmaaß, die in unserm Gedichte

―――――――――――――――――

c) Vorüb. der Dichtk. II Abschn. IV Hauptst. 7 S.

dichte zu finden sind. Nein, man brauchet weiter nichts als zu lesen, um derer noch eine grose Menge zu entdecken. Ich bitte Sie selbst, folgende Verse mit einem aufmerksamen Auge zu übergehen:

> Antwort gab ein nahe stehender Fels.
> Das will ich schreiben aufs Blatt dieser Brust.
> Sags allen Hirten bis an jenes Land.
> Du bunde Rose, du wirst deine Blitz.
> Daß Sud in Nord, Nord in Sud wird regiern.
> Glücke! schirm dieß heut vereinigte Paar, u. a. m.

Was finden Sie hier daktylisches? Werden Sie den geringsten Wohlklang gewahr? Haben Sie vielleicht noch einen Anstand: so können die gottschedischen Kinder den Ausspruch thun. Und was sagen Sie dazu, daß unser Dichter dieselbigen Syllben bald lang bald kurz brauchet? Zum Beyspiele habe ich in meiner Abhandlung das Wort *seines* angeführet (* 206 S.). Sollte Ihnen dieses nicht genug gethan haben: so können Sie die Hirtennamen *Amynt* und *Florill* noch hinzusetzen. In den Versen:

> Amynt! wenn Fackel der Hesper anzündet.
> Florill, mein Florill! ich werde entzückt.

sind die ersten Syllben derselben lang; kurz hingegen sind sie in folgenden:

Stäubt

Von der Tonmessung.

Stäubt hier Amyntas; Auguste doch lebt.
Zopft den Flörill, doch gelind, bey der Nas.

Noch mehr. In den Wörtern **anfangen, anspannen, einschreiben, abwenden** sind die ersten Syllben unstreitig lang; und unser Dichter machet lauter kurze daraus, wie diese Verse bezeugen:

Lilien selbsten zu blühen änfängen.
Ihre gerastete Rosse änspännt.
Soll er einschreiben den Namen August.
Himmel! äbwènde der Hyaden Dück.

Eben diesen Fehler begeht er auch in dem kurz zuvor angeführten Verse, wo der Hesper (die) Fackel änzündet. Was zeiget nun alles dieses, mein allerliebster Herr Biedermann? Erhellet nicht sonnenklar daraus, daß der August im Jenner das Syllbenmaas sehr häufig und stark verletzet habe? Und ich soll eine so schwere Sünde begangen haben; weil ich dieses in meiner Abhandlung behauptet habe? Ey, wie schön und gründlich haben Sie der Pfalz meine Irrthümer nicht vor Augen geleget!

131 §. Es ist aber doch hart, daß man seine und seiner Freunde Fehler so öffentlich bekennen soll. Hat denn unser Liebhaber

der Wahrheit keine Ausflucht mehr? Ja, er stecket sich hinter die übrigen Dichter. „Man kann keinen berühmten Poeten aufweisen, saget er, in welchem nicht das Syllbenmaaß zuweilen anders lautet, als es die Sprache in ungebundener Rede mit sich bringet,, († 98 S.). Das ist viel gesaget; und ich bin versichert, daß es Ihnen schwer fallen würde, diesen allgemeinen Satz zu beweisen. Aber gesetzet, er sey wahr: so folgete nichts anders daraus, als daß sich alle unsere Dichter wider das Syllbenmaas dann und wann verstosen hätten (129 §). Würde das aber den August im Jenner entschuldigen? Bliebe es darum nicht wahr, daß dessen Verfasser sehr gröblich gefehlet habe; weil er ein so wesentliches Stück der Dichtkunst so oft und so verwägen mit Füssen getreten hat? Sollten Sie aber glauben, es wäre ein unvergebliches Verbrechen, wenn man die vornehmsten Dichter in diesem oder jenem Stücke verdammete: so will ich Ihnen diesen Zweifel benehmen. Um von denjenigen ein paar Worte zu reden, auf deren Ansehen Sie sich stützen: so ist es unwidersprechlich, daß Klopstock in seinem Messias das Syllbenmaas oft auser Acht ge-

gesetzet hat. Wir brauchen die Stellen, welche Sie daraus anführen, nicht zu untersuchen. Wir finden sonst Stoff genug, dieses augenscheinlich zu beweisen. In der Zuschrift heist es: ālsdänn, nāchāhmēn u. d. gl.; ūnterdēß a. d. 5ten Seite; tiefsīnnig (10 S.); aūfwāllet (11 S.); Ūltär (16 S.); nāchdēnken (17 S.); vōrbīlden (18 S.); Wēltrīchter (35 S.); indēm (39 S.) vōn dā, gleichwōhl (42 S.); bōshāfter (45 S.); āusrūfen (73 S.), und hundert andere. Alles dieses läuft wider die tägliche gemeine Aussprache; und eben darum muß es, nach Klopstocks eigenem Urtheile, für fehlerhaft angesehen werden. Wie leicht und gewöhnlich es übrigens sey, in dieser ausländischen Versart, worin dieser berühmte Dichter schreibt, das Syllbenmaas zu verletzen, bezeuget Herr Gottsched, da er saget: daß unsere Hexametristen durchgehends wider die rechte Länge und Kürze der Syllben verstoßen. Wer Lust hat, diesen Ausspruch wider seinen eigenen Urheber in etlichen Stücken zu wenden, dem will ich es eben nicht verwehren.

132 §. Herr Christoph Otto (nicht Otten. †85. 97 S.) Freyherr von Schönaich hat zwar seinem wohlverfaßten Herrmann mehr Schmuck durch die Richtigkeit des Syllbenmaases, als durch die Reinigkeit der Sprache verschaffet: dennoch muß man bekennen, daß jenes in manchen Stellen offenbar gekränket wird. Dieses geschieht in den Wörtern: annŏch, einmāl, jĕdwĕder, hiĕrmit (ohne Nachdruck), mān nicht, ĭtzŭnd, niemāls, ālsdānn, mānchmāl u. d. m. Und was beweist die Unbeständigkeit in āllhiĕr und āllhiĕr anders, als eben diesen Fehler (†98 S.)? Unser freyherrlicher Dichter ist selbst weit davon entfernet, daß er sich von demselben frey spreche. Er gesteht in dem Vorberichte zur zweyten Auflage, daß er manchen Uebelklang in seinem Werke wahrgenommen habe.

133 §. Die scharfsichtigsten Kunstrichter haben noch in einer grosen Menge Poeten allerley Fehler entdecket, und sie der gelehrten Welt vor Augen geleget. In wie viel Stücken haben nicht die Verfasser der kritischen Beyträge Opitzen, Günthern, Flemmingen, Neukirchen und Pietschen getadelt! Wie viel andere führet nicht Gottsched in seiner kritischen

Dicht-

Dichtkunst in die Schule! Herr J. Joachim Schwabe thut eben das in einem besonders hiezu bestimmten Werke. „Wir haben „ebenfalls, saget er, unsere Schwalben, uns„ere Täucher, unsere fliegende Fische (in „der Dichtkunst), wie die Engelländer„ d). Er beweist dieses durch sehr viele Unrichtigkeiten und Ungereimtheiten, die er aus Amthorn, Wenzeln, Neukirchen, Morhofen, Feinden und Hofmannswaldauen gezogen hat. Wäre ich nun untadelhaft, wenn ich dem übeln Beyspiele dieser Dichter folgete? „Nein, saget unser deutsch„er Antilongin hierüber, man darf nicht „alles für Gold ansehen, was von berühmt„en Männern herrühret e). Das Vor„urtheil eines grosen Ansehens verführet „viele; und doch ist nichts unanständiger, „als sich mit den Irrthümern solcher Männ„er schützen wollen „. Sollte man nicht tausendmal meynen, dieser gelehrte Schriftsteller

---

d) Antilongin, in der Vorr. IX S.

e) Eben dieses saget Quintilian: Neque id statim legenti persuasum sit, omnia, quæ magni Autores dixerint, utique esse perfecta. L. X. C, 1.

steller hätte den Vertheidiger des Augustes im Jenner mit diesen Worten schon vor sechs und dreyßig Jahren widerlegen wollen?

134 §. „Soll man aber dieses nicht viel
„ mehr als Erlaubnussen der Dichtkunst an-
„ sehen? Geschieht dieses nicht auch bey all-
„ en Völkern? Haben nicht die Franzosen
„ öfters ein ganz anderes Syllbenmaaß in
„ der gebundenen Rede, als sie in der un-
„ gebundenen haben? Haben nicht selbst die
„ Lateiner und Griechen ihre Erlaubnussen
„ in der Versekunst? Warum soll man dann
„ den deutschen Poeten allein nichts zugeb-
„ en wollen,, († 98. 99 S.)? Bald könn-
en Sie nicht mehr fort, mein geehrter Herr Biedermann! Sie fangen an, die Schwachheiten ihres Gedichtes selber zu fühlen: dar-
um rufen Sie nun die Leser um Barmherz-
igkeit für dasselbe an. Man soll ihm etwas übersehen; es wären poetische Erlaubnisse. Allein welche Gattung von Fehlern wird man mit diesem Mantel nicht decken könn-
en? Ein Reimeschmied darf nur getrost alles niederschreiben, was ihm in die Feder fließt; wenn es auch noch so erbärmlich aussehen sollte. Er brauchet sich um keine Ordnung,

um

Von der Tonmessung.

um kein Syllbenmaas, um keine Sprachregeln zu bekümmern. Was wird man ihm darüber sagen können? Alles sein ungereimtes, barbarisches und hottentottisches Zeug wird man für gute poetische Erlaubnisse gelten lassen müssen. Nein, so denken erleuchtete Kunstrichter nicht. „Viele stehen in der „vorgefaßten Meynung, saget ein gelehrt„er Mann, in der Poesie müsse man es so „genau nicht nehmen, als in der Prose; „ein Poet habe große Freyheiten. Allein „die guten Herren verwechseln auf solche „Weise die wesentliche Beschaffenheit der „Poesie u. s. w. f),,. Eben so eiferten vormals die Griechen und Römer wider diese poetischen Freyheiten. Homer wurde von dem Kunstrichter Euklides um derer willen heftig getadelt; und Horaz zieht wider dieselben wacker los. Er treibt mit dem Lucil, wie auch mit andern alten Lateinern, dieser Ursache wegen sein Gespött. Er saget ausdrücklich, die römischen Dichter hätten sich zu viel erlaubet; man sey aber deßwegen nicht berechtiget, ihren Ausschweifungen nachzufolgen:

Von

---

f) Teuber in seiner krit. Abhandl. von der Poesie der Deutschen.

Von Liedern und Gedichten
Weis nicht ein jedes Ohr, wie sichs gebührt, zu richtē.
Wie mancher Stümper hat, ohn alle Kunst und Fleiß,
Bey unserm Römervolk der Dichtkunst hohen Preis
Bisher gar oft erlangt. Soll ich deswegen hoffen,
Es stehe mir der Weg zu jeder Freyheit offen g)?
(Gottsch.)

Gleich darauf zieht er des **Plautus** Gedichte durch die Hechel, und zwar desselbigen Fehlers wegen, dessen ich den August im Jenner bestrafet habe. Er saget, man habe diesen Poeten vormals gelobet und hochgeschätzet; allein das sey aus Unverstande und Einfalt geschehen; er verdiene dieses Lob nicht. „Ihr Römer! ruft er aus, wenn wir
„ nur wissen, was ein guter Vers ist;
„ Wenn wir das Syllbenmaas an unsern Fingern zählen,
„ Und was den Klang betrifft, das Ohr zum Richter wählen:
„ so können wir unmöglich einerley Meyn-
„ ung mit unsern Vorältern seyn; so sind
„ wir gezwungen, den **Plautus** zu ver-
„ damm-

---

g) Non quivis videt immodulata Poemata Judex;
  Et data Romanis Venia est *indigna* Poetis.
  Idcircóne vager, scribamque licenter? *De Art. poet.*

„dammen„. Sie könnten den Ruhm dieses ehrlichen alten Dichters leicht retten, Herr Biedermann! wenn Sie sich die Mühe geben wollten, eine Schutzschrift für denselben zu verfassen. Sie wären bald damit fertig. Sie dörften nur sagen: Horaz sey ein schlechter Kerl gewesen; er habe dem guten Plautus Fehler aufgebürdet, die keine sind († 94 S.); er hätte die Verletzung des Syllbenmaaßes für eine poetische Freyheit ansehen sollen; es wären ja deutsche Dichter in der Pfalz, die es in diesem Stücke nicht bässer gemachet hätten, und doch von recht verständigen Kunstrichtern entschuldiget würden. Sie müßten sich dabey nur hüten, wenn ich Ihnen rathen darf, daß Sie Horazen den poetischen Spruch:

Ein Maler und Poet folgt seiner Phantasey h). nicht vorwürfen. „Denn es ist sein eigener „Satz nicht, sondern nur ein Einwurf, den „er sich selbst machet, und gleich beantwort„et i). Es ist bloß die Meynung derer, die
„ihren

---

h) Pictoribus atque Poetis Quidlibet audendi semper fuit aequa Potestas. *De Art. poet. V.* 9.

i) Brauns Anleit. zur deutsch. Dichtk. 191 S.

„ ihren Einfällen gern alles erlauben, und
„ sich einbilden, die poetischen Sachen wär-
„ en ganz willkührlich... Dieß sind nicht
„ Horazens, sondern eines Stümpers
„ Worte „ k). Uebrigens ist es wahr, dieser
römische Kunstrichter will haben, daß man
den Dichtern zuweilen etwas übersehe; aber
nur alsdann, wann eine ungemeine Stärke
der gesunden Vernunft, eine Hohheit und
Zärtlichkeit der Gedanken in ihren Schrift-
en herrschet, die alle mit so vieler Schönheit
und Anmuth des Ausdruckes verknüpfet sind,
daß man sie ohne Bewunderung nicht lesen
kann l): ubi plura nitent in Carmine.
Dennoch müssen die Fehler, die man übersehen soll, lauter Kleinigkeiten seyn; sie müss-
en selten kommen, und aus blosem Versehen
und menschlicher Schwachheit herrühren:
non ego paucis offendar Maculis, quas aut
Incuria fudit, aut humana parum cavit
Natura. Wo man aber den Stör in den
Wald, und den Eber in die Wellen malet;

wo

---

k) Gottsch. krit. Dichtk. 4 Aufl. 11 S.

l) Le Clerks Gedanken über die Poeten und
Poesie an sich selbst.

wo alles von den gröbsten Fehlern, sowohl wider die Sprachregeln als wider das Syllbenmaas wimmelt, wie in dem August im Jenner geschieht: nein, da will Horaz von keiner Nachsicht wissen: sic mihi, qui multum cessat, fit Choerilus ille, quem bis terque bonum cum Risu miror.

135 §. Eines muß uns billig Wunder nehmen, mein Herr Biedermann! daß Sie Ihre Zuflucht sogar zum französischen Syllbenmaase nehmen (†99 S.). Welche Verbindung hat doch die französische Dichtkunst mit der unserigen? In jener gelten ja auch sehr viele ungewöhnliche Wortversetzungen: sollen sie darum in dieser auch gebilliget werden? Die Franzosen zählen dieselben mit dem P. Cerceau unter die besondern poetischen Schönheiten; und die Deutschen nennen sie ein verwirrtes, barbarisches, hottentottisches Wesen. Zum andern hätten Sie wissen sollen, daß diese Herren nicht einmal ein ordentliches Syllbenmaas in ihrer Poesie kennen; indem sie ihre Syllben nicht abwiegen, sondern blos abzählen. Wir haben es ihnen schon längst mit untrüglichen Proben dargethan. Ja sie gestehen es
selber;

selber; und können nur nicht begreifen, daß wir eine eben so ordentliche und regelmäsige Abwechselung von langen und kurzen Syllben in unsern Gedichten beobachten sollen, als man in den griechischen und lateinischen antrifft. m). Sie werden hieraus leicht ersehen, mein Freund! daß Sie hier von einer Sache geschrieben haben, die Ihnen noch nicht völlig bekannt gewesen.

136 §. „Aber, mein Herr, warum haben
„Sie sich doch gar niemals beyfallen lass-
„en, daß es keine Kunst sey, etwas durch-
„zuziehen, aber wohl etwas besser zu mach-
„en? Hätten Sie doch nur eine oder die
„andere Stelle verbessert, so hätte man
„doch geglaubet, daß Sie im Stande seyn,
„diese

---

m) La Construction & les Verbes auxiliaires nous viennent de la Langue germanique. Et c'est peut-être de cette Langue-la, que nous sont venües les Rimes, & L'usage de mesurer les Vers, non par des Piés composés de Syllabes longues & breves, comme le faisoient les Grecs & les Romains, mais par le Nombre des Syllabes. *Rollin* Maniere d'enseigner & d'etudier les belles Lettres, I Part, p. 324 & 328.

„ diese Herren Dichter zu beurtheilen„ († 99. 100 S.) Sie wollen dadurch sagen, mein Freund! was man selbst nicht bässer machen kann, das könne man auch nicht tadeln. Allein dieser Satz ist ganz irrig. Setzen Sie den Fall, daß Ihnen Ihr Schneider den Rock um ein paar Spannen zu kurz, und um eine halbe Elle zu eng machete. Sie würden demselben gewiß als einem Pfuscher einen Verweis geben, und sagen: das ist eine schlechte Arbeit. Wenn Ihnen nun der Schneider mit einem trotzigen Angesichte zuriefe: Mache es der Herr bässer, wenn er tadeln will; würden Sie nicht antworten, oder wenigstens bey sich denken: so spricht ein Schneider, der nicht zu folgern weiß; man muß es ihm zu gut halten, denn es schlägt in sein Handwerk nicht ein? Um allso im Stande zu seyn, ein Werk mit Vernunft und gründlich zu beurtheilen, brauchet man nur die Regeln zu wissen, nach welchen es verfertiget werden muß; es wird aber keinesweges dazu erfodert, daß man jemals selber Hand angeleget, und diese Regeln in Uebung gesetzet habe. Und nach diesem Grundsatze urtheilen wir wirklich von tausend Sachen, ohne uns der Gefahr auszusetzen, einen verwägenen Schritt zu thun, oder von einsichtsvollen Kunstrichtern mit Rechte getadelt zu werden. Eben diese Regel giebt Horaz in seiner Dichtkunst. Er saget ausdrücklich, er gebe sich für keinen Poeten aus; und dennoch glaube er berechtiget zu seyn, andern den rechten Weg zu zeigen. Seine Worte sind zu nachdrücklich und lehrreich, als daß wir ihnen keine Stelle hier vergönnen sollten:

Ich trachte den Poeten
Hinfort ein Sporn zu seyn, ein Antrieb ihrer Flöten.
Denn wie ein Wetzstein schärft, und selbst nicht
  schneiden kann:
So schreib ich selbst zwar nichts, doch zeig ich lehrend an,
Woher der Reichthum kömmt, der sich in Versen
  findet;
Was einen Dichter zeugt, ernähret, stärket, gründet,
Was wohl und übel steht u. s. f. n). Gottsch.

Hören Sie endlich, was ein berühmter Mann unseres Jahrhunderts hierüber saget: „Es „ist

---

n)   Ergo fungar Vice Cotis, acutum
    Reddere quæ Ferrum valet, exsors ipsa secandi.
    Munus & Officium, nil scribens ipse, docebo:
    Unde parentur Opes, quid alat formetque
    Poetam,
    Quid deceat, quid non. *De Art. poet.*

„ ist gar nicht nöthig, selbst was bessers mach-
„ en zu können, wenn man andre nach den
„ Kunstregeln beurtheilet. Sind denn Ari-
„ stotels Rhetorik und Poetik deswegen zu
„ verwerfen, weil ihr Urheber selbst weder
„ ein großer Redner, noch ein Poet gewesen„
u. s. w. o)? Mit gleichen Worten beantwortet der oben angeführte Herr Schwabe
diesen Einwurf u. a. m.

137 §. Dem Herrn Verfasser des Augustes im Jenner habe ich wohlmeynend
gerathen, die ehrwürdigen Vätter Weitenauer und Merz d. G. J. fleisig zu lesen,
um sich eine reinere und geschicktere Schreibart zu erwerben (*210 S.). Allein ich habe
schlechten Dank dadurch eingeleget. Diese
gutherzige Ermahnung muß mit einer Stelle
unter meinen Irrthümern für lieb nehmen.
„ Dem Verfasser dieses Gedichtes, saget
„ Herr Biedermann, ist es noch nicht ein-
„ gefallen, daß er aus Merzens Predigt-
„ en Verse machen lernen könnte„ († 100
S.). Wohl gedacht! Es hätte aber diesem

---

o) Gottsch. krit. Dichtk. 222 S.

Herrn auch vernünftiger Weise niemal einfallen sollen, daß ich ihm besagte Predigten um der Verse willen angerathen hätte. Die Fehler des Augustes im Jenner, welche wider die besondern Regeln der Versekunst laufen, habe ich ja von den Sprachfehlern ordentlich abgesöndert. Von den letztern habe ich von der 207ten bis an die 210te Seite ausdrücklich gehandelt. In Ansehung dieser habe ich alsdann erst gesaget, es wäre zu wünschen, daß der Herr Verfasser sich die schönen Gründe der oben genannten beyden Vätter bekannt und geläufig machete. Wozu hat allso dieser kleine Absprung gedienet, mein Herr Biedermann? Haben Sie hier gründlich beweisen, oder Kurzweile treiben wollen? Meine Worte haben Ihnen ja unmöglich Anlaß zu diesem feinen Einwurfe geben können. „Aber wann auch die Rede hier „ blos von der Sprache wäre: so kann ich „ doch darthun, daß P. Merz von der „ Schreibart des Herrn (Verfassers der Ab- „ handlung) weit mehr unterschieden ist, „ als von unseres Dichters seiner,, (†100). Daß Pater Merz, als ein Mensch, von allen Schreibarten und Ausdrücken in der Welt himmelweit unterschieden sey, daran ist nicht

der

der geringſte Zweifel. Von welcher Schreibart aber die ſeinige am mehrſten unterſchieden ſey, davon war keine Frage. Ich habe allein behauptet, unſer Dichter könnte aus den geiſtlichen Reden dieſes berühmten Predigers in Betreffe der Sprache noch viel lernen; und dieſes hat ſeine Richtigkeit. Die ebenteuerlichen Verkehrungen der Redeſätze, das häufige Auslaſſen der Fürwörter, das öftere Verbeiſen und Anflicken der Syllben, die dunkeln, unverſtändlichen, undeutſchen, barbariſchen Ausdrücke: dieſe und ſo viele andere gräuliche Fehler, die ich oben in dem Auguſt im Jenner gezeiget habe, beſudeln Merzens Schriften nicht; ob ſie ſchon noch in manchen Stücken wider die Sprachregeln anſtoſen.

138 §. „Man verwundert ſich aber, daß „der Herr den Pater Weitenauer anführ„et. Man pflegt doch ſonſt gewiſſe Bücher „(2 T. 1 §.) ernſtlich zu verſchweigen,„ († 100. 101 S.). Ich wollte wünſchen, mein Herr Biedermann! daß Sie ſich deutlicher in dieſer Stelle ausgedrücket hätten. Sie hätten mir einen wahren Gefallen gethan, wenn Sie den Vorhang, hinter welchem ein

gewisses Geheimniß stecken soll, selber weggezogen hätten. Vergebens habe ich nach den Büchern gesuchet, die ich verschwiegen haben soll. Sollten Sie vielleicht auf die orthographischen Zweifel selber deuten wollen: so dienete dasjenige zur Antwort, was ich oben (85 §) davon gesaget habe. Doch nein, Ihre Worte scheinen hier was anders anzuzeigen. Vermuthlich haben Sie was sagen wollen, das Sie nicht erweisen konnten. Damit aber der Leser doch glauben sollte, es wäre was dahinter: so haben Sie Ihre Sprache in ein so dunkeles Geheimniß eingehüllet. Meines Wissens habe ich mich keines Buches jemals bedienet, dessen ich mit Ruhme nicht gedacht hätte. Ich kann Sie aufrichtig versichern, daß ich von diesen kleinen Kunstgriffen nichts weiß. Daß ich aber die Vätter Weitenauer und Merz an diesem Orte angeführet habe, das habe ich aus Noth gethan. Ich habe unserm Herrn Dichter gern Schriftsteller zur Nachahmung vorschlagen wollen, die er ihres Namens halber nicht wohl verwerfen könnte. Allein zur Zeit, als ich meine Abhandlung schrieb, kannte ich derer keine bässere. Wären die schönen Schriften des gelehrten P. Denis, welche seit dem Jahre 1768

an

an das Licht getreten, damals in unserer Gegend bekannt gewesen: so würde ich gewiß nicht unterlassen haben, sie anzupreisen. Uebrigens ist kein Zweifel, daß unsere lateinischen Schulen nicht eine grose Menge Lehrer der deutschen Sprache, Dicht- und Redekunst u. d. gl., die schon lang vorher geschrieben haben, aufzuweisen haben. Allein die Werke und Namen dieser Schriftsteller sind bis dahin, ich weiß nicht, aus welcher Ursache, so geheim gehalten worden: daß man nichts davon gewahr werden kann, man mag suchen und nachfragen, wo man immer will. Sie selbst, mein Freund! scheinen keine bässere Kenntniß davon zu haben. Wenn Sie von der deutschen Dichtkunst sprechen wollen: so nehmen Sie Ihre Zuflucht zu Klopstocken, Hagedornen, Kleisten, Gottscheden, Gellerten, Schönaichen, dem Zacharia u. d. gl. († 95. 97. 98 S.). Mein! haben Sie denn nicht Leute genug ausfindig machen können, welche Sie allen diesen Poeten an die Seite setzeten, und so oft nenneten, priesen, empor höben, als die paar Bögen der Zweifel von der deutschen Sprache? Forschen Sie doch fleisig nach, ich bitte Sie darum. Ich will es auch thun. Es ist uns
beyden

beyden viel an der Sache gelegen. Ich wünsche eben so sehnlich, als Sie immer wünschen können, daß man endlich Ursache hätte zu glauben: die schönen Wissenschaften seyn in unsern Schulen bisher ämsig, rühmlich und nützlich betrieben worden.

139 §. Der letzte und allerschwerste Einwurf des Herrn Liebhabers findt sich in der Schlußrede seiner Anmerkungen. Dieser ist aber desto bedenklicher, je erhabener der Gegenstand ist, worauf er abzielet. „Die „Pfälzer seynd es ja nicht allein, über welche „der Herr klaget. Der H. Verfasser will „sogar die Kirchengebether, das h. Kreuz„ „zeichen, die Litaneyen, und selbst das h. „Vatter unser verbessert haben. Die Aus„ „zischung der Kirchengebether wird man „ihm vielleicht, ohne einen Widerruf zu er„ „halten, nicht nachlassen können„ († 102, 105 S.). Wer diese Worte so obenhin liest, ohne die meinigen dagegen gehalten zu haben, der könnte sich Wunder einbilden, wie bündig und gerecht diese Beschuldigung wäre. Herr Biedermann läßt hier alles auf den blinden Glauben seiner Leser ankommen. Er führet weder meine Stellen noch das Blatt an,

an, an welchem sie zu finden wären. Ich sehe mich also genöthiget, die Sache zu erläutern. Was die Verbässerungen anbelanget, wovon er spricht: so ist zu wissen, daß dieselben nicht das Wesen der Kirchengebether, wie ein unvorsichtiger Leser vielleicht glauben könnte, sondern allein die Sprache betreffen, worin sie verfasset sind. Blos von dieser Sprache habe ich in meiner Abhandlung ausdrücklich gehandelt; und von eben derselben müssen des Herrn Liebhabers Worte, wiewohl sie ein wenig unbestimmt sind, verstanden werden. Wie weit gehen nun diese Verbässerungen, welcher ich beschuldiget werde? 1) Habe ich in Ansehung des Kreuzzeichens gesaget, daß einige Prediger das Wort Geist im Zeugefalle (Genitivo) um einen oder zween Buchstaben zu kurz zu machen, und des h. Geist, anstatt des h. Geistes, zu sagen pflägen (*145 S.). Ist das alles? Ja alles haarklein. Das ist die einzige Ursache, warum Herr Biedermann saget: ich hätte über das h. Kreuzzeichen geklaget; ich hätte es verbässert haben wollen. Wie? Geht denn die rohe und ungehobelte Sprache einiger Prediger das Kreuzzeichen selber an? Ist es billig, daß man ihre eigenen Fehler auf die Rechnung dieses heiligen Kirchengebrauches schreibe? Wenn das gilt: so sind die pöpelhaftesten und seltsamsten Ausdrücke, deren man sich im Kreuzmachen bedienen könnte, in Sicherheit. Man wird weder ein stammelndes Kind, noch einen algäuischen Ausbrenner deßhalben ermahnen dörfen. Warum nicht? Weil man sich dadurch unterstehen würde, das h. Kreuzzeichen zu verbässern. 2) Habe ich nirgendswo die geringste Meldung von einer Verbässerung gethan, die man mit dem Vatter unser vornehmen sollte. Ich habe allein gezeiget, das etliche falsche Wortversetzungen in demselben vorkämen, welches unläugbar ist (* 211 S.). Ist aber das auch eine Sünde? Soll es nicht einmal erlaubet seyn zu sagen: daß sich hier und da einige Sprachfehler darin finden? 3) Ist es wahr, daß ich, in Betreffe der Litaneyen und anderer Kirchengebether, von etlichen unrichtigen deutschen Ausdrücken geredet habe, die in denselben vorkommen, und verbässert werden könnten (* 128. 141 S.). Was wäre aber ärgerliches daran, wenn man eine Sprache, die weder von der Kirche, noch anderswoher ein rechtmäsiges Ansehen hat, auch in

heil=

heiligen Sachen änderte? Sollte es ein Verbrechen seyn, wenn man, anstatt die Engelen, der Apostlen, die geistliche Rose u. d.gl., auf gut Deutsch die Engel, der Apostel, die geistliche Rose sagete? Sind wir verbunden, alle diese Schnitzer beyzubehalten, weil sie mit ehrwürdigen Dingen verknüpfet sind? Welcher vernünftige Mann hat dieses jemals für ein Gesetz angesehen? Hat man nicht in so vielen neuern Andachtsbüchern, geistlichen Unterweisungen und Gebethern viele hundert alte fehlerhafte Ausdrücke verändert? Eifern nicht heute zu Tage selbst katholische Sprachlehrer wider die elenden Schnitzer, welche aus so manchen fahrlässigen Federn in die geistlichen und geheiligten Schriften fliesen p). Soll man deßwegen Lärmen wider alle diese Schriftsteller blasen? Soll man sie als verwägene Leute vorstellen, welche die Kirchengebether, ja das Wort

---

p) So ungereimt das wilt und solt ist, anstatt des willst und sollst: so findet man es dennoch in den neuesten Auflagen des h. Evangeliums. Wie schwer sind doch die Mißbräuche zu tilgen, wenn sie sich einmal eingedrungen, und in einer Sprache festgesetzet haben! Brauns Sprachk. a, b, 89 S.

Wort Gottes selber, verbässert haben wollen? So unbesonnen, so übertrieben ist der erste Punkt Ihrer Anklage!

140 §. Aber wollte Gott, Sie wären nicht weiter gegangen! Sie scheuen sich sogar nicht, vor der ganzen ehrlichen Welt zu sagen: ich hätte die heiligen Kirchengebether ausgezischet, das ist, verhöhnet und verspottet. Pfuy der Schande! Wie ist es möglich, daß Sie nur auf den Gedanken eines so häßlichen Verfahrens haben kommen können? Wie ist es möglich, daß Ihre Liebe zur Wahrheit, Ihr redliches Herz († 104 S.), und endlich Ihr so zartes Gewissen († 55. 62 S.) Sie nicht davon abgehalten hat? War es Ihnen denn nicht genug, daß Sie mir so viele schimpfliche Ausdrücke wider meine Landesleute, so viele ausschweifende Gedanken in den Wissenschaften u. b. gl. angedichtet haben? Mußten Sie mich denn auch als einen öffentlichen und verwägenen Spötter des Heiligthumes mit so falschen Zügen abschildern? Wie werden Sie sich dießfalls rechtfertigen können? Sind Sie im Stande, ein einziges Wort in meiner ganzen Abhandlung anzuzeigen, das auch nur die geringste Spur

Spur von dieser Spötterey in sich enthielte? Habe ich nicht immer mit gebührender Ehrfurcht von dem Vatter unser, von den Litaneyen, von den übrigen Gebethern gesprochen? Habe ich nicht bey ihrer Benennung sogar die Wörter Heiligkeit u. heilig ausdrücklich hinzugesetzet (* 128. 211 S.)? Heist das spotten? Heist das auszischen? Nein, mein Freund! seyn Sie versichert, daß ich die vollkommenste Hochachtung gegen die Religion, gegen die Kirche, und gegen alles, was heilig ist, immer geheget habe, und noch hege. Diese meinen Gesinnungen sind viel zu bekannt; und mein guter Namen in diesem Stücke steht auf viel zu festen Füsen, als daß er durch den blinden Anlauf, den Sie darauf gewaget haben, wankend gemachet werden sollte. Verzeihen Sie mir diesen Ausdruck, mein geehrtester Herr! denn ich kann mich unmöglich überreden, daß Sie mit bedachtsamen und vorsichtigen Schritten zu dieser Anklage gegangen seyn. Nein, sie ist vielmehr Ihrer gewöhnlichen Uebereilung zuzuschreiben. Im Lande der Redner, das Sie gezeuget hat, sieht man nicht so genau auf alle Worte. Sie haben bey dem Schlusse Ihrer Anmerkungen alle Schleusen Ihrer

Beredsamkeit öffnen wollen; und wie manches wird da nicht durch die Gewalt des Stromes mit fortgerissen, ohne daß man es gewahr wird!

141 §. „Dieses seynd nun die Anmerkungen, welche ich der Wahrheit, und der theuresten Pfalz zu lieb habe machen wollen,„ († 101 S.). Ja, mein allerliebster Herr Biedermann! das sind und bleiben Ihre eigenen Anmerkungen: Niemand darf und wird sie Ihnen mißgönnen. Aber wie glücklich würden Sie sich nicht schätzen, wenn Sie niemal eine Feder daran gesetzet hätten; weil Sie nun selbst sehen, wie übel sie ihnen gerathen sind! Sie haben sie gründlich verfassen wollen; und nichts geht ihnen mehr ab, als dieser Punkt. Der Verdruß, den Ihnen meine Abhandlung verursachet hat, die unmäsige Hitze Ihres Geistes, die offenbare Parteylichkeit Ihres Herzens, die Flüchtigkeit Ihres Verstandes, der allzugrose Abgang nöthiger Kenntnisse: alles dieses hat Sie auf tausenderley Irrwege geführet; alles dieses hat gemachet, daß Sie die Wahrheit gänzlich aus den Augen verloren haben. Sie erkennen nun, daß Sie den Namen eines

Lieb-

Liebhabers dieser beglückten Göttinn nicht verdienen. Sie sind überzeuget, daß es Ihnen um die liebe Pfalz nicht zu thun gewesen. Sie müssen gestehen, daß Sie ganz andere Absichten gehabt haben: Absichten, die sich bey diesen heitern Zeiten unmöglich mehr erreichen lassen. Der Fehltritt ist nun geschehen, mein Freund! ja Sie bekennen und bereuen ihn. Ist er aber nicht mehr zu verbässern? Allerdings; wenn Sie nur meinem Rathe folgen wollen, der gewiß aus einem wohlmeynenden und recht aufrichtigen Herzen herkömmt. Lassen Sie den Sachen, die Sie doch nicht mehr hindern können, ihren beglückten Lauf. Wiewohl Sie ein Ausländer sind: so müssen Sie doch die Pfalz, worin Sie jetzt wohnen, als Ihr Vatterland ansehen, und die Wohlfahrt derselben höher schätzen, als Ihre eigenen Vortheile. Das ist eine Pflicht, die alle Glieder eines Staates verbindt. Was die Aufnahme der deutschen Sprache insonderheit anbelanget: so haben Sie selbst die Nothwendigkeit derselben, und die Unzulänglichkeit des alten Schultandes eingesehen; wie theils aus Ihrer eigenen Schreibart, theils aus Ihrem offenbaren Geständnisse erhellet. Bestreben Sie

sich

sich demnach, zu diesem edelen Endzwecke nach Ihren Kräften etwas beyzutragen. Unterrichten Sie Ihre Schulkinder in den Anfangsgründen, die Sie inne haben, mit unermüdetem Eifer: denn diese werden allen, besonders jenen wohl zu statten kommen, die mit der Zeit in die lateinischen Schulen aufgenommen werden. Allein lassen Sie es bey dem mündlichen Unterrichte indessen bewenden: an das Schreiben dörfen Sie noch lang nicht gedenken. Dazu gehöret mehr Uebung, Belesenheit und Kenntniß, als Sie in Ihren Anmerkungen gezeiget haben. Weitenauers Zweifel sind auch bey weitem nicht hinlänglich. Sie müssen sich neben dem, ohne auf die Namen der Verfasser zu sehen, mit unsern vornehmsten Sprachlehrern und Schriftstellern bekannt machen. Setzen Sie dieses Geschäfft wenigstens noch 9 bis 10 Jahre hintereinander ämsig fort. Bewerben Sie sich während dieser Zeit, so viel es Ihre Umstände erlauben, um eine gründliche Kenntniß der Wissenschaften: so werden Sie eine Fähigkeit in sich spüren, über welche Sie sich verwundern und freuen werden. Alsdann werden Sie der theuern Pfalz vielleicht mit einigen nützlichen und rühm-

lichen

lichen Anmerkungen dienen können. Aber eine Scharte, fürchte ich, werden Sie die Tage Ihres Lebens schwerlich mehr auswetzen. Es sind die häufigen, ebenteuerlichen und abgeschmackten Andichtungen, mit welchen Sie Ihr Werkchen angefüllet haben. „ Dadurch verliert ein Schriftsteller Glaub„ en und Ansehen ,, q). Dieser wegen wird man Ihnen einen immerwährenden Vorwurf machen; und einer ewigen Schande haben Sie sich dadurch ausgesetzet. Wie werden Sie dieser entgehen, mein Freund? Hier ist in der That guter Rath theuer: Das einzige Mittel, welches Ihnen übrig bleibt, ist dieses: daß Sie Ihren Namen sorgfältig verborgen halten, wie Sie in Ihren Anmerkungen gethan haben. Sollte mir derselbe unterdessen bekannt werden: so können Sie auf meine Verschwiegenheit eben so stark trauen, als auf die sonderbare Hochachtung, die ich gegen Sie hege.

---

q) Brauns Anleit. zur deutsch. Redek. 111 S.

ENDE.

Inhalt des Werkes.

I Frage. Habe ich mich in meiner Abhandlung zu harter Ausdrücke wider die Pfälzer bedienet? 1 S.

II Fr. Wie steht es um die Widersprüche, die sich in meiner Abhandlung finden sollen? 41

III Fr. Hat H. Biedermann die Sprache der Pfälzer glücklich vertheidiget? 71

IV Fr. Ist jemals eine deutsche Sprachlehre bey den Pfälzern eingeführet worden? 110

V Fr. Trifft mich dasjenige, was unser Liebhaber von der lateinischen Sprache saget? 129

VI Fr. Ist den pfälzischen Predigern in meiner Abhandlung zu viel geschehen? 137

VII Fr. Hat unser Herr Liebhaber, in Vertheidigung der pfälzischen Schulen, die Wahrheit getroffen? 162

VIII Fr. Ist dasjenige gegründet, was der Herr Liebhaber wider meine Rechtschreibung einwendet? 233

IX Fr. Ist dem H. Liebhaber sein Artikel von der Wortforschung und Wortfügung besser gerathen? 271

X Fr. Zeuget die Vertheidigung der pfälzischen Aussprache von der Gründlichkeit der biedermännischen Anmerkungen? 312

XI Fr. Gereichet dem H. Liebhaber dasjenige zur Ehre, was er von der Tonmessung saget? 318

Verzeichniß
der vornehmsten Sachen.

A.

Abänderungen, die deutschen, werden in unsern Schulen nicht gelehret 123. was dazu gehöre 124. elende Muster derselben in den pfälzischen Schulbüchern 125. der eigenen Namen 286. der Hauptwörter Fabeln, Mandeln u. d. gl. 313.

Abhandlung über die deutsche Sprache zum Nutzen der Pfalz, wie sie aufgenommen worden I. zieht erwünschte Veränderungen nach sich III-XIII. ist keine förmliche Sprachlehre 281.

Aehnlichkeit der Wörter verschiedener Sprachen, ist kein sicherer Grund der Herleitung 269.

Also, erfodert ein doppeltes l, sowohl der Herleitung als der Aussprache wegen 251, 255.

Andere, der, anstatt der zweyte, ist falsch 298. kömmt öfters in unsern Schulbüchern vor 298.

Andichtungen des Liebhabers der Wahrheit 5, 8, 17, 21, 28, 31, 47, 49, 55, 58, 74, 75, 366, 370.

Anmerkungen wider meine Abhandlung, verfehlen ihren Zweck XIII. einige Gelehrte haben sich zur Widerlegung derselben angebothen XXIII. sind unordentlich verfasset 143. stecken voll Sprachfehler 144.

Armuth der pfälzischen Mundart, wird bewiesen 98.

Aufnahme der deutschen Sprache, dieser hat man sich bisher nicht genug angenommen 44.

August, welche Verwandtschaft dieses Wort mit dem Deutschen habe 106.

August im Jenner, ein pfälzisches Gedicht, ist voll Fehler 328, 332, 337.

Ausdrücke, harte wider die Pfälzer, werden von meinem Gegner theils übertrieben, theils erdichtet 5, 7, 8, 12, 26, 28, 33, 103 u. f. S. pöpelhafte findt man in manchen pfälzischen Schriften 94. diese gehören nicht auf die Kanzel 152.
Aussprache der Doppellauter ô und û 104. die gute, ist der vornehmste Grund der Rechtschreibung 245. aber nicht der einzige 255. allgemeine, giebt auch unrichtigen Redensarten ein Gewicht 305. die pfälzische, wird vom H. Liebhaber schlecht vertheidiget 312. die gemeine tägliche, ist die einzige Regel des deutschen Syllbenmaases 338.

B.

Bässer, ob es mit einem ä zu schreiben sey 243. wie artig die Herleitung dieses Wortes von einem pfälzischen Schullehrer widerleget worden 246.
Biedermann, Bedeutung dieses Wortes XVII. mein Gegner leget sich diesen Namen bey. ebend.
Bienen, davon kömmt eine schlechte Naturgeschichte in den pfälzischen Schulbüchern vor 197.
Brief eines öffentlichen pfälzischen Schullehrers über die Lehrart unserer Schulen 220.
Briefeschreiben, ob es in unsern Schulen gelehret werden 216. worauf diese Kunst beruhe 217.
Bücher, was zu ihrer bündigen Verfassung gehöret 34.
Bürgere, Bürgermeistere u. d. gl. ob diese Schreibart in pfälzischen Schriften zu finden sey 261.

C.

Christenthum, das triumphirende, ein elendes pfälzisches Gedicht 193, 277.

D.

D.

Daktylus, wird verdeutschet 319. seine Herleitung und Bedeutung 321.
Denn und wenn, sind keine neue Wörter 259.
Derer und denen, sind mit der und den nicht zu vermengen 126.
Deutschen, haben ein eben so regelmäsiges Syllbenmaas, als die Griechen und Römer 358.
Dichtkunst, ob sie in den pfälzischen Schulen gelehret werde 199, 201.
Dreyzig, das gottschedische, ist falsch 245.
Durchsichten, was dieses Wort bedeute 325. mein Gegner hat geglaubet, es wären Fenster 324.

E.

Einheit, gehöret zum Innern eines guten Gedichtes 330.
Einmischung fremder Wörter, beweist die Armuth unsrer Mundart 98. verderbt die deutsche Sprache 102.
Einwohner, ist bässer als Einwöhner 284.
Endungen (Casus), wie viel es derer in den deutschen Abänderungen gebe 107.
Erdbeschreibung, ob und wie sie in unsern Schulen gelehret werde 214, 215.
Ewer, schreiben die pfälzischen Schulbücher 263.

F.

Fabeln, äsopische, pflegen in unsern Schulen erkläret zu werden 218.
Fehler, pöpelhafte, finden sich in manchen pfälzischen Schriften 94. wider die Sprache, sind häufig in den pfälzischen Schulbüchern 113, 127, 172, 189, 190. in des Liebhabers Anmerkungen 144. in

Jakoben dem machabäischen Helden 276. im triumphirenden Christenthume 177. in dem August im Jenner 332, 337. verschiedene werden verworfen 237.
Franzosen, haben kein so gutes Syllbenmaas, als die Deutschen 357.
Freyheiten, poetische, was davon zu halten sey 353.
Fuffzehn und fuffzig, spricht man stark in der Pfalz 315.

G.

Gebether der Kirche, ob ich darüber gespottet habe 366, 370.
Gebrauch, allgemeiner der Gelehrten, ob man davon abgehen dörfe 249. viele Sprachlehrer sind davon abgewichen 250. endiget die Sprachstreitigkeiten, wenn er sich auf die Aussprache gründet 305.
Gehör, das gute, ist der Maasstab des deutschen Syllbenmaases 338.
Gelehrt in der Muttersprache, wer unter diesem Namen zu verstehen sey 80.
Geschichte, wie man sie lernen solle 212. wird in den pfälzischen Schulen schlecht gelehret 212, 213.
Geständniß, aufrichtiges, eines öffentlichen pfälzischen Schullehrers von der Lehrart unserer Schulen 220.
Götzerlehre, die eigentliche, wird in unsern Schulen nicht gelehret 218.

H.

Halt, ist ein pöpelhafter Ausdruck 95, 96, 253.
Herleitung verschiedener Wörter, wird in den Anmerkungen unrichtig angegeben 247, 251, 267.
Hinkel, ist ein unrichtiger Ausdruck 316.

J.

J.

Jahrsrechnung, die heutige, ist eine Uebergehung (Ellipsis) 399.

Jakob der machabäische Held, ein schlechtes Trauerspiel 276.

Jambus, wird verdeutschet 258.

Jugend, dieser soll man die Wissenschaften durch keine Schläge einprägen 70. was für Begriffe man ihr beybringen solle 196.

K.

Kaiser, deutsche, haben sich der Aufnahme ihrer Muttersprache angenommen 44.

Kalender, der römische, ob er in unsern Schulen gelehret werde 203.

Kanzel, was für eine Sprache darauf gehöre. 150.

Kirche, die katholische, warum sie sich so vieler prächtigen Ceremonien bediene 161.

Kunstrichter, ob er dasjenige, was er tadelt, bässer machen können müsse 359.

Kunstwörter der Sprachlehre, ob sie in unsern Schulen deutsch gegeben werden 165, 167.

L.

Langkurze und Langgekürzte, ob das richtige Ausdrücke seyn 319. mein Gegner schilt darauf 320, 323. sind aus den kritischen Beyträgen gezogen 323.

Lehrbücher, gute, beweisen den Fortgang der Schüler nicht 182.

Lehre, die christliche, wie sie in unsern Schulen vorgetragen werde 204, 205.

Lehrer, muß dasjenige, was er lehret, gründlich verstehen 221.

Liebhaber der Wahrheit, stimmet in den Hauptpunkten

en meiner Abhandlung fast gänzlich mit mir überein XV. richtet mir viele Sachen an XVI. thut ein offenherziges Geständniß von seinen ungestümmen Gemüthsregungen XVII, XVIII. wie ein wahrer beschaffen seyn müsse XIX. verhöhlet seinen Namen aus erheblichen Ursachen XX. ist wahrscheinlicher Weise ein pfälzischer Schulmeister XXII. suchet die ganze Pfalz wider mich aufzuhetzen 2. ist schwach in Vernunftschlüssen und Beweisen 104, 135, 141, 177 u. f. S. rühmet sich seiner Einsicht in die Redekunst 142. greift meine Redlichkeit an 176, 178. malet die pfälzischen Schulbücher mit übertriebenen Zügen ab 181, 183. erhebt die Wissenschaften unsrer Schüler und Lehrer zu viel 206, 222. ist kein glücklicher Sprachforscher 247. noch Mathematiker 325, 327.

Logik, ihre Theile und deutsche Benennung VIII.

M.

Maas, wie dieses Wort zu schreiben sey 282.
Martyrer, ob es bässer sey als Märtyrer 283.
Metaphysik, wird verdeutschet IX.
Monath, Herleitung und Rechtschreibung dieses Wortes 256.
Münzwesen, das römische, ob es in unsern Schulen gelehret werde 262.

N.

Namen, eigene, was bey ihrer Abänderung zu merken 286.
Nit, findt man in pfälzischen Schriften 94. auch in den Schulbüchern 95.

O.

Ordnung, der geistlichen Uebungen, ist ein Werkchen, das viele Schönheiten der deutschen Sprache zeiget IX.

IX, X. Ein des Liebhabers Anmerkungen schlecht
  beobachtet.   P.   143.
Peitsche, mit dieser soll, gemäß der Vorschrift unsrer
  Schulen, die Jugend zum Lernen angehalten werden
                                         68.
Pfälzer, ob sie bässer sprechen, als die Sachsen 88. ihre
  Sprache ist sehr fehlerhaft 91. haben bisher keine
  deutsche Sprachlehre gehabt   110.
Pöpel, ob ich die Fehler desselben der ganzen Pfalz auf-
  gebürdet habe 16. spricht, in der Pfalz, wie an allen
  Orten, fehlerhaft 90, 96. dessen Sprache beweist
  nichts 91. Herleitung und Rechtschreibung dieses
  Wortes   264.
Poeten, schreiben nicht immer regelmäsig 301. auch
  die vornehmsten haben ihre Fehler 350. auf die man
  sich aber nicht stützen darf 351. haben kein Recht zu
  außschweifenden Freyheiten   353.
Prediger, ob ich den pfälzischen zu viel gethan habe
  137, 157. müssen eine erhabene und zierliche
  Sprache auf die Kanzel bringen 151, 160. und eine
  grose Stärke in der Muttersprache besitzen 153, 155.
Predigten, Muster etlicher ungeschickten werden an-
  geführet   159.
Probstücke, jährliche unsrer Schulen, was davon zu
  halten sey   R.   210.
Rechenkunst, ob und wie sie in den pfälzischen Schul-
  en gelehret werde   215.
Rechtschreibung, die deutsche, sieht in den pfälzischen
  Schulbüchern elendig aus 114, 188. ob die meinige
  gegründet sey   233.
Redekunst, worin sie bestehe 199. ist die Seele der
  Wissenschaften 63. muß, vieler Wissenschaften weg=

en, auf Deutsch gelehret werden 64. begreift zwey wesentliche Stücke 139. kann ohne gründliche Sprachkenntniß nicht bestehen 139, 153. ob unsere Schulknaben dazu fähig seyn 200. sie wird mißhandelt, wenn sie blos in lateinischer Sprache gelehret wird 225. die deutsche wird in den pfälzischen Schulen nicht gelehret. 228.

Redensarten, deutsche, davon kommen erbärmliche und pöpelhafte Muster in unsern Schulbüchern vor 190, 196. unrichtige können durch den Gebrauch in Ansehen kommen 305.

S.

Sachsen, ob sie bässer sprechen, als die Pfälzer 91. haben sich um das Deutsche sehr verdient gemachet 97.

Schauspiele, zu derer Verfassung gehöret mehr als eine gute Sprachkenntniß 133.

Schläge, damit soll man die Jugend zum Lernen nicht zwingen 70, 71.

Schreibart, gute, was sie sey 154. wie viel Eigenschaften dazu erfodert werden 154, 155. ist zum Briefeschreiben nöthig 217.

Schüler, die pfälzischen, was sie für ein Zeugniß von ihren Wissenschaften ablegen 207, 208 u. f. S. ob es wahr sey, daß zehn darunter im Deutschen wirklich wohl geübet sind 279.

Schulbücher, die pfälzischen, enthalten schlechte, undeutsche und pöpelhafte Ausdrücke und Redensarten 95, 190, 196. aber keine deutsche Sprachlehre 113, 188. wimmeln von Sprachfehlern 113, 127. zeigen einen schlechten Begriff von den deutschen Zeitwörtern 118. Vorwörtern 120. Abänderungen 125. ob die Knaben dasjenige wissen, was darin steht 171.

sind

sind nicht auf das bäßte verfasset 183. mischen viele
fremde Wörter ein 192.
Schulen, die lateinischen in der Pfalz, versprechen, die
deutsche Sprache, Verse- und Redekunst in Zukunft zu
lehren XIV. haben die deutsche Sprache bisher außer
Acht gesetzet 73, 86. werden vom Liebhaber der
Wahrheit schlecht vertheidiget 162. ob sie große
Männer erziehen 180. ob sie mit fähigen Lehrern
besetzet seyn 222, 223.
Schullehrer, junge, sollen die Freyheit nicht haben, die
Jugend mit Leibesstrafen zu belegen 70. die pfälzischen, ob sie in der lateinischen Sprache hinlänglich
bewandert seyn 131. wie viel Wissenschaften sie lehr-
en sollen 222. ob sie dazu fähig seyn 223. thun ihr
Bäßtes 225.
Seele, bedeutet nicht immer das innere Wesen einer
Sache 63.
seynd, ob das recht gesprochen sey 79, 240.
sind, ist bey allen heutigen Sprachverständigen im
Brauche 83, 242.
Sprache, die lateinische, ob sie eine trockene Materie
sey 64. ist heutiges Tages zur Verbreitung der Wissenschaften nicht hinlänglich 129. wie weit es unsere
Schulknaben in derselben bringen 197. die deutsche
ist bisher in der Pfalz vernachlässiget worden 71,
84. besonders in den Schulen 86, 188. die griechische
wird in unsern Schulen schlecht betrieben 201.
Sprachlehren, deutsche, giebt es viele 43, 50. niemals
ist eine bey den Pfälzern eingeführet worden 110.
kurzer Inhalt einer wahren I LI.
Staffel, die dritte der Beywörter, wie die Pfälzer darin
zu fehlen pflegen 290.

Stamm-

Stammbuchstaben, müssen im Schreiben beybehalt=
en werden 255.
Syllbe, was eine lange und kurze sey 257.
Syllbenmaas, das deutsche, ist in gebundener und un=
gebundener Rede einerley 338 u. f. S. ist eben so reg=
elmäsig, als das griechische und lateinische 358.

T.

Tonmessung, davon spricht H. Biedermann mit wen=
ig Einsicht 318.
Trennung der Wörter davon, damit u. d. gl., ob sie
erlaubet sey 310.
Trochäus, wird verdeutschet 258, 319.

U.

Uebergehungen (Ellipses), hat die deutsche Sprache
sehr viele 308.
Uebersetzung der lateinischen Lobrede über die Hei,
delberger hohe Schule, hat viel gutes an sich VII.
aber auch viele Fehler VIII, 273. was zu einer gut=
en gehöre, und was sie nutze 194.
Uebungen auf den Schulbühnen, machen die Jugend
beherzt, aber nicht gelehrt 205.
Unordnung, in des Liebhabers Anmerkungen 143,
232. ob eine in meiner Abhandlung sey 230.
Unterscheidung der Wörter, ist eine Sprachregel, die
viele Ausnahmen hat 283.
Vatter und Vater, welches von beyden den Vorzug
verdiene 241.
Vatterland, wie hoch man dessen Wohlfahrt schätzen
müsse 373.
Verdeutschung verschiedener fremden Wörter VIII,
100. der bekannten neun Redetheile 167. wie eine
gute beschaffen seyn müsse 320.

Verse,

der vornehmsten Sachen.

Verse, deutsche, ob derer in unsern Schulen gemachet
werden 195. |daktylische, was die bäßte Probe
derselben sey 345.
Versekunst, die lateinische, ob man es weit darin in
unsern Schulen bringe 201.
Verzeichniß zweifelhafter Wörter, ist aus Gottscheden
in die pfälzischen Schulbücher zum Scheine eingerücket, und sehr verstümmelt worden 116, 171, 172.
Vorwörter, deutsche, was in den pfälzischen Schulbüchern davon vorkomme 120.

W.

Wahrscheinlichkeit, muß in einem Gedichte beobachtet werden 330.
Wappenkunst, ob und wie sie in unsern Schulen gelehret werde 202.
Weitenauer, ob ich Ihn bestohlen habe 234. hat seine
Regeln, und viele Beyspiele von Worte zu Worte,
aus andern Sprachlehrern entlehnet 235. verdam-
et die Schreibart der pfälzischen Schulbücher 239.
seine orthographischen Zweifel schicken sich zu keinem
Lehrbuche 281. ändert die eigenen Namen unrichtig ab 289.
Widersprüche, ob sich derer einige in meiner Abhandlung finden 41.
Wissenschaften, welche in den pfälzischen Schulen gelehret werden sollen 222. zu manchen derselben gehöret ein besonderer und beständiger Lehrer 223.
Wortforschung, muß zuerst in deutscher Sprache gelehret werden 163. mit der lateinischen bringen unsere Schulknaben wenigstens vier Jahre zu 164. ob
die Kunstwörter derselben in den pfälzischen Schulen
deutsch gegeben werden 165. die deutsche wird in
uns-

unsern Schulbüchern nicht gelehret 188. was dazu
  gehöre   112.
Wortfügung, die deutsche, was sie in sich begreife 113.
  ob sie in den pfälzischen Schulen gelehret werde 193.
Wortversetzungen, sind im Deutschen nicht erlaubet
  357. kommen in des Liebhabers Anmerkungen häuf=
  ig vor 149. deßgleichen in dem August im Jenner
  336. gelten in den französischen Gedichten   357.

3.

Zeichen (*. †), was sie bedeuten   XXVI.
Zeitrechnung, durch Tage der Monathe, wie die heut=
  ige entstanden sey 303, 307. der Jahre, die alte und
  heutige   309.
Zeitwörter, die unrichtigen, werden in unsern Schul=
  büchern übel abgewandelt 118. was bey ihrer völlig
  vergangenen Zeit zu merken 295. deßgleichen bey
  ihrer gebiethenden Art   298.
Zeugniß, der pfälzischen Schüler, von den Schullehren
                                       202, 207, 208.
Zusätze der Zeitwörter, welche trennbar, welche un=
  trennbar seyn   296, 297.
Zween, zwo, zwey, der Unterschied dieser Wörter wird
  in unsern Schulbüchern nicht beobachtet   292.

Anmerkung.

Was a. d. 255ten Seite, in der 3ten Zeile von unten herauf, von der Kürze der ersten Syllbe in also gesaget wird, das ist von dem Selbstlauter dieser Syllbe selber zu verstehen. Ferner ist in der Vorrede a. d. VII S., anstatt des 98 §, der 90 § zu setzen. Die übrigen wenigen Druckfehler wird der geneigte Leser selbst verbässern.